21世纪海上丝绸之路研究丛书

# 华侨华人
# 与"一带一路"

OVERSEAS CHINESE AND
THE BELT AND ROAD INITIATIVE

许培源　陈乘风　著

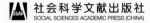
社会科学文献出版社
SOCIAL SCIENCES ACADEMIC PRESS (CHINA)

本书获得国务院侨务办公室重大项目（GQBW2015011）和华侨大学"海上丝绸之路"专项研究重点课题（HSZD201403）资助

# 前　言

　　历史上，华侨华人一直是中国参与"丝绸之路"活动的重要力量。千百年来，华侨华人在"丝绸之路"沿线的活动从未间断，他们始终活跃在海上丝绸之路和陆上丝绸之路的广大区域。凭借自身的天然优势和艰苦奋斗，华侨华人对中国与"丝绸之路"沿线国家和地区的交流与合作作出了卓越贡献，对"丝绸之路"沿线国家和地区的经济社会发展产生了深远影响。当前，在建设"一带一路"的新征程中，华侨华人依然是举足轻重的重要力量，是不可或缺的动力来源。他们能够继承和发扬古老的丝绸之路精神，促进"一带一路"沿线国家和地区间的互利合作和繁荣发展，从而为建设"一带一路"作出历史性的贡献。

## 一　华侨华人在丝绸之路的发展概况：历史与现状

　　海上丝绸之路沿线是华侨华人的主要聚居地，华侨华人在相关地区的发展历史更长，成就也更显著。秦汉时期，中国的古代先民就到东南亚、印度等地从事商贸和宗教活动，到了隋唐时期，中国与海上丝绸之路沿线国家和地区的交往从民间零星活动为主变为官方和民间并重，交往的规模更大，也更频繁，由此带来的移民活动逐渐增多，开始有更多的人定居海外。而宋元时期则是海上丝绸之路最为繁荣的阶段，中国与海上丝绸之路沿线国家建立了紧密的贸易关系，通商国家包括今天的泰国、菲律宾、文莱、印度尼西亚、东帝汶、索马里、马达加斯加、马尔代夫、坦桑尼亚、埃及、意大利等。一些沿海地区成为当时具有国际影响力的港口和贸易城市，如广州、泉州、杭州、宁波等地。以这些地区为中心，中国沿海居民较早地开展对外贸易和进行对外移民，并在东南亚等地形成海外华侨华人的聚集区。明清时期，明王朝和清王朝的对外政策时紧时松，而东西方的海上力量也在此消彼长，因而海上丝绸之路的发展和华侨华人的活动也受到影响。但整体而言，华侨华人在海上丝绸之路沿线国家日趋活跃、海外华人社会规模不断扩大，影响力也与日俱增。

陆上丝绸之路的活跃时期比海上丝绸之路更早，从先秦开始中国与陆上丝绸之路沿线国家就有了早期交往，在隋唐时期达到鼎盛，后来由于西域政局变动和海上丝绸之路的兴起，陆上丝绸之路的活动趋于萎缩。限于当时的社会、经济和科技发展水平，中国向陆上丝绸之路沿线国家的移民规模相对较小，主要是部分从事丝路贸易的商人、出使西域的外交人员以及战俘和难民等，而他们也早已融入当地社会。

一些学者还提出西南丝绸之路的概念，这是中国西南地区人民向外迁移的主要方向。这条路线一般指古代中国存在的从西南地区通向国外的陆上商道：起于成都，途经云南大理、保山及缅甸，经印度、孟加拉国直达西亚地区和罗马。在清末民国时期，该方向的移民活动进入高峰，移民的主要目的地是东南亚地区，以云南地区的少数民族为主，但总体规模较小。

"丝绸之路"已是一个历史概念，而今，中国提出建设"丝绸之路经济带"和"21世纪海上丝绸之路"的倡议（以下简称"一带一路"）。华侨华人也迎来了新的历史机遇，他们在"一带一路"建设中可以发挥很重要的作用。根据"一带一路"建设的规划，结合区域分布、人口数量、参政议政和经济实力等方面的分析，东南亚地区、西欧地区和中亚地区的华侨华人能够更好地参与"一带一路"建设。

东南亚是"21世纪海上丝绸之路"（以下简称"海上丝路"）建设的优先方向，也是华侨华人分布最为集中的地方，当地的华侨华人经济实力最为雄厚。截至2011年，东盟十国的华侨华人有3500万人左右，占海外华侨华人总数的70%以上，占东盟总人口的5%以上。除了新加坡之外，华侨华人在当地都是少数族群，但是华侨华人在当地有较高的经济地位。在东南亚出现了许多世界级的大型华人企业集团，而中小华商企业更是遍布住在国国民经济的各个行业。其中尤以新加坡、马来西亚、印度尼西亚、泰国和菲律宾的华人经济实力最强，而越南、老挝、柬埔寨、缅甸和文莱的华人经济实力也日益提升。与此同时，东南亚华侨华人在当地的社会地位不断提高，政治影响力日渐扩大。随着各国华人从政环境不断改善和华人的积极参与，东南亚华人的政治成就日益显著，出现了不少华人政要。当然，东南亚各国的华人从政环境和华人政治成就也有所差异：新加坡、泰国和菲律宾是华人从政环境较为宽松且取得突出成就的国家；老挝、柬埔寨和越南是华人从政空间较大，不存在明显的制度和社会障碍，但华人并不热心从政的国家；印度尼西亚、马来西亚、缅甸和文莱的华人要取得突出的政治成就面临一定的制度或社会约束，但是印度尼西亚和马来西亚的华人从政环境正在不断改善。

西欧（英国、法国、比利时、荷兰、爱尔兰和卢森堡）连接着"一带一路"的最西端。该地区是中国移民数量增长最快的地区之一，当地华侨华人的数量不断增加。据笔者测算，2016年西欧地区的华侨华人就达到135.29万人。当地的华人经济主要分布于进出口、批发零售和餐饮等行业，对当地经济的影响不是很大，也较少出现世界级的大型企业集团。西欧地区的华人主要通过投票、竞选和社团活动参与当地的政治事务，出现了许多华人议员和华人政府官员。

中亚（哈萨克斯坦、乌兹别克斯坦、土库曼斯坦、塔吉克斯坦和吉尔吉斯斯坦）在"丝绸之路经济带"建设中具有突出的地理区位优势，当地分布着数十万华侨华人，其中以原籍中国西北地区的少数民族为主，包括维吾尔族、回族和哈萨克族同胞。随着中国与中亚地区经贸往来更加密切，前往中亚地区经商、务工和定居的其他各族人民也在不断增加，当地华人社会和华商网络的规模也在不断扩大，影响力日益提高。

上述地区的华侨华人，都地处"一带一路"建设的重要地区，他们在经济、政治和文化方面拥有各自的优势，可以起到独特的桥梁作用。如东南亚地区的华商可以在"一带一路"资金融通和贸易畅通中起到重要作用，中亚地区的少数民族华侨华人可以推动中国与当地开展宗教交流等民心相通活动。"一带一路"是中国提出并大力推动的重大倡议，华侨华人在"一带一路"建设中可发挥独特的作用。

长期以来，广大华侨华人特别是海外华商积极参与中国的各项事业。其中，以华商企业、华商领袖、华侨华人社团、华文教育和华文媒体为主要力量,他们在中国对外开放的事业中起到不可估量的重要作用。① 华商是中国外资的主要来源,他们为中国带来了发展的资金、先进的技术、成熟的管理经验和海外市场资源。海外华侨华人还将中华文明加以继承、传播和发扬光大,其中尤以华侨华人社团、华文媒体和华文教育的作用最为显著。华侨华人还凭借自身优势,推动中国走向世界,他们是中国企业和个人"走出去"的良好示范和领路人。

然而,随着国际经济格局的调整和中国经济社会的发展变化,海外华侨华人参与中国事业也需要有新的调整。首先,全球金融危机之后,世界经济尚处于深度调整期,不少国家的华人经济受到一定的冲击,一些华人企业经营困难。其次,中国大陆的企业正在加速"走出去",这给海外华商企业带来了合作的机遇,也带来竞争和挑战。因为中国大陆企业和海外华人企业在产业结构、投资布局和销售市场等方面有所重叠,而一些中国大陆企业的规模和实力大大超过同类企业。以 2015 年香港《亚洲周刊》全球 1000 强为例,上榜企业中 60% 以上是中国大陆企业,其余是中国港澳台、东南亚等地的华商企业。中国大陆的国企和民营企业的市值、资产规模、营业收入和盈利水平均名列前茅。与此同时,海外华侨华人的侨情社情也在持续变化。华侨华人的人口结构、行业分布和国别分布都在变化,这给当地华人社会自身的调整带来压力。比如,随着生在海外、长在海外的华裔新生代数量不断增加,海外华人社会与祖(籍)国联系的紧密度和沟通方式需要调整,而华侨华人社团也要设法提高对新生代的吸引力和凝聚力。

## 二 华侨华人助力"一带一路"建设:共商、共建和共享

2013 年,"一带一路"倡议的提出恰逢其时,为广大华侨华人带来了千载难逢的机遇。倡议旨在传承和发扬古老的丝绸之路精神,促进沿线各国经济繁荣与区域经济合作,加强不同文明的交流互鉴,促进世界和平与

---

① 谭天星指出,海外侨胞和归侨侨眷在中国改革开放和现代化建设中作出了独特贡献,是开拓者、参与者、贡献者,厥功至伟。参见谭天星《"点赞"华侨华人在中国改革开放中的独特贡献》,中国侨网,http://www.chinaqw.com/gqqj/2018/06-25/194050.shtml,最后访问日期:2018 年 6 月 25 日。

发展。倡议甫一提出，就得到海内外华侨华人的积极响应和热烈支持。
"一带一路"建设的区域范围、框架思路、共建原则和合作重点切实符合
沿线国家和地区共同发展和繁荣的要求，能够满足沿线国家和地区人民的
利益关切和发展需要，也事关广大华侨华人的福祉，华侨华人可以发挥其
独特的重要作用。[①] 2016 年"一带一路"沿线 64 个国家和地区的 GDP 之
和超过 12.0 万亿美元，占全球 GDP 的 16.0%；人口总数为 32.1 亿人，占
全球人口的 43.4%；对外贸易总额为 71885.5 亿美元，占全球贸易总额的
21.7%。[②] 与相关国家和地区共建"一带一路"，有利于带动区域内的政策
协调、设施联通、贸易往来、投资合作和人文交流，也有利于中国在全球
尤其是亚太的经贸合作和经济治理中发挥更大作用，有利于构建多元平衡
的开放体系，形成全方位对外开放新格局。这些都有助于"中国梦"的实
现和中华民族的伟大复兴，也是海内外中华儿女的共同愿望。

中国倡议建设"一带一路"，具有其独特优势，比如与沿线国家和地
区的区域合作深化、地缘优势突出和丝绸之路历史渊源深厚，特别是拥有
4000 多万遍布"一带一路"沿线的华侨华人，他们是中国参与"一带一
路"建设的桥梁纽带、精神动力和人文资源。[③] 然而"一带一路"建设是
一个复杂的系统工程，涉及许多国家和地区，也面临一定的困难和挑战。
当前中国国内改革攻坚任务依然繁重，经济发展进入"新常态"，而"一
带一路"沿线国家政经博弈复杂，少数国家对"一带一路"建设的态度不
积极，外部大国的干扰较多，同时"一带一路"沿线各国政治、经济、文
化和宗教差异较大，要实现政策协调、贸易投资自由化和人文融合有一定
难度。为了克服这些困难，需要做好"一带一路"的顶层设计、建立良好
的合作机制、形成有效的策略举措，并注意调动各方力量和积极性，发挥
各自的优势。在此过程中，华侨华人可以发挥巨大的作用。他们人口众

---

① 谭天星认为，在新时代中国全方位更高质量开放的进程中，华侨华人必将为中外文化交
流、文明互鉴、构建人类命运共同体发挥更大作用。参见谭天星《以侨为桥　向世界传播
中华优秀文化》，《侨务工作研究》2018 年第 6 期，第 1 页。

② "一带一路"是一个开放的倡议，它"基于但不限于"古丝绸之路的范围，参与和涉及
的国家和地区也在增加和拓展。

③ 早在 1977 年，邓小平就指出"海外关系是个好东西，可以打开各方面的关系"，1993 年
邓小平又指出华侨华人是中国大发展的"独特机遇"。参见谭天星《邓小平侨务思想的精
髓及其时代意义》，《华侨华人历史研究》2005 年第 1 期，第 32、34 页。

多，分布广泛，并且经济实力雄厚，华人经济已经成为全球经济中不可忽视的一支重要力量，海外华侨华人更是中国与世界各国经贸往来的重要桥梁和纽带，而且华人在住在国的政治参与度、政治影响力和政治组织能力也越来越高，与祖（籍）国的政治互动日益频繁和密切，同时华侨华人当中还有丰富的人力资源，有许多管理、科技、教育和文化领域的优秀人才，也不乏世界顶尖的科学家、艺术家和管理大师，他们大多兼具跨文化的优势，既通晓中华文化，又熟悉住在国文化。华侨华人可以发挥上述优势，助力"一带一路"的互联互通建设、经贸合作、海洋资源开发、人文交流和政策沟通。

中国可以以综合条件较为成熟，即华侨华人数量较多、实力较强同时社会政治环境较为有利的国家为重点，为华侨华人参与"一带一路"建设做出机制性、示范性的安排。在此过程中，要注重发挥华商、华领、华社、华教和华媒的作用。他们参与"一带一路"建设的动力较强，实力和影响力也更大。要发挥他们遍布"一带一路"沿线，融通中外的优势，帮助塑造中国国家形象和宣传"一带一路"，讲好丝路大故事，传播中国好声音；要发挥他们的政治经济和社会人脉优势，织就民间沟通纽带，促进"一带一路"政策沟通；要挖掘和继承他们身上的丝路精神，开拓进取、开放包容，让古老的丝绸之路焕发新的生机和活力，造福沿线人民；要发挥他们的产业优势，重点是港口、船舶、电信、运输、物流和能源等领域，携手推进"一带一路"互联互通；还要发挥他们的中介和桥梁作用，帮助中国企业"走出去"，布局贯通"一带一路"的产业链，开拓"一带一路"的广大市场。

当然，鼓励华侨华人参与"一带一路"建设，也要注意顾及他们自身的利益关切，为他们创造发展机遇，使其成为"一带一路"建设的受益者。根据"一带一路"倡议的合作重点，可能给华侨华人带来的潜在机遇包括：一是能够给他们带来巨大的商机，主要在基建、物流、进出口、航运、旅游、金融和人文等多个领域。二是能带动华侨华人社会的团结发展。"一带一路"将促进华侨华人社会内部及其与祖（籍）国的深度互动合作，并使祖（籍）国发展的红利惠及沿线的华侨华人，这有利于提高他们的凝聚力和向心力。三是有利于华侨华人融入住在国主流社会。中国提出"一带一路"倡议，并成为主要的推动者和实施者，这有利于提高中国的国际形象和国际地位，而随着华侨华人成为各国与中国开展"一带一路"对话合作的重要桥梁，他们在当地的社会政治地位也将得到提升。四是有助于华侨华人传播中华文化。在"一带一路"建设过程中，中华文化也将得到各国人民重视，这为当地华侨华人发扬和传播中华文化创造了良好条件。① 五是有利于华侨华人回到祖（籍）国创新创业。"一带一路"也是中国在更广范围、更深层次和更高水平上的开放，国内各地区、各部门都在创造条件，大力吸引华侨华人前来创新创业，比如国侨办就提出了"万侨创新行动"，以帮助海外侨商、科技精英和专业人士把握机遇，参与中国新一轮改革开放。

　　除了为华侨华人创造良好机遇外，要充分考虑多方因素，协调各方利益，处理好其中的若干重要关系。一是处理好华侨华人心系祖（籍）国和融入住在国的关系，"一带一路"建设必须有利于他们在当地的生存发展；二是处理好引进侨资侨智和"走出去"的关系，关注"引进来"和"走出去"的平衡；三是处理好国家总体规划和地方具体目标的关系，既要服务"一带一路"建设大局，也要服务侨乡经济社会发展；四是处理好向海外传播中华文化和从海外吸收中华文化的关系；五是处理好"走出去"的中资企业与海外华商企业的竞争与合作关系；六是处理好"一带"和"一路"建设的关系，引导两个方向上的华侨华人开展经贸合作和人文交流；七是处理好华侨华人群体的核心和外围的关系，团结一切可以团结的力量；八是处理好政府和市场的关系，发挥"一带一路"侨务工作中政府的统筹作用和侨资侨企的主体作用；九是处理好舆论宣传和务实推进的关系，以更多的务实合作推动"一带一路"建设；十是处理好发挥华侨华人作用和造福华侨华人的关系，切实做到共商、共建、共享、共赢。

## 三　"一带一路"沿线地区的海外华商网络：发展实力和总体分布

　　海外华商是"一带一路"建设首先要借助的力量，必须从国别分布、

---

① 2018 年 10 月 24 日习近平视察暨南大学时提出要"把中华优秀传统文化传播到五湖四海"，谭天星认为，华侨华人是中华文化的使者，每一位侨胞都是中国的一张名片，要以侨为桥，推动中华优秀文化"走出去"。参见谭天星《充分发挥华侨华人优势 推动中华文化走出去》，《中国统一战线》2019 年第 2 期，第 11~13 页。

产业分布、企业实力分布等多个维度掌握海外华商企业的发展情况，并与"一带一路"建设的需求相对接。其中，应该重点关注规模大、技术强和国际化程度高的大企业和大集团。香港《亚洲周刊》历年的"全球华商1000强排行榜"、"瀚亚资本·胡润全球华人富豪榜"及其他各类排行榜都对海外华商大企业和华商富豪进行跟踪调查，为研究海外华商企业的经济实力提供了良好的数据资料。在"一带一路"沿线国家和地区，以东南亚华商的实力最强。2015年共有55家东南亚华商企业上榜全球华商1000强，总资产14611.85亿美元，而同年中国对外直接投资存量才刚刚超过1万亿美元。但是上述55家企业集中在5个国家，新加坡企业13家，总资产7284.42亿美元；马来西亚企业14家，总资产3163.82亿美元；泰国企业11家，总资产2368.75亿美元；菲律宾企业9家，总资产965.75亿美元；印度尼西亚企业8家，总资产829.30亿美元。这种分布特征也基本体现了东南亚各国华商总体实力的国别差异。缅甸、老挝、越南、文莱和柬埔寨也有为数众多的华商，但总体实力不如新加坡、马来西亚、泰国、菲律宾和印度尼西亚等国华商的实力。这些东南亚华商大企业普遍实现了经营多元化和国际化，构建了以东南亚为主，延伸到中国大陆和港澳台，并辐射到中东及其他地区的跨国生产和市场网络。

从分行业来看，东南亚华商大企业在金融业、运输物流业、基建业等行业有较多投资。其中，运输物流业和基建业与"一带一路"建设的优先领域——设施联通相关。东南亚华商在运输物流业和基建业实力雄厚，在航运、物流、航空、邮轮和公共交通领域有大型华商企业的产业分布，另外还有不少从事公路、铁路、港口、航空以及能源、通信等基础设施建设的大型华商企业。这些华商企业能够承担设施联通领域的设计、施工、运营、维修和后期服务等所有环节的业务，已经在该领域形成完整的华商产业链。在金融业，有10家东南亚华商银行和其他金融企业上榜全球华商1000强。东南亚金融业的华商企业早期大多从服务海外华侨华人市场起家，目前以东南亚各国、中国大陆和港澳台为主要市场，它们成为"一带一路"资金融通的重要支撑。在制造业，东南亚大型华商企业的优势产能主要分布在农产品加工、食品生产和电子产品制造等领域，这些行业都是"一带一路"贸易投资合作的重点。

海外华侨华人中的华商领袖大多是大型华商企业的创办人、控股人或者高级管理人员。他们依靠自身的财富、社会地位和人脉，往往也具有很强的影响力，能对"一带一路"建设起到帮助和推动作用。根据 2015 年"胡润全球华人富豪榜"统计，共有 112 位东南亚华人富豪上榜，总资产2266.2 亿美元，分别是新加坡 36 位、马来西亚 29 位、泰国 12 位、菲律宾 13 位、印度尼西亚 22 位。这些东南亚华商领袖主要经营制造业、房地产和金融银行业，其中又以制造业居多，有 44 位华商领袖主要从事饮料和食品行业、农产品开发、烟草制造以及造纸行业。这些东南亚华商领袖的产业大多进行了国际化布局，将他们的事业版图尽可能地向全球拓展。总体而言，他们绝大多数在中国大陆有投资布局，较早对祖籍地进行投资，近年来逐步向祖籍地之外的地区扩展，而且东南亚华商领袖对港澳台投资以及东南亚华商在东南亚各国投资的情况比较突出。可以说在"一带一路"的东端，涵盖大中华地区（包括中国大陆、台湾、香港、澳门）和东南亚 10 国的广大区域里，无数海内外华商进行国际贸易和跨国（境）投资布局，形成了庞大而复杂的华商网络，这个网络具有巨额的财富和强大的凝聚力，必将在"一带一路"建设中发挥巨大的作用，推动"一带一路"自东向西发展，带动沿线地区的繁荣发展。

## 四　"一带一路"沿线地区的海外华商网络：产业布局和市场网络

"一带一路"建设涉及多个国家和地区，要了解海外华商在相关地区的产业布局，掌握他们的投资分布和市场网络，才能够更好地为"一带一路"建设服务。基础设施互联互通是"一带一路"建设的优先领域，"一带一路"沿线的东南亚、南亚、中东、中亚和地中海地区的基础设施发展水平整体较低，制约着当地经济社会的发展。未来这些地区的基建业将迎来巨大的发展机会，而部分海外华商在当地已经早有布局。在基础设施建设领域，有 4 家海外华商企业实力最强，分别是菲律宾的首都太平洋投资公司，马来西亚的怡保工程公司、金务大公司和杨忠礼电力公司。这些公司的业务主要位于中国内地和香港、东南亚、南亚、中东和欧美等地，它们在当地进行交通基础设施、能源基础设施、水处理基础设施等项目的建设，并持有公路、桥梁、铁路、电力和港口等互联互通项目。

海外华商银行业在"一带一路"也有不少产业布局。它们主要是来自东南亚的华商银行，我们重点研究了 12 家东南亚的华商银行，分别是菲律宾的首都银行、中华银行、国家银行、中国银行和金融银行，新加坡的华侨银行和大华银行，泰国的开泰银行和盘谷银行，马来西亚的大众银行和丰隆银行，印度尼西亚的中亚银行。这些银行的创始人、控股人和经营团队基本是华人或者有华裔背景，其中控股人祖籍福建的有 10 家，祖籍广东的有 3 家，而又以祖籍福建省泉州市的最多，有 7 家。上述银行从创立开始就致力于服务华侨华人的金融需求，并很早就参与到住在国与中国的经贸往来中，整体而言，它们的产业布局主要集中在东南亚和中国，同时它们还将业务延伸到南亚、中东、大洋洲、欧洲和北美等地。这使它们有能力服务"一带一路"沿线国家和地区的金融需求，为"一带一路"的设施联通、贸易畅通和资金融通提供坚实保障。

## 五 华侨华人与"一带一路"民心相通：桥梁和纽带

如果说海外华商的产业实力能够为"一带一路"建设提供经济动力的话，那么我们与广大华侨华人的民心相通则能够为"一带一路"建设提供良好的社会根基。这种民心相通来自海内外中华儿女千百年来的血肉相连、同呼吸、共命运，是海内外中华儿女共建"一带一路"强大凝聚力和向心力的来源。民心相通包括许多方面的内容，我们重点研究海外华文媒体传播"一带一路"精神，[①] 发挥增信释疑作用，以及如何改进签证政策，促进海外华侨华人与祖（籍）国的人员往来。

海外华文媒体一直不遗余力地向海外华侨华人社会传播"一带一路"倡议的内容和建设进展，他们是"一带一路"国际传播最值得依靠的力量之一。其中东南亚是海外华文媒体最早的诞生地，也是迄今为止海外华文媒体最集中、数量最多和影响最大的地区。"一带一路"倡议提出以来，东南亚华文媒体进行了持续跟踪报道。我们选取了新加坡《联合早报》、马来西亚《星洲日报》、泰国《世界日报》、印度尼西亚《国际日报》、菲律宾《世界日报》、缅甸《金凤凰》和文莱《诗华日报》等 7 份对"一带

---

① 谭天星认为，华文媒体在"一带一路"建设中的真正优势和使命在于促进民心相通。参见《谭天星谈机构改革后侨务工作与新时代海外华媒新担当》，中国侨网，http：//www.chinaqw.com/hwmt/2018/05-29/191295.shtml，最后访问日期：2018 年 5 月 29 日。

一路"相关内容报道量较大的报纸进行研究。总体来看，自 2013 年 10 月到 2016 年 6 月，这些报纸对"一带一路"的报道量均在增加。其中，新加坡《联合早报》、菲律宾《世界日报》和印度尼西亚《国际日报》的报道数量最多，占总报道量的 82.31%，《联合早报》的网站还设立了"一带一路"专栏。这些报纸的消息来源比较广泛，既有自己采编的新闻，也有转载中国新闻机构的报道，如新华社、中新社、光明网和凤凰网等各类媒体，他们还会引用国外新闻机构的报道，如 BBC、英国《金融时报》等。从报道的题材来看，各大报纸各有侧重。但总体而言都比较关注与住在国相关的"一带一路"建设情况，中国政府有关"一带一路"的重要举措和重大项目以及当地华商企业参与"一带一路"建设的情况。从报道的态度来看，上述媒体对"一带一路"建设主要持积极乐观或中立态度，大多看好"一带一路"建设的前景以及给住在国带来的机遇，也有一些报道指出"一带一路"建设存在的问题和困难，还会报道一些政商人士提出的批评意见。总体而言，海外华文媒体为传播"一带一路"倡议，增进海外华侨华人对"一带一路"的了解，争取他们的支持作出了重要贡献。但是大多数海外华文媒体对住在国主流舆论的影响力不大，有关"一带一路"报道的资料来源有待丰富，质量也有待于进一步提高，部分华文媒体的发行量不高、影响力有限。今后还应该加强海外华文媒体与中国主流媒体的合作，以获取更多高质量的稿件，提高互联网传播技术水平，同时寻求更多资金支持，争取做大做强海外华文媒体。

　　"一带一路"民心相通的一个重要内容在于沿线国家和地区的人员往来，而人员往来的便利化有赖于签证政策的便利化。有关海外华人来华的签证问题日益成为关注的焦点，不少海外华人、国内学者和政协委员建议中国推行"侨民证"或"华裔卡"，给予海外华人免签待遇。但是由于我国不承认中国公民具有"双重国籍"，海外华人已经持有外国护照的，若要前来中国，只能依照规定办理签证，并需要邀请函等手续。只在少数情况下给予免签，比如来自部分国家的外国人经由香港、澳门和海南的合法注册旅行社组团到中国内地旅游，或乘国际航班过境中国部分机场，此外还有来自新加坡和文莱的公民以及持有 APEC 商务旅行卡公民可免签入境。至于海外华侨，因为他们仍然持有中国护照，是中国公民，如果他们回中国，一般不需要申请签证，而全世界已经有 59 个国家给予中国公民免签或者落地签待遇,其中 20 多个国家在"一带一路"沿线。总之,海外华人对于来华签证便利化的呼声越来越高,中国公民对于前往国外签证便利化的需求也越来越大。签证便利化已经不仅仅是一个人员进出境的问题,还事关国际贸易投资便利化和海外高端人才吸引工作。中国政府应该大力推动外籍华人签证便利化事宜,简化签证申请和审批手续,降低签证费用,推广电子签证,扩大过境免签和落地签的范围,同时推动"一带一路"沿线国家对中国公民开展落地签或者免签。如此方有利于外籍华人来华经商、探亲、旅游,有利于他们来华创新创业。

## 六 发挥侨力,助力"一带一路"建设的地方经验与借鉴

事实上,中国十分重视华侨华人的经济和人文优势。《推动共建丝绸之路经济带和 21 世纪海上丝绸之路的愿景与行动》及一些地方政府对接"一带一路"的方案均提出要发挥华侨华人的桥梁和中介作用,华侨华人也被定位为"一带一路"的参与者、实践者和受益者。然而参与"一带一路"建设的主体多元化必然伴随着利益诉求的多元化。无论是中国政府还是华侨华人都有各自的目标倾向,甚至还存在国家总体目标和地方具体目标的差异。从国家层面来讲,中国提出"一带一路"倡议旨在带动沿线国家和地区共同发展,也希望借此在全球经济治理中拥有更多主动权,并以此推动中国深化改革和扩大开放,提高自身的国际影响力。因此希望华侨华人能够在境外多宣传"一带一路",并从经济、政治和文化等方面给予支持。而地方政府则希望通过参与"一带一路"的建设拉动本地区的经济社会发展,最好是能得到国家的倾斜性政策支持和吸引更多的华侨华人投资。对于华侨华人而言,无论以何种形式参与"一带一路"建设的何种项目,都希望保障自身财富的安全和增值,特别是希望在不断变化的全球政治经济格局中,为自身财富寻找安全的避风港,同时许多华侨华人具有强烈的乡土意识和故土情怀,他们希望从祖(籍)国的繁荣兴盛和对华侨华人的关怀中寻求中华民族的自豪感和中华子孙的归属感。因此,在发挥华侨华人优势,建设"一带一路"的过程中,既要坚持三者利益的统一,又要兼顾具体诉求的差异,创新华侨华人参与"一带一路"建设的机制。为此,许多地方城市进行了有益的探索,比如福建省的厦门市和泉州市、广

东省的汕头市和江门市、浙江省的温州市和宁波市。

厦门市充分发挥多方面的优势——经济特区和自由贸易试验区政策优势、港口优势、城市环境优势、中国国际投资贸易洽谈会以及陈嘉庚精神等经贸和人文资源优势，在吸引侨资侨智方面走在福建省的前列，截至2015年，厦门共有62人入选"千人计划"，占福建省七成。

泉州市则发挥自身是著名侨乡和港澳台同胞重要祖籍地以及古代海上丝绸之路起点的优势，提出要建设"21世纪海上丝绸之路"先行区。该市制定了《泉州建设21世纪海上丝绸之路先行区发展规划》和《泉州市建设21世纪海上丝绸之路先行区行动方案》，提出要发挥泉州籍华侨华人的资源优势和桥梁纽带作用，拓展泉州与"海上丝路"沿线国家的经贸合作，同时密切泉州籍华侨华人与家乡的联系往来。

汕头市则是侨务大省中的侨务大市，该市注重以平台促发展。2014年国务院正式批复同意在汕头经济特区设立华侨经济文化合作试验区，并明确提出支持试验区搭建海外华侨华人文化交流平台，批复还指出汕头是"21世纪海上丝绸之路"的重要门户。这是全国唯一一个以"侨"为特色的国家级试验区，也是一个冠以"文化"之名的试验区。以此为基础，汕头市充分利用"潮汕一家亲"的历史渊源，积极推动汕头、潮州和揭阳的融合发展，以此来整合三地侨务资源。

江门市素有"中国第一侨乡"之称，该市注重高起点规划，坚持立足"侨"，又要跳出"侨"，构建"大侨务"工作格局。2015年初，江门市提出要建设"中国侨都"，并制定《江门市侨务强市建设工作纲要（2015—2020年）》，要把华侨资源引导、延伸、应用到经济、文化、社会各个领域。这是广东省首个地方出台的侨务工作"十三五"规划。

温州市注重发挥新侨多（85%的海外侨胞是改革开放以后到海外的）、侨贸多（80%以上的外贸出口来自侨贸）的优势，大力吸引事业有成的海外温商回乡投资，通过遍布海外的温商贸易网络促进对外贸易和对外投资的发展，2015年温州市新批境外投资项目22个，增资项目2个，其中，17个项目位于"一带一路"沿线。

上述5个城市都是重要侨乡，是许多海外华侨华人的祖籍地，这些地方的侨务工作和侨务政策具有一定的代表性。通过研究对比发现，近年来各地对于优质侨务资源的竞争日益激烈，且竞争已经从过去的局部政策优惠变成平台性整体竞争。地方政府无法仅仅凭借税收、土地或者故乡感情等单项优势吸引侨资侨智，各地都在试图构造政策、经济、人文等多重因素组成的综合实力。也正是由于这个原因，地方政府在"一带一路"对接方案中，主要着眼点还是如何发挥侨力，吸引海外华商资本前来投资和吸引海外华侨华人高端人才前来创新创业，从而为本地经济社会发展服务。但是"一带一路"建设是个系统工程，涉及国家层面乃至国际层面的战略性和全局性问题，体现在发挥侨力方面，一是要有大侨务的格局，不要在侨只言侨；二是要跳出局部地区的利益格局，服务于国家整体战略，侧重于境外合作共建，突出境外利益获得，通过各类境外合作项目，在造福"一带一路"沿线国家和地区人民的同时，提高中国的国际形象，拓展中国的海外市场，增加中国的海外资源，扩大中国的海外利益，提升中国的国际合作和全球治理能力。

# 目 录
Contents

# 第一章 华侨华人与"一带一路"：历史与现状

华侨华人是中国古代海上丝绸之路和陆上丝绸之路的开拓者和建设者，今后也必然在"一带一路"建设中发挥重要作用。全球 6000 多万华侨华人中，有 4000 多万分布在"一带一路"沿线国家和地区。[①] 他们不仅数量多，而且分布广、实力强，活跃在当地的经济、政治、社会、文化等各个领域。

## 第一节 华侨华人与古代丝绸之路

### 一 华侨华人与海上丝绸之路

21 世纪海上丝绸之路的重点方向是从中国沿海港口过南海到印度洋，延伸至欧洲；从中国沿海港口过南海到南太平洋。[②] 古代海上丝绸之路，是指古代中国与世界其他地区进行经济文化交流交往的海上通道的统称，最早开辟于秦汉时期。从广州、泉州、杭州、扬州等中国沿海城市出发，

---

[①] 裘援平：《大战略大平台呼唤侨胞大作为》，《人民日报》2015 年 3 月 10 日。

[②] 国家发展改革委员会、外交部、商务部：《推动共建丝绸之路经济带和 21 世纪海上丝绸之路的愿景与行动》，中华人民共和国商务部网站，http://www.mofcom.gov.cn/article/resume/n/201504/20150400929655.shtml，最后访问日期：2016 年 3 月 1 日。

往来于南洋和阿拉伯海，甚至远达非洲东海岸。古代和现代的海上丝绸之路在途经路线、商贸互利和人文精神方面是高度相似和一脉相承的，都秉承"和平合作、开放包容、互学互鉴、互利共赢"的丝绸之路精神，推进人类文明进步，是促进沿线各国繁荣发展的重要纽带，是东西方交流合作的象征。

华侨华人与海上丝绸之路的关系源远流长，海上丝绸之路的历史与华侨华人移居海外的历史密不可分。早在秦汉时期，中国就开始了官方和民间的海外探索活动，东起中国，经东南亚、印度，直至波斯，连接罗马的东西方海上丝绸之路初步形成；历经晋代至唐代的发展，经由海上丝绸之路的中外交往不断繁荣；宋元时期，在政府鼓励、民间商业发展和航海技术进步等多重因素作用下，海上丝绸之路进入最繁荣的时期，并出现了广州、泉州、杭州、明州等一批名列世界前茅的贸易港口；明清之际，因为政府对外贸易政策的不稳定及西方国家主导的大航海时代到来，海上丝绸之路逐渐式微。伴随着海上丝绸之路的形成、发展和繁荣，中国从事航海、对外贸易和迁居海外的人也逐渐增多，在沿线国家和地区渐渐出现了成规模的华侨华人聚居地，形成了海外华侨华人社会，发展了海外华商网络。

关于华侨华人出国的历史时期分布是华侨华人学科的一个重要课题，不同学者基于不同的研究视角提出了不同看法，陈碧笙认为华侨历史的上限应该自华侨出国已经成为一个比较常见的现象的时候开始，而这种现象是从南宋开始的，因此他将华侨历史分为四个时期：12 世纪中叶（南宋建炎元年）至 16 世纪后期；16 世纪下半叶至 1840 年鸦片战争爆发；1840 年至 1949 年中华人民共和国成立；1949 年至今。① 庄国土认为中国人大规模向海外移民始于 16 世纪末，至 21 世纪初，可分为四个主要阶段：17 世纪至 19 世纪中叶；19 世纪后期至 20 世纪初；1920 年至 1949 年；20 世纪 70 年代至今。② 为更好地体现华侨华人在海上丝绸之路形成和发展中的地位，认识其随海上丝绸之路兴衰起伏而变迁的全貌，本书将其划分如下。

---

① 陈碧笙：《世界华侨华人简史》，厦门大学出版社，1991。
② 庄国土：《世界华侨华人数量和分布的历史变化》，《世界历史》2011 年第 5 期，第 4～15 页。

### （一）秦汉至唐代

这一时期是中国人向海外活动和迁移从零散偶然性走向常态化的时期。从秦汉至初唐，中国已经有对外贸易和外交活动，但是人们向海外迁移的规模小、数量少、距离近，主要分布在周边的国家和地区，甚至具有一定的偶然性。据《后汉书》记载，会稽外海有东鳀人，分为二十余国。又有夷洲及澶洲。传言秦始皇遣方士徐福将童男女数千人入海，求蓬莱神仙不得，徐福畏诛不敢还，遂止此洲，世世相承，有数万家。又如，南朝时，中国派四名丝织和裁缝女工，名叫汉织、吴织、兄媛、弟媛到日本传授技艺。① 随着海上丝绸之路沿线国家间交往的增多，彼此之间的人员交流也日益增加，且更具组织性和目的性。东晋时的法显成为中国第一个从陆上丝绸之路出国去印度取经，由海上丝绸之路回国的高僧。在他所著的《法显传》中记载了沿途各国风情和人员往来的情景。而据《梁书》记载，黄武五年（226 年），吴国交州刺史吕岱派中郎将康泰和宣化从事朱应出使扶南。当时扶南国王范旃派遣苏物出使天竺，返国时天竺王派陈宋等人到扶南，康泰、朱应与之相见，并详细了解天竺的风俗民情。② 到了隋朝，对外交往已经不仅仅是贸易、取经等民间行为，也不仅仅是探索性活动，已经带有明显的外交目的。隋炀帝于 607 年派常骏、王君政出使赤土国。"赐骏等帛各百匹，时服一袭而遣，赍物五千段，以赐赤土王。"这个赤土，大多数学者考证是位于今天的马来西亚。常骏和王君政受到了赤土国王的隆重接待，并派王子和他们同来中国做友好访问③。

唐朝建立之后，国家统一、政治稳定、经济繁荣，政府奉行开放政策，特别是造船业、丝绸业发达，为对外贸易的发展奠定了良好的基础。与此同时，以巨港为中心的苏门答腊岛东南海岸兴起了室利佛逝王国，成为东西方海上贸易的重要中转站，而阿拉伯帝国积极开拓东方贸易，东西两大帝国的兴起促成了东西方海上丝绸之路的迅速发展。因此，海上丝绸之路的商品贸易和人员往来空前繁忙，出现了广州、泉州、明州、扬州四大对外贸易港口，也有越来越多的沿海人民参与到航海贸易中。当时常有

①　〔日〕木宫泰彦：《中日交通史》，陈捷译，贵州大学出版社，2014。

②　（唐）姚思廉：《梁书》，中华书局，1973。

③　陈炎：《略论海上丝绸之路》，《历史研究》1982 年第 3 期，第 161～177 页。

国人于秋冬之际顺着东北季风扬帆南下，而在春夏之交依托西南季风返航。由于辗转贸易或错过季风时节，往往需要流寓驻冬，因此出现了短期侨居的行商或"住蕃"。① 比如，据坎贝尔记载，后唐同光三年（925），"闽王延翰（王审知之子）立，有中国大沙船一艘，在爪哇三宝垄附近沉没，船货漂流至岸，其管舱者献宝物于直葛王，得王之允许，召集余众，定居其地，受优良之待遇，是为中国人定居爪哇之始。"② 此外，还有一些国人是因为佛教交流、战乱和避祸等多种原因移民海外。

## （二）宋元时期

宋元时期是海上丝绸之路发展的最好时代，也是中国在海上丝绸之路地位最为鼎盛的时期。沿着海上丝绸之路，中国与沿线国家建立了发达的贸易网络，涌现了一批在全球贸易网络中占据重要地位的港口和城市，而且建立了成熟和完善的贸易管理制度。不论是国内商业还是对外贸易的经营环境都处于历史最好时期，特别是出海经商得到鼓励和保护。大量的人参与到对外贸易活动中，出现了规模大、实力强的"海商"，也出现成规模的人群对外迁移和海外华侨华人社会。

一是经由海上丝绸之路建立了互利性的跨国贸易网络。宋元时期，中国已经与东至日本、高丽，南至马来半岛、东非和地中海沿岸的国家建立了贸易联系。该贸易网络的范围和贸易往来的频繁程度是前所未有的，通商国家包括今天的泰国、菲律宾、文莱、印度尼西亚、东帝汶、索马里、马达加斯加、马尔代夫、坦桑尼亚、埃及和意大利等。这条海上丝绸之路的国家的贸易交往历史是友好往来、互利合作的历史，中国的丝绸、茶叶、瓷器等制成品大量输出到沿线手工业落后国家，并从当地进口胡椒、肉豆蔻、丁香、珠宝等初级产品，是典型的按照"比较优势"进行国际分工合作的现代贸易模式。按照这种模式进行的国际贸易，能够互通有无，有效促进参与国的经济发展，提高人民生活水平。这远远不同于后来西方殖民者进行的掠夺性贸易。

二是海上丝绸之路催生了一批富有影响力的港口和城市。跨国贸易的

---

① 黄晓坚：《海上丝绸之路与华侨华人》，《华侨华人研究》2015 年第 3 期，第 117~123 页。
② 廖大珂：《海上丝绸之路与移民》，《海交史研究》2015 年第 1 期，第 88~108 页。

发展必然会催生商品、人员和资金等要素的集中，逐渐产生一些有辐射力和集聚力的中心城市。特别是宋元时期，中国南方地区经济快速发展，对外贸易日趋发达。许多沿海贸易港口逐渐崛起为中心城市，在海上丝绸之路中起到举足轻重的作用。比如广州、泉州、杭州和明州等。

广州是海上丝绸之路唯一长盛不衰的港口。[①] 北宋时期，广州已经具备政府对外贸易管理机构——市舶司，外国侨民聚居区——蕃坊和远洋航线等港口中心城市的完备条件。据《岭外代答》卷3记载："有麻离拔国，广州自中冬以后发船，乘北风行，约四十日到兰里，博买苏木、白锡、长白藤。住至次冬，再乘东北风，六十日顺风才至此国。"[②] 麻离拔即今阿拉伯半岛南部马赫拉地区。可见，广州在宋代已经直接参与到经由南中国海、马六甲海峡、印度洋直至阿拉伯半岛的贸易活动中，并且出现了短期侨居的现象。

泉州港也是在两宋时期实现飞跃性发展，北宋末年设立市舶司，南宋末年对外贸易赶上广州，到了元代超过广州，成为当时中国最大的海港和"东方第一大港"。在这个时期，泉州港的海外航线可分为三个方向：西南方向，到达战城、渤泥和三佛齐，然后折向西，到达天竺、大食，直抵非洲东岸，这是古代海上丝绸之路最重要的一个方向；东南方向，到达麻逸、三屿和琉球；东北方向到达高丽和日本。通过上述三个方向，泉州港得以覆盖广阔的国外市场。国内方面，随着中国经济中心南移，泉州通过海路以及陆路的泉州—临安—淮南一线，辐射到江浙等经济富庶地区。再加上宋元时期政府对外贸的鼓励和保护，大量阿拉伯和三佛齐商人涌入泉州港，天时、地利、人和造就"东方第一大港"的繁荣。[③]

杭州和明州（今宁波）地处江浙富庶之地，随着宋代经济和政治中心南移，逐渐具备了开展对外贸易的良好条件，但其主要方向是日本和高丽。后来明州逐渐成为中国与高丽及日本开展贸易活动的中心港口，包括广东和福建商人到高丽和日本贸易，都必须到明州市舶司办理手续。

---

① 杨久炎、林涛：《广东在海上丝绸之路形成和发展中地位与作用》，《广东造船》2015年第3期，第25~28页。

② 曾昭璇、曾新、曾宪珊：《论中国古代以广州为起点的"海上丝绸之路"的发展》，《中国历史地理论丛》2003年第6期，第66~77页。

③ 周中坚：《泉州港为什么在两宋之际异军突起》，《东南亚纵横》2010年第10期，第34~39页。

除了中国沿海港口之外，在海上丝绸之路的沿线国家也出现了一些中心城市，比如爪哇、三佛齐、兰里、马尼拉等，并与中国的港口建立了贸易联系，有许多中国商人前往贸易和居住。如元朝周致中的《异域志》记载了泉州与爪哇的杜板（厨闽）之间，每月有定期船舶往返，流寓于其地之粤人及漳泉人，为众极繁。①

三是海商队伍和海外华人社会的形成。中国沿海居民，以港口城市为中心，较早地参与到海上丝绸之路的贸易和迁移活动中。特别是当时的政府放宽了进军海外市场的限制，商人出海经商日渐增多。当时的东南亚和南亚之行是经常性的和有组织的，甚至得到地方官员和政府的支持。政府在港口中心城市设置市舶司、船舶建造和维修场所，并开展海员招聘和管理。因此，在当地逐渐出现了往中东、印度和东南亚的海商队伍，专门从事商品贸易和海商运输。②

这些海外华商还在外国港口建立离散社区，短期或长期住在东南亚港口，称为"住蕃"。其中部分人开始在当地定居，经年累月形成了较具规模的海外华侨华人聚集区，其中一些延续至今。他们在当地长期生活、经商，保持和传播中华文化，促进了当地的经济社会发展，也加强了当地与中国的联系和往来。这些海外华侨华人聚居区既是海上丝绸之路繁荣发展的产物，又是推动和延续海上丝绸之路的重要力量。

## （三）明清时期

### 1. 明代

这一时期的海上丝绸之路在形式、参与者和规模上都发生了变化，整体上是由盛转衰，但是华侨华人的活动却日趋活跃。

一是实施海禁与朝贡贸易并存。明王朝建立之初，为了巩固新生政权，明太祖朱元璋下令取缔民间海外贸易，禁止民间使用、买卖国外商品，只能以朝贡的名义进行有限的官方交流。到了永乐时期，规定必须持有明朝的"勘合符"贸易特许证的商船，才准许进行贸易，这种贸易其实

---

① 吴远鹏：《海上丝绸之路泉州民间信仰在印尼群岛的衍播》，福建侨联网，http://www.fjql.org/qszl/xsyj8.htm，最后访问日期：2016 年 3 月 1 日。

② 沈丹森：《中印海上互动：宋至明初中国海上力量在印度洋沿岸的崛起》，《复旦学报》（社会科学版）2014 年第 2 期，第 13~24 页。

是以进贡为名的特许贸易。① 而郑和在 1405 年至 1433 年先后七次率船队远航，经历了三十多个国家，最远达到非洲东岸和红海沿岸港口，与沿途各国开展商品交换和使节往来。这是更有组织、有规模的朝贡贸易。

二是民间贸易和海上私商兴起。海禁政策和朝贡贸易极大地冲击了原有的民间贸易体系，但是沿海人民出洋谋生、开展海上贸易的传统并没有中止，反而愈加兴盛。在当时的浙江双屿、福建泉州和漳州、广东潮州等地，民众纷纷群聚海上从事走私贸易，称为海上私商。其中，有些私商逐步发展壮大，成为海上贸易集团，有些甚至拥有自己的武装力量。他们仍然大量从事到东南亚的贸易活动，据何乔远的《名山藏》载："其地迩闽，闽漳人多往焉，率居其地曰涧内。其久贾以数万。"张燮的《东西洋考》载："华人皆多谐吕宋，往往久居不归，名曰压冬。聚居涧内为生，渐至数万。"② 同时，还有些海上集团在官府海禁政策的镇压下，将遁匿海外作为退身之路，化"盗"为"侨"，定居海外。不论是出于经商还是避祸的原因，这些侨民都为海外华侨华人社会的形成、为海上丝绸之路的延续做出了巨大的贡献。

三是欧洲殖民者的东来。明朝中期以后，欧洲殖民者开始远洋探险，并将海上贸易开拓到亚洲地区。海上丝绸之路随之面临重大的改变，华侨华人的活动范围、规模也发生了变化。1511 年葡萄牙人占据马六甲，1533 年占据澳门，标志着古代海上丝绸之路的主导力量发生变化。西班牙人紧随其后，在 1565 年占据菲律宾；1619 年荷兰人占据巴达维亚，并成立东印度公司，以此作为远东贸易的中转中心。

欧洲殖民者的到来，一方面使中国与欧洲国家的贸易更为直接，交往更加频繁，规模也日益扩大，客观上使海上丝绸之路得到延伸和扩展；另一方面，以中国丝绸、瓷器等制成品为主，以中国人为主导的海上贸易逐渐改变，海上丝绸之路贸易成为全球贸易的环节之一，而欧洲殖民者是其中的主导力量，他们攫取了大部分的利益。同时也要看到，中国人，特别是华侨华人仍然是不可或缺的角色。欧洲殖民者仍然大量通过中国商人开展贸易。如西班牙殖民者占据菲律宾期间，充分利用在马尼拉久居的华人，大力鼓励中国商人前往贸易，甚至在当地成立特定的华人区名曰"涧内"，即"生丝市

---

① 陈炎：《略论海上丝绸之路》，《历史研究》1982 年第 3 期，第 161~177 页。
② 陈炎：《略论海上丝绸之路》，《历史研究》1982 年第 3 期，第 161~177 页。

场",以华侨华人为主,在马尼拉形成了繁荣的生丝和丝绸贸易市场,产品远销欧洲和拉丁美洲,成为海上丝绸之路重要的中心城市。而荷兰殖民者占据巴达维亚期间,也千方百计吸引中国商人来此贸易。

2. 清代

这个时期,海上丝绸之路表现出以下特征。

一是东西方力量的此消彼长。明朝末期,中国处于朝代更迭的战乱中,清朝入主中原之后,为了巩固新生政权,又推行极为严厉的海禁政策。官方基本停止了对外交往和开拓,也严禁民间对外贸易,不允许居民迁往海外。与此同时,欧洲国家却以举国之力,开拓远东贸易。欧洲殖民者"亦兵亦商",以政府的强力支持为后盾,以坚船利炮为辅助,以通商获利为主要动机,全面主宰了"中国-欧洲"的海上贸易。这种东西方力量的此消彼长贯穿整个清朝。

二是欧洲殖民者的殖民开发。葡萄牙、西班牙和荷兰对南亚和东南亚地区进行了早期开发,英国和法国等也开始向东扩张,并逐渐后来居上。18世纪60年代,英国成为世界强国,在与葡萄牙、西班牙和荷兰等国的海上角逐中占据上风。1795年,英国占领马六甲,1841年,英国占领香港,18世纪中期,英国将印度纳为殖民地,此外斯里兰卡、马来西亚、尼泊尔等许多国家也被纳入英国势力范围,法国殖民者紧随其后,将泰国、柬埔寨、缅甸和越南等国并吞为殖民地或保护国。

欧洲殖民者继续开发和占据重要通商港口,开展海上贸易,将中国和东南亚的丰厚物产源源不断地贩卖到欧洲。更为重要的是,他们开展更为深入的殖民开发。以茶产业为例,英国人从中国获取茶种和茶叶种植、加工技术,以印度和锡兰(今斯里兰卡)为基地,开展茶叶种植和加工,并将产品销回英国国内和其他欧洲国家。在英国的扶持下,印度逐渐取代中国,成为英国最大的茶叶进口来源国。①

三是华侨华人出国的新高潮。清初至清中期,海禁政策时紧时松,但是沿海居民出海经商和移民的步伐从未停止。福建、广东、江苏和浙江沿海的商人和农民,或为了生计,或为获取海上贸易的高额利润,仍然大量赴海外谋生。而清政府严厉的海禁政策,客观上又迫使这些华侨华人在国

---

① 仲伟民:《茶叶与鸦片:十九世纪经济全球化中的中国》,三联书店,2010。

外生活定居。

与此同时，欧洲殖民者的殖民开发活动产生了大量的商业和劳动力需求。于是，他们采取种种方法和措施，吸引中国人前往经商和劳动，从事货物贸易、种植和矿物开采工作。特别是鸦片战争之后，从中国前往东南亚经商谋生的人数越来越多，形成"下南洋"的高潮。随着华侨华人在东南亚定居人数的增多、时间的延长，定居的范围也从原来的港口中心城市扩展到城乡各地，遍布东南亚各地区。

## 二 华侨华人与陆上丝绸之路

古代陆上丝绸之路指汉唐间从中国长安（西安）出发，向西经陆路贯通亚洲并通往欧洲和非洲的贸易和交流之路。① 其最初的作用是运输古代中国出产的丝绸、瓷器等商品，后来则成为连接东西方的一条主要商路和人文交流之路。19 世纪 70 年代，德国地理学家费迪南·冯·李希霍芬将之命名为"丝绸之路"，并被广泛接受。中国倡议建设的"丝绸之路经济带"与古代陆上丝绸之路的线路高度重叠，重点畅通中国经中亚、俄罗斯至欧洲（波罗的海）；中国经中亚、西亚至波斯湾、地中海；中国至东南亚、南亚、印度洋。②

古代陆上丝绸之路是中国对外文明交往、经济联系、政治互动和人员往来的重要通道。在漫长的历史进程中，随着贸易、宗教和政治活动的进行，陆上丝绸之路也产生了频繁的人员往来，既有外国人迁移到中国，也有中国人迁移到陆上丝绸之路沿线国家，成为早期的中国移民。虽然在规模和影响力上，陆上丝绸之路的中国移民与海上丝绸之路有一定差距，但是这种迁徙从未间断过，而且与祖籍地保持着密切的联系。

### （一）古代陆上丝绸之路的形成和发展

1. 陆上丝绸之路的早期交往
早在先秦时期中国人与陆上丝绸之路沿线国家就有了一定的了解和交

---

① 石云涛：《汉唐间丝绸之路起点的变迁》，《中州学刊》2008 年第 1 期，第 183～193 页。
② 国家发展改革委员会、外交部、商务部：《推动共建丝绸之路经济带和 21 世纪海上丝绸之路的愿景与行动》，中华人民共和国商务部网，http://www.mofcom.gov.cn/article/resume/n/201504/20150400929655.shtml，最后访问日期：2016 年 4 月 5 日。

往，只不过是间接的、传递式的。一些学者认为，在陆上丝绸之路开辟之前，中原地区经新疆与中亚、西亚和地中海地区已经存在贸易往来。其中，中国昆仑山出产的精美玉石，成为较为稳定的贸易商品，形成了颇具特色的"玉石贸易"；几乎同一时期，中国的丝绸经由西北各民族的贸易活动，最终转售到中亚、西亚和地中海地区。① 人员往来方面，古代中国西北地区和中亚分布着许多游牧民族部落和小国家，他们在早期的贸易、征战和迁徙活动中，产生了一定的交往，促进了对彼此的了解。据载，河西走廊一带的月氏人和散居中亚北部的塞人，通过常年的游牧生活，充当了中原与西域各国间最古老的丝绸贸易商。秦国大商人乌氏倮用丝绸从部族首领手里交换牛羊。而这些部族首领则用这些丝绸，与盘踞在河西走廊的月氏人和塞人交换，换取他们从中亚、西亚、罗马人手中交换来的黄金。而这种贸易活动也得到了秦国政府的支持。② 但是这些早期交往所建立的联系对当今中外交往的影响比较小。

2. 汉朝——陆上丝绸之路的形成

一般认为，汉武帝派张骞出使西域是丝绸之路历史上最重要的事件之一。张骞先后两次出使西域，主要出于政治和外交目的，试图与大月氏形成联盟。张骞带着使团历经千辛万苦，到达大宛（今乌兹别克斯坦的费尔干纳）、康居（今乌兹别克斯坦的撒马尔罕）、大月氏（今阿富汗北部）等国，并派出使者到达更远的安息（今伊朗、伊拉克等地）、身毒（印度）、奄蔡（在咸海与里海之间）、条支（阿拉伯半岛）、黎轩（塞疏古王朝，今地中海东岸）等地。

张骞出使的政治和外交目的并没有达到，联盟没有形成。但在经济和文化交往上的成就巨大，使原来丝绸之路沿线上零散、间断和无组织的贸易活动得到根本性改变，国家有意识地组织、提倡和推动沿线的贸易，并进而带动丝绸之路沿线的经济贸易、文化交流和人员往来。汉朝与西域国家间的相互了解、认识提高了，官方使节往来和民间贸易活动变得频繁。所以，张骞出使西域又被称为"凿空之旅"。自此以后，东起汉帝国，西

---

① 黄英湖：《汉唐时期的丝绸之路及其对中西交往的影响》，《上海商学院学报》2015年第10期，第28~48页。

② 《天下第一商帮——陕帮》，中国社会科学网，http：//www.cssn.cn/ts/dlz/rwsk/txdysbss/201504/t20150423_1599720.shtml，最后访问日期：2016年4月7日。

至罗马帝国的丝绸之路逐渐成为中西文明交往的重要通道。赫德生（G. H. Hudson）在《欧洲与中国》一书中写道："二世纪时，丝绸在罗马帝国极西的海岛伦敦，风行的程度不亚于洛阳。"①

3. 魏晋南北朝时期

2～6 世纪的魏晋南北朝时期，中国处于分裂动荡中。在长年的政治动荡、军事冲突和社会变迁中，丝绸之路不但得以延续，而且取得了新发展。与西域各国的人员往来密集，国与国之间的使节往来频繁，比如北魏时期董琬出使西域，韩羊皮出使波斯，当时还有大批胡人侨居中原开展贸易，也有众多的中原商人和僧侣前往西域。更为重要的是，丝绸之路的繁荣带动沿线的经济发展，涌现出长安、洛阳、平城、邺州、凉州等一批丝绸之路中心城市，也打通了陆上丝绸之路和海上丝绸之路的联系。

4. 隋唐时期

隋唐时期，中国国力强盛，统治者主动经营，丝绸之路畅通无阻，达到发展的鼎盛时期。隋代出现了最早的国际贸易大会——"都下大戏"。隋炀帝委派裴矩经营西域，根据裴矩的建议，隋炀帝在洛阳举办"都下大戏"，"征四方奇技异艺，陈于端门街，衣锦绮、珥金翠者以十万数……遣掌藩率蛮夷与民贸易。"②

丝绸之路的贸易和人员往来对经济的带动效应日渐明显。隋唐时期，政治相对稳定、经济发展较快，出现了长安和洛阳这种百万级人口的大都市，成为国际经济文化交流的中心。基础设施日益完善，大运河的开通，全国性驿道网络的建设，使全国各地甚至丝绸之路实现了"互联互通"。全国各地物产汇聚到长安、洛阳等中心城市，并转运到各地，经由中外商人输往丝绸之路沿线国家。贸易的扩大也带来了经济的发展，以长安和洛阳为中心，包括汴州、相州、太原、襄阳、南阳、颍川等众多城市，形成了那时繁荣的"丝绸之路经济带"。

但是后来西域各国政局变动，中国与中亚和西亚地区的联系受到冲击，特别是青藏高原吐蕃势力强大后，占据河西走廊，丝绸之路通道彻底

---

① 转引自石云涛《汉唐间丝绸之路起点的变迁》，《中州学刊》2008 年第 1 期，第 183～193 页。

② 石云涛：《汉唐间丝绸之路起点的变迁》，《中州学刊》2008 年第 1 期，第 183～193 页。

受阻。与此同时，海上丝绸之路逐渐兴盛，优势不断凸显，逐渐代替了陆上丝绸之路，并在宋代成为中西贸易和人员往来的主要通道，而贸易的内容也更为丰富。

### （二）古代陆上丝绸之路的移民活动

古代陆上丝绸之路经过汉唐时期上千年的延续和发展，不计其数的中国和西域先民沿着这条道路来来往往，进行贸易、政治和宗教等方面的交流。许多人因为各种原因从祖籍地迁徙到丝绸之路沿线的其他国家，并在当地定居下来，繁衍生息，成为早期的跨国移民。因为当时中国的经济文化较为发达，所以从中亚和西亚向中国的移民为主，中国对外移民为辅。在各种移民类型中，以商业移民为主，以僧侣和战争移民等其他移民为辅。

#### 1. 来华的外国移民

在丝绸之路的中外经济交往中，来自中亚和西亚的商人发挥着最为重要的作用，是丝绸之路贸易的主要承担者，古称"胡商"。其中，粟特人最负盛名，他们是生活在中亚以泽拉夫善河为中心的阿姆河和锡尔河之间地区的一个古代民族，这一地区是古代东西方文明交往的重要通道。[①] 进入中原地区的粟特人都以国为姓，有康、安、曹、石、米、何、史等，史称"昭武九姓"。他们以经商著称，尤以康、安两国为多。这些粟特人来中原经商，往往以商队的形式出行，而且他们往往携家带口，久而久之便定居在中国各地。1907 年，斯坦因在敦煌发现一批西晋在华粟特人的商业信札，记载了当时他们在中国的商业活动，他们的足迹遍及中亚、敦煌、凉州，以及长安和洛阳之间。[②] 他们在中国境内的丝绸之路沿线形成了为数众多的粟特人聚集区，安家落户、繁衍生息，逐渐融入中原文明。他们不仅促进了丝绸之路的货物交换，还极大地促进了各民族地区的文化和宗教交流，对中西文明交往作出了重大贡献。

除了商业移民之外，还有战争移民和僧侣等。汉唐时期，中原与匈奴和突厥的军事冲突频繁，战败方的一些俘虏和平民也被迫迁徙到中原地

---

① 荣新江：《西域粟特移民部落补考》，《西域研究》2005 年第 2 期，第 1～11 页。
② 刘惠琴、陈海涛：《商业移民与部落迁徙——敦煌、吐鲁番籍粟特人的主要来源》，《敦煌学辑刊》2005 年第 2 期，第 117～125 页。

区。由于当时中原地区相对较高的发展水平，他们很多都融入了中原社会，甚至成为当时的栋梁之材，比如汉代的匈奴人金日磾和唐朝的突厥人阿史那忠。① 僧侣是当时各国来华移民的另一重要群体，北魏统治者信奉佛教，吸引了大批西域僧侣前来中原传播宗教，建立寺庙。而到了隋唐时期，又有朝鲜和日本的僧侣来中原学习佛教知识和其他中华文化。

2. 中国对外移民

（1）从事丝路贸易的商人

西汉之后，历经东汉、魏晋南北朝、隋唐，历代中原王朝积极经营西域，在丝路沿线，修建了邮驿、烽燧、城池等，保障了商路的畅通。许多中国商人也纷纷参与到丝绸之路的贸易活动中。他们带着丝绸、瓷器、玉石等商品，远赴中亚和西亚经商。在当时的交通条件下，往返一次丝绸之路，往往经年累月，动辄十几年。因此，有部分商人在西域建立货物中转基地和家宅，暂居甚至定居下来，成为早期的华侨。

（2）出使西域的外交人员

丝绸之路时期，中原王朝和西域各国的官方联系十分密切，国家间的官方使团频繁往来。以张骞出使为例，首次出使时，成员多达 100 余人，而最终只有两人回到中原，其他人大多流散在西域各国；第二次出使时，成员多达 300 余人。张骞出使的成功，也促使汉朝政府派出更多的使团。这些使团中，有部分成员会滞留不归，特别是一些打着官方使团旗号的民间商人，他们留居不归的更多。此外，中原王朝和西域各国的历次和亲活动中，也有大批随嫁人员、护卫和工匠。这些人就定居在当地，同时也带去了中原的技术和文明。

（3）军事冲突中的战俘和难民

历史上，中原王朝和匈奴、突厥等西域政权的军事冲突不断，交战双方互有胜负。因为路途遥远、自然条件恶劣和技术水平不高，中原王朝远征西域的军队中掉队离散和逃亡军人较多，战败时，投降和被俘的军队往往被掳走或扣留在当地，特别是有一技之长的能工巧匠。同时，西域军队袭扰边境时，往往会掳走中国的边民和牲畜。

总之，汉至隋唐时期，中国古代的先民以各种形式参与到丝绸之路的

---

① 张国刚：《汉唐时代丝路来华的外国侨民》，《南风窗》2015 年第 21 期，第 100～102 页。

商贸、外交活动中，有部分人迁移定居到沿线各国，成为早期的华侨。但是总体而言规模不大，且年代久远，已经融入当地的社会文化中了，对现在的中外交流影响有限。

### （三）西南丝绸之路的海外移民

古代中国存在从西南地区通向国外的陆上商道：起于成都，途经云南大理、保山及缅甸，经印度、孟加拉国直达西亚地区和罗马。[①] 这条线路与"一带一路"倡议中的"中印孟缅经济走廊"高度重合。

20世纪80年代，四川与云南的学者将这条路线定义为"西南丝绸之路"[②]，主要包括蜀身毒道和茶马古道。"蜀身毒道"指古代从四川成都出发，经云南的昭通、曲靖、大理，从保山出境入缅甸、泰国，经印度直达中亚和地中海沿岸的商贸通道。"茶马古道"则起源于古代西南边疆和西北边疆的茶马互市，兴于唐宋，盛于明清，二战中后期最为兴盛。茶马古道分川藏、滇藏两条路线，连接川滇藏，延伸入不丹、尼泊尔、印度境内，直到西亚、西非和红海沿岸。[③]

通过西南丝绸之路的贸易活动，西南地区（主要是云南）的人民开始对外移民。他们移民的方向主要是接壤地区的越南、老挝、缅甸、柬埔寨、泰国、印度等国家和地区。这种移民活动自汉唐中原王朝探索西南地区就开始了，清末民国时期进入移民的高峰期。许多人因为躲避战乱和谋求生计，到东南亚地区定居，有的开垦荒地，经营种植、养殖业；有的在工厂、矿产和农场务工；有的开办工厂和商号，成为企业主。久而久之，他们在当地繁衍生息，成为华侨。而在云南，形成了腾冲、红河、盈江、鹤庆、大理等著名侨乡。

总体而言，西南丝绸之路的海外移民以云南地区的人为主，由多民族组成，他们移民的距离较近，集中在东南亚地区，规模也较小，但是他们一样为中国与东南亚国家的经贸往来和文明交往作出了巨大的贡献。

---

① 全洪涛：《南方丝绸之路的文化探析》，《思想在线》2012年第6期，第135~136页。
② 屈小玲：《中国西南与境外古道：南方丝绸之路及其研究述略》，《西北民族研究》2011年第1期，第172~179页。
③ 曾少聪：《我国海路和陆路的海外移民——以福建和云南的海外移民中心为例》，《世界民族》2015年第6期，第77~85页。

# 第二节 "一带一路"主要地区
# 华侨华人的发展现状

## 一 东南亚地区的华侨华人及其发展现状

东南亚（印度尼西亚、马来西亚、新加坡、菲律宾、泰国、文莱、越南、老挝、缅甸、柬埔寨等东盟十国）在"一带一路"建设中具有重要的地位，它是 21 世纪海上丝绸之路的首站①，被列为"21 世纪海上丝绸之路"建设的优先方向。② 同时，东南亚还是华侨华人分布最为集中的地区，华侨华人在经济、政治、科技、文化等各个领域均取得令人瞩目的成绩，对住在国和祖（籍）国的经济社会发展作出了巨大贡献。

### （一）人口发展

东南亚是中国对外移民的主要方向，中国向东南亚大规模移民大约开始于 17 世纪，20 世纪上半叶达到高峰期。到 20 世纪 50 年代初期，东南亚的中国移民及其后裔达 1000 万人以上。③ 此后到改革开放前，中国向东南亚的移民开始停顿，但是随着改革开放与东南亚经济合作的飞速发展，中国向东南亚的移民又开始增加。据估计，目前在东盟十国的华侨华人在3500 万人左右，占海外华侨华人总数的 60%以上，占东盟十国总人口的5%以上。

---

① 赖竞超：《东南亚是 21 世纪海上丝绸之路首站》，南方网，http://reporter.southcn.com/r/2014-10/30/content_111171658.htm，最后访问日期：2016 年 4 月 8 日。
② 张茜翼、张素、杨秀萍：《东盟是"21 世纪海上丝绸之路"建设优先方向》，中国新闻网，http://www.chinanews.com/cj/2014/07-23/6418273.shtml，最后访问日期：2016 年 4 月 8 日。
③ 庄国土：《论中国人移民东南亚的四次大潮》，《南洋问题研究》2008 年第 1 期，第 69～81 页。

表 1.1　东南亚华侨华人分布及占当地人口的比例

单位：万人，%

| 国家 | 全国总人口 | 华侨华人人口 | 华侨华人占总人口的比例 |
|---|---|---|---|
| 新加坡 | 399.80 | 296.9 | 74.26 |
| 马来西亚 | 2896 | 741 | 23.40 |
| 文莱 | 42.27 | 6 | 14.19 |
| 泰国 | 6672 | 718 | 10.76 |
| 老挝 | 638.51 | 32 | 5.01 |
| 柬埔寨 | 1452.13 | 71 | 4.89 |
| 印度尼西亚 | 24103 | 1057 | 4.39 |
| 缅甸 | 6038.4 | 263 | 4.36 |
| 越南 | 8784 | 155 | 1.76 |
| 菲律宾 | 9583 | 162 | 1.69 |
| 总计 | 60599.51 | 3495 | 5.80 |

资料来源：新加坡数据只计算 2018 年有永久居留权的人口，引自新加坡统计局，http://www. singstat. gov. sg，马来西亚数据来自该国统计局 2016 年的预测数据，https://www. statistics. gov. my，其余数据引自刘文正、王永光《21 世纪的东南亚华人社会：人口趋势、政治地位和经济实力》，载丘进主编《华侨华人研究报告（2013）》，社会科学文献出版社，2013。

如表 1.1 所示，新加坡的华人占比最高，达到 74.26%，是华人占主流的社会，2010 年新加坡人口普查结果显示，新加坡华人主要来自福建闽南、广东潮州和广府，上述三地的华人占比超过 70%。现任新加坡总理李显龙祖籍广东梅州市。目前，新加坡已经成为中国大陆和港澳台居民向东南亚移民的首选地，也吸引其他东南亚国家华人前往定居。

马来西亚是华人较为集中的国家，华人是第二大族群，仅次于马来人。这些华人的祖籍主要是福建闽南和福州、广东潮州和广府。但是近年来，马来西亚华人的人口自然增长率一直不高，2014 年仅为 5‰，低于马来人的 15.7‰、印度人的 5.4‰和其他族群的 8.3‰。[①]

① 马来西亚国家统计局，https://www. statistics. gov. my/index. php? r = column/cthemeByCat & cat = 165&bul_ id = akZOby9EYThSQ3V3WHpZSEdjeU50dz09&menu_ id = L0pheU43NWJw RWVSZklWdzQ4TlhUUT09，最后访问日期：2016 年 7 月 8 日。

文莱人口较少，2011 年全国总人口 42.27 万人，其中华侨华人 6 万人，占比 14.19%。他们的祖籍主要是福建和广东两省，其中不少人来自福建金门。文莱的华侨华人仅有约 23% 拿到"黄卡"身份证，可以享受公民待遇，约 29% 拿到"红卡"，即永久性居民身份，其余 48% 均为临时性居民。

泰国的华侨华人数量较多，据推算，2011 年泰国的华侨华人达到 718 万人，祖籍广东的最多，约占 65%。他们与当地社会融合较深，主要是与当地人通婚、合作经商、参政等。

在东南亚国家中，老挝人口较少，但民族多，其华侨华人数量一度较少，20 世纪 70 年代仅有 10 多万人，其中祖籍广东潮州的占 70% 以上。[①] 近年来，有越来越多的中国人赴老挝经商创业，这个群体被称为"华人新移民"。据媒体报道，仅在首都万象，就有 12 万华人。[②]

柬埔寨是以高棉族为主的国家，高棉族约占总人口的 80%，华侨华人约有 71 万人，占全国总人口的 4.89%。20 世纪，由于战乱，柬埔寨的华侨华人一度大量减少，战后才有所回升。他们大多数祖籍为广东、海南和福建等地，以广东潮州为最多，大部分人已经加入柬籍。[③]

由于印度尼西亚在古代海上丝绸之路的特殊地理区位，这里很早就成为华侨华人迁移聚居的地方。目前，印度尼西亚是世界第四人口大国，2015 年人口总数约 2.55 亿，也是华侨华人最多的国家，据估计超过 1000 万人，占全国总人口的 4% 左右。他们大多数加入印度尼西亚国籍，雅加达、泗水、万隆、茂物、棉兰、巨港等大中城市是印度尼西亚华侨华人的主要聚居地。

缅甸与中国云南、西藏接壤，目前有 260 多万的华侨华人，占该国总人口的 4% 以上，他们大多祖籍福建、云南和广东等地，主要分布在仰光、曼德勒、勃生、毛淡棉等主要城市。

越南的华侨华人占比较低，现有 150 多万人，占全国总人口的比例不

---

① 庄国土：《略论二战以来老挝华人社会地位的变化》，《华侨华人历史研究》2004 年 6 月，第 28~35 页。

② 王飞：《华人成老挝新移民主力》，大公网，http://news.takungpao.com/paper/q/2014/0902/2707884.html，最后访问日期：2016 年 7 月 8 日。

③ 《柬埔寨华侨华人概况》，中国侨网，http://www.chinaqw.com/news/2006/0630/68/34582.shtml，最后访问日期：2016 年 7 月 8 日。

到 2%。根据越南官方 2009 年的人口普查，越南华族人口为 823071 人，数量比原来减少。国内学者加上经估算的中国在越南的商务人员、边贸商贩和台商及其眷属，得出上述 150 多万人的估计数字。① 这些华侨华人大多生活在胡志明市和湄公河三角洲地带，约占总数的 80%，他们的祖籍以广东和福建居多。

菲律宾是较早有中国人前往贸易和定居的地方，史料记载中的吕宋、苏禄等地就在今日的菲律宾境内。但菲律宾是东盟十国中华侨华人人口占比最低的国家，约占 1.69%，但也有约 162 万人，他们的祖籍约 90% 都是福建，其中又以晋江、南安和惠安最多。在东南亚，菲律宾的华侨华人与当地的融合也比较深入，与当地人通婚较多，所以具有华人血统的菲律宾人也不在少数。

## （二）参政议政

大部分东南亚华人已经实现了政治、经济和文化的当地化，他们改变了过去专注经商、不问政治的传统，越来越多地参与住在国的社会政治生活。华人在东南亚政界的影响力越来越大，出现许多政界领袖和精英人士。这对于"一带一路"的政策沟通和政治互信无疑具有重要意义，但是东南亚各国华人的政治地位和从政环境参差不齐，华人政治参与的程度和取得的成绩也各不相同。笔者按照华人参政议政的主要情况和从政环境的差异将东盟十国分为三组：新加坡、泰国和菲律宾是华人从政环境较为宽松且取得突出成就的国家；老挝、柬埔寨和越南是华人从政空间较大，不存在明显的制度和社会障碍，但是华人并不热心从政的国家；印度尼西亚、马来西亚、缅甸和文莱的华人要取得突出政治成就面临一定的制度或社会约束，而印度尼西亚和马来西亚的华人从政环境正在不断改善。

1. 新加坡、泰国和菲律宾

新加坡、泰国和菲律宾是华人参政环境比较好的国家，没有明显的制度和社会障碍，华人可较好地享有参政议政的平等权利。

---

① 覃翎：《近年来越南华人数量的估算和分析》，《南洋问题研究》2015 年第 1 期，第 61～78 页。

华人在新加坡占人口的大多数，政治上也占据主导地位。新加坡总理和人民行动党秘书长都由华人担任。但是新加坡华人注重将平等的政治权利与其他族群分享，注重与国内的马来人、印度人和其他少数族群合作。在政府公务员、人民行动党党员和议会议员中都有一定的少数族群。①

泰国华人很早就融入当地社会，与本地人在政治上基本享有平等的权利。许多华人在泰国政界取得了显赫的成绩，在该国历届总理和部长中有不少人是华裔。如前总理阿南·班雅拉春是陈姓华人后裔，前总理班汉·西巴阿差的中文名叫马德祥，前总理川·立派的中文名叫吕基文，是泰国第三代华裔，前总理他信·西那瓦和英拉·西那瓦，是邱姓华裔后代，其他在政界、警界和军界的华裔政要更是不可胜数。

和泰国一样，菲律宾华人与当地社会融合较好，所以政治权利也得到较为平等的保障。随着经济地位的提高，他们通过参政来保护和扩展经济利益的愿望也越来越强烈。他们参与政治活动的方式，有直接的方式，如亲自从政，任政府公职和竞选议员，也有间接的方式，如赞助议员，通过婚姻等方式与当地政要联盟。在菲律宾，华人出任政府高官和当选议员已经不是特别的新闻，如菲律宾总统杜特尔特有华裔血统，其祖父是中国人，祖籍福建。

2. 老挝、柬埔寨和越南

老挝和柬埔寨一样，法律赋予所有公民平等的政治权利，但是因为华人人数较少，并且专注于工商业，较少参与政治事务。② 他们当中缺少特别突出的政治领袖，没有形成明显的华裔政治族群，华人主要是通过一些社团来表达诉求和参与社会事务。

越南在 20 世纪 90 年代实行全面革新开放的路线和政策，华人的政治环境不断改善，社会政治地位不断提高，华族已经被视为越南 54 个民族之一，越南华人享有法律赋予的公民权利。③ 越南政府甚至有意识地推动华人参政，为华人营造更大的从政空间，也有不少华裔高官和国会代表，但

---

① 曾少聪、汪鲸：《东南亚华侨华人与居住国的关系——以菲律宾、马来西亚和印尼为例》，载中国世界民族学会《第九届中国世界民族学会会员代表大会暨学术讨论会论文集》，2010。

② 庄国土：《略论二战以来老挝华人社会地位的变化》，《华人华侨历史研究》2004 年 6 月，第 28~35 页。

③ 于向东：《目前越南华人的政治状况》，《当代亚太》2003 年 6 月，第 32~36 页。

是整体上越南华人仍然以经商为主。

3. 印度尼西亚、马来西亚、缅甸和文莱

由于历史的原因，印度尼西亚华人的参政机会比较不足，参政意识不强。但在 1999 年民主化改革之后，印度尼西亚对华人的政策不断放宽，华人参政议政的环境趋向良性和有利。于是，越来越多的华人投身印度尼西亚国内的政治活动中，他们主要是参加或组建政党，参加地方行政长官和议员选举，出任政府高级官员。经过十几年的发展，华人在印度尼西亚政界不断进步，华人的政治地位不断提高，出现了第一位华人市长——黄少凡，雅加达专区首位通过选举产生的华人省长——钟万学（后因亵渎宗教罪名被判入狱），以及前经济统筹部部长郭建义、旅游和创新经济部部长冯慧兰、西加里曼丹省副省长黄汉山、印尼国会对华合作小组协调主任兼民主党议员叶锦标等。虽然印度尼西亚华人参政的道路还面临着一些困难，但是在制度环境和社会环境等方面已经有了很大的改善。

马来西亚以宪法的形式将"马来人优先"作为一个"神圣不可侵犯"的原则。华人和其他少数族群在马来西亚参政的道路面临着难以逾越的制度障碍，这使华人在马来西亚政界处于相对弱势的地位。但是马来西亚政策也有宽松的一面，因为政党活动比较自由，所以还是形成了像马华公会、民主行动党等代表华人利益的政党。随着国内外环境的变化，马来西亚的华人政策也在逐渐调整。华人的从政空间有所扩大，政府中的华裔高级官员也越来越多。

华人在缅甸的政治空间和参政机会相对不足。根据缅甸 1982 年的《联邦公民法》，只有 1824 年以前居住在缅甸国内的克钦、克耶、克伦、钦、缅、若开、掸等族及其支族才是缅甸公民。而依据 1948 年《缅甸联邦公民法》申请入籍的是客籍公民，缅甸独立前到达缅甸的居住者及其子女，他们没有根据 1948 年《缅甸联邦公民法》申请入籍，属于归化公民。客籍公民、归化公民没有完全的公民权，在选举、公务员升迁、组建社团等方面受到很大限制。① 虽然缅甸开始民主化进程，但是华人依

---

① 杨津涛：《缅甸华人为何放弃"华人"身份》，腾讯网，http://view. news. qq. com/a/20160330/018979. htm，最后访问日期：2016 年 7 月 8 日。

然很少参政。[1]

文莱是个君主制国家，人口又少，政府官员基本是皇室亲信，所以华人基本上没有多少从政空间。文莱华人主要是通过各类民间社团参与社会政治生活，表达族群诉求。

### （三）经济实力

华人经济在东南亚的成就斐然，出现了许多在本地区和全世界都有影响力的企业家，形成一大批国际化、多元化和集团化的华人企业集团，以及遍布各行各业的中小企业。这些华人经济已经成为东南亚各国国民经济的重要组成部分，在亚太经济的跨国投资和贸易中具有重要地位。据庄国土的估算，截至 2008 年，东南亚华商的总资产在 1.5 万亿美元左右。[2] 刘文正、王永光测算，2012 年，东南亚最大的 20 家华人上市企业总资产达 8125.87 亿，总市值 2401.68 亿美元，平均营业额已达 39.15 亿美元，华商大企业实力雄厚。[3] 在 2016 年福布斯富豪排行榜中，上榜的泰国富豪前 3 名均为华人，前 10 名中有 8 名是华人。[4]

但是具体来看，华人经济在东南亚各国的实力分布并不均衡。总体而言，新加坡、马来西亚、印度尼西亚、泰国、菲律宾的华人经济实力较强，企业资产规模和经营范围较大，越南、老挝、柬埔寨、缅甸、文莱的华人经济实力相对较弱。比如，香港《亚洲周刊》从 2007 年开始，每年评出"全球华商 1000 强"，截至 2015 年共 9 年，越南、老挝、柬埔寨、缅甸和文莱均没有华商企业上榜。根据 2015 年胡润全球华人富豪榜，新加坡有 36 人上榜，马来西亚有 28 人上榜，印度尼西亚有 22 人上榜，泰国有 12 人上榜，菲律宾有 13 人上榜，而其他东盟国家只有柬埔寨、越南、缅甸各 1 人上榜。[5]

---

① 高美：《缅甸华侨：华人很少参政 谁上台都对华人都差不多》，腾讯网，http://news.qq.com/a/20151110/000915.htm，最后访问日期：2016 年 7 月 15 日。

② 庄国土：《东南亚华商资产的初步估算》，《南洋问题研究》2015 年第 2 期，第 1~19 页。

③ 刘文正、王永光：《二十一世纪的东南亚华人社会：人口趋势、政治地位与经济实力》，载丘进主编《华侨华人研究报告（2013）》，社会科学文献出版社，2013。

④ 福布斯网，http://www.forbes.com/thailand-billionaires/list/#tab: overall，最后访问日期：2016 年 7 月 15 日。

⑤ 笔者根据《2015 瀚亚资本·胡润全球华人富豪榜——港澳台及海外华人》整理，http://www.hurun.net，最后访问日期：2016 年 7 月 15 日。

但是不管在哪个国家，华人经济都蓬勃发展，在当地经济社会发展中具有重要作用。比如，自 1993 年 5 月柬埔寨新政府成立后，华人经济迅速成长壮大，已经支撑起柬埔寨经济的半壁江山。[1] 文莱城市的餐馆、旅馆、建筑业、航运业、运输业等大多由华人投资经营。[2] 在越南的胡志明市，2003 年华人经济对经济增长的贡献率达 30%，为当地创造了数万个工作岗位，2004 年胡志明市已有华人企业 5000 家，经营范围涉及几乎所有经济领域。[3]

## 二 西欧地区的华侨华人及其发展现状

西欧一般指英国、法国、比利时、荷兰、爱尔兰、卢森堡等 6 个国家，它们位于"一带一路"西端，是全球经济最为发达的地区之一，也是中国重要的经济伙伴，同时还是中国移民增长最快的地区。20 世纪 80 年代开始，大量中国人通过留学、经商、探亲、移民等方式前往西欧国家，并且定居下来。经过多年的发展，在西欧各国已经形成颇具规模的华人族群，他们活跃在经济、教育、科技、政治等各个领域，是中国与西欧国家合作的重要桥梁和纽带。

### （一）人口发展

有关西欧华侨华人的人口数量是各方关注的重要议题之一，但是目前仍然缺少比较完整可靠的统计。台湾地区"侨委会"对全球华侨华人数量和分布的跟踪、统计和研究已经持续多年，其组织的统计工作具有一定持续性和准确性，得到较为广泛的认可。笔者参考台湾地区"侨委会"2011年和 2016 年的统计年鉴，结合相关国家的人口统计数据，收集和测算了西欧六国的华侨华人数量分布。如表 1.2 所示，法国的华侨华人数量最多，达 68 万；其次为英国，华侨华人数量达 50 万；然后是荷兰，华侨华人数量达 13.24 万，比利时和爱尔兰各有 1 万多华侨华人，而卢森堡则有 0.31万华侨华人。上述西欧六国的华侨华人数量总计 135.29 万。

---

[1] 王士录：《柬埔寨华侨华人的历史与现状》，《华侨华人历史研究》2002 年第 12 期，第 49~54 页。

[2] 万晓宏：《文莱华人现状》，《东南亚研究》2004 年第 5 期，第 80~84 页。

[3] 覃翊：《当代越南华人社会研究》，《世界民族》2009 年第 2 期，第 57~63 页。

表 1.2 华侨华人在西欧六国的数量分布（2016 年）

单位：万人

| 国家 | 华侨华人人口数量 | 国家 | 华侨华人人口数量 |
| --- | --- | --- | --- |
| 英国 | 50.00 | 荷兰 | 13.24 |
| 法国 | 68.00 | 爱尔兰 | 1.94 |
| 比利时 | 1.80 | 卢森堡 | 0.31 |
|  |  | 总计 | 135.29 |

备注：（1）英国、法国和荷兰的数据来自台湾地区"侨务委员会"编撰的《华侨经济年鉴（2016）》。

（2）因为比利时和卢森堡的官方和《华侨经济年鉴（2016）》均没有统计两国的华侨华人数量，笔者用《华侨经济年鉴（2011）》中统计的 2011 年华侨华人数量乘以住在国 2011~2016 年人口增长率，然后再加上 2011~2016 年来自中国的新移民数量，从而推算出 2016 年两国的华侨华人数量。中国新移民数量来自 OECD 国际移民数据库。

（3）爱尔兰华侨华人数据来自爱尔兰官方人口统计，https：//www.cso.ie。

## （二）经济实力

西欧华侨华人对当地的经济影响不大，但也遍布各行各业，华人经济已然成形。进出口、批发零售仍是西欧华人的主体行业，凭借语言优势和"中国制造"的强大优势，以进出口批发商贸为主、部分延伸到零售终端的华人商城经济，已经成为欧洲主要国家华人经济的主体。[1] 餐饮业则是西欧华人的又一支柱产业，因为创业门槛低，又有日益增加的华人市场需求，中餐馆几乎遍布西欧各地。以英国为例，据统计已经有 1.8 万家中餐馆和外卖店，其最大的行业协会——英国中华饮食业总商会已经成立二三十年。但是欧债危机之后，欧洲经济普遍不景气，市场需求下降，进出口、批发零售和中餐业首当其冲，华人经济面临变革和转型。英国中餐业面临市场需求下降、食材进口管制和厨师短缺等挑战。[2] 只有变革才有出路，有些华人企业开始转型，如借助电子商务快速发展的时机，大力推广网上销售，进而推动传统批发零售业的转型。[3]

---

① 丘进主编《华侨华人研究报告（2013）》，社会科学文献出版社，2013。

② 林琳：《马年有感：英国中餐业面临的变革和挑战》，BBC 中文网，http：//www.bbc.com/ukchina/simp/uk_life/2014/02/140202_life_chinese_cooking_fusion，最后访问日期：2016 年 7 月 20 日。

③ 《欧洲华人批发业生存：收益缩水转型成功》，星岛环球网，http：//oversea.stnn.cc/ymsj/2016/0426/309311.shtml，最后访问日期：2016 年 7 月 20 日。

随着中国企业"走出去"步伐的加快和海外华商全球布局的推进，西欧华人经济也在不断壮大。如英国宣布脱欧后，华为公司宣布不改变在英国投资 13 亿英镑的计划，[①] 华为公司在英国设立欧洲总部和开展石墨烯商用研发，预计 2017 年员工总数达 1500 人。[②] 香港富商李嘉诚旗下企业在英国的投资尤为引人注目，李氏商业帝国在英国的总资产高达 3900 亿港元，占整个李氏家族总投资的 37%，包括 3 个港口、3 家连锁店、1 家移动运营商、1 家铁路集团、1 家区域电网公司、2 家区域煤气公司、1 家水务公司。其中，在伦敦市区还有一个 3500 套住宅的楼盘开发项目。尤其是李嘉诚对英国供电和供水网络进行的两笔大收购，占有英国大约 1/4 的电力分销市场以及约 5% 的供水市场。[③] 而台商在西欧的布局也较多，主要在电子通信业，在英国和荷兰的台商投资中，该行业投资分别占 60% 和 70%，主要为市场推广、研发、售后服务和分销，著名企业如宏碁、华硕、鸿海精密和台积电等。另外还有航运业的阳明和长荣，金融业的兆丰、永丰、台湾银行、彰化银行等。[④]

## （三）参政议政

随着西欧华人的人数增加、经济地位提高和日益融入当地主流社会，他们对当地政治事务的参与也越来越多，主要通过参与投票、竞选和社团活动等各类方式参与当地政治事务。在英国、法国、荷兰和比利时都出现了华人议员和政府官员，尤其以英国和法国为多。但华人在西欧仍然是少数族群，在当地的政治参与度、政治成就仍然不稳定和不均衡。例如，英国是华人在欧洲参政最早的地方，出现过 20 多名华人议员，[⑤] 但是在 2010 年英国的国会选举中，8 名参选华人均落选，2014 年的地方议会选举中，9

---

① 萨拉·戈登：《华为不改变在英国投资 13 亿英镑计划》，FT 中文网，http://www.ftchinese.com/story/001068234，最后访问日期：2016 年 7 月 20 日。
② 华为技术有限公司网站，http://www1.huawei.com/cn/about-huawei/newsroom/press-release/hw-266242.htm，最后访问日期：2016 年 7 月 20 日。
③ 邢书：《亚洲首富李嘉诚意欲"抄底英国"？》，BBC 中文网，http://www.bbc.com/zhongwen/simp/china/2015/01/150126_hk_uk_likashing，最后访问日期：2016 年 7 月 20 日。
④ 中正大学：《2014 年华侨经济年鉴》，"行政院侨务委员会"，2015，第 109 页。
⑤ 李明欢：《欧洲华人社会剖析：人口、经济、地位与分化》，《世界民族》2009 年第 5 期，第 47~55 页。

名参选华人也落选；而在法国，2014 年则出现首位华裔巴黎市议员，在巴黎各区议员选举中，共有 6 名华人进入左右两个主流党派的选举名单，3 位当选的华人副区长，都主管经济。[①]

## 三 中亚地区的华侨华人及其发展现状

中亚地区在狭义上指哈萨克斯坦、乌兹别克斯坦、土库曼斯坦、塔吉克斯坦和吉尔吉斯斯坦等 5 个位于中亚地区的国家，部分国家与中国新疆接壤，它们地处欧亚大陆的核心腹地，是丝绸之路经济带的陆上要冲，也是连接东西向和南北向丝路的重要节点。[②] 目前有一定数量的华侨华人生活和工作在中亚地区，主要在哈萨克斯坦、吉尔吉斯斯坦和乌兹别克斯坦。据统计，截至 2009 年，哈萨克斯坦约有 30 万华侨华人，吉尔吉斯斯坦约有 0.18 万华侨华人。[③] 但是近些年越来越多的中国人前往中亚地区进行经商贸易，实际数量应该远超过 30.18 万人。据报道，在吉尔吉斯斯坦的移民中，有 70% 是中国汉族人。[④] 这些华侨华人对于丝绸之路经济带的成功建设具有重要意义。

1. 人口发展

由于历史和地理的原因，中亚的华侨华人主要是原籍中国西北地区的少数民族，分别是维吾尔族、回族和哈萨克族同胞，其中回族华人又被称为"东干人"。在地理分布上，回族华侨华人主要集中在吉尔吉斯斯坦的首都比什凯克及其周边地区、哈萨克斯坦原首都阿拉木图和乌兹别克斯坦首都塔什干等地。而维吾尔族华侨华人主要分布在哈萨克斯坦原首都阿拉木图、潘菲洛夫和奇姆肯特，乌兹别克斯坦的安集延和塔什干，以及吉尔吉斯斯坦和土库曼斯坦的少数地区。哈萨克斯坦的华人已经融入当地社

---

① 王海波：《聚焦海外华人参政：欧美喜忧参半亚洲亮点闪现》，华商网，http://www.hs98.com/bencandy.php? fid=4&id=11986，最后访问日期：2016 年 7 月 29 日。

② 袁胜育、汪伟民：《丝绸之路经济带与中国的中亚政策》，《世界经济与政治》2015 年第 5 期，第 21~41 页。

③ 黄平：《华侨华人在中国软实力建设中的作用》，经济科学出版社，2015。

④ 《中国人抓住了中亚的钱袋子》，大公网，http://news.takungpao.com/mainland/yangguang/q/2013/1230/2151378.html，最后访问日期：2016 年 7 月 29 日。

会，在统计上无法与当地人区分。①

21世纪初以来，中国前往中亚的新移民越来越多。以哈萨克斯坦为例，有不少汉族、哈萨克族和维吾尔族的中国人以经商、务工、移民等形式前往哈萨克斯坦。由新、老华侨华人组成的华人社会和华商网络不断发展，在中国与中亚国家的贸易往来和人文交流中的作用不断增强。

2. 经济实力

与东南亚华侨华人相比，中亚华侨华人暂时还没发展起较强的经济实力，但是他们在当地经济发展和国际贸易中也有不可替代的作用。如居住在哈萨克斯坦的维吾尔族华人利用通晓两国语言和熟悉两地经商环境的优势，从中国购买相对廉价的日用品，然后销售到哈萨克斯坦。有学者认为，在苏联解体后，这些贸易商品对于稳定哈萨克斯坦国内市场，满足其对日常商品的需求起到了重要作用。② 东干人在中亚主要从事蔬菜种植业，其蔬菜供应占哈萨克斯坦市场一半以上，③ 他们的饮食方式甚至影响了中亚其他民族的饮食和生活习惯。吉尔吉斯斯坦东干村还获得了2014年度"影响世界华人大奖"提名，④ 作为华裔，从清末至今的100多年来，东干人在异域落地生根，融合发展，但同时也维系了中华的血脉、乡情和语言，在传播中华文化、承载民族传统方面取得了卓著的成就。

中亚的中国新移民中，有越来越多的汉族人，他们不少来自内地和沿海地区，凭借对国内商品的熟悉，将大量商品销售到中亚国家，逐渐建立起连接国内工厂、贸易公司和中亚销售市场的跨国商业网络。他们的贸易网络也逐渐告别过去小商小贩的模式，向规模化和集约化运作发展，比如中哈霍尔果斯国际边境合作中心，是中国和哈萨克斯坦两国元首达成共识的国家战略项目，也是世界上首个跨境的经济贸易区和投资合作中心，其

---

① 纪大椿：《中亚的中国移民》，《西域研究》2003年第2期，第14~20页。

② Nicholas J. Steiner, "Chinese Migration to Central Asia: Contrasting Experiences between Kazakhstan and Kysgyzstan," University of Washington, 2013. https：//digital. lib. washington. edu/researchworks/bitstream /handle/1773/23547/STEINER _ washington _ 02500 _ 11745. pdf; sequence=1，最后访问日期：2016年7月29日。

③ 陈琼渊：《丝绸之路经济带的"诞生地"——哈萨克斯坦》，凤凰网，http：//pit. ifeng. com/a/20151010/44808566_0. shtml，最后访问日期：2016年7月29日。

④ 《吉尔吉斯斯坦东干村获得"影响世界华人大奖"提名》，联合早报网，http：//www. zaobao. com. sg/special/report/others/huarensd/story20140315-321350，最后访问日期：2016年8月1日。

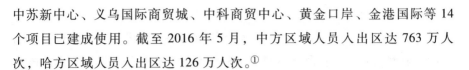

中苏新中心、义乌国际商贸城、中科商贸中心、黄金口岸、金港国际等 14 个项目已建成使用。截至 2016 年 5 月，中方区域人员入出区达 763 万人次，哈方区域人员入出区达 126 万人次。①

3. 参政议政

中亚华人以维吾尔族和回族等少数民族为主，很多已经移民到当地数十、上百年，他们与当地人有共同的宗教信仰、生活习俗，所以能很好地融入当地社会，享有平等的政治权利。至于侨居中亚的各族华商，他们整体人数较少、力量相对较小。这些华商通过组成和整合各类社团来表达和维护自己的利益诉求，如同乡会、商会、行业协会和华侨华人联合会。这些社团一度形式多、数量众、规模小、法律基础缺乏，并且缺乏资金和规范化管理，因而影响力比较低。② 但是近年来也出现了哈萨克斯坦"杰标"华人华侨全国联合会、吉尔吉斯斯坦华人华侨联合会、塔吉克斯坦华人华侨联合会和乌兹别克斯坦华人华侨联合会等全国性的社团，它们在促进中国与中亚各国沟通，维护华侨华人和华商权益方面发挥了越来越大的作用。③

# 第三节　海外华侨华人与中国对外开放

海外华侨华人中的企业投资者或经营者称为"海外华商"。而华商网络指的是以海外华商群体为主，以家族、族群、地区、行业和社团为社会基础，以"五缘关系"（亲缘、地缘、神缘、业缘、物缘）为连接纽带，以共同利益尤其是共同经济利益为核心，以非正式的社会和商业纽带及正式的社团组织形式所形成的泛商业网络。④

---

① 《中哈霍尔果斯国际边境合作中心招商推介会在奇姆肯特举办》，伊犁政务网，http://www.xjyl.gov.cn/info/1068/96650.htm，最后访问日期：2016 年 8 月 1 日。

② 孙立：《综述：中亚及俄罗斯华侨华人组织的积极作用和先天不足》，微头条，http://www.wtoutiao.com/p/1c4nTIz.html，最后访问日期：2016 年 8 月 1 日。

③ 王雅静：《中亚国家华人华侨联合会为中国企业发展保驾护航》，《大陆桥视野》2012 年第 21 期，第 80~85 页。

④ 蒙英华、黄建忠：《海外华商网络与中国对外贸易》，中国经济出版社，2015，第 11~12 页。

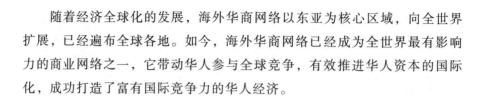
随着经济全球化的发展，海外华商网络以东亚为核心区域，向全世界扩展，已经遍布全球各地。如今，海外华商网络已经成为全世界最有影响力的商业网络之一，它带动华人参与全球竞争，有效推进华人资本的国际化，成功打造了富有国际竞争力的华人经济。

## 一 海外华侨华人参与祖国事业的活动主体

经过数百年的发展，在世界各地形成富有活力和实力的华人经济和华人社区，他们是许多国家国民经济和社会发展的重要支柱，已经成为全球范围内不可忽视的经济和社会力量。改革开放以来，海外华侨华人积极参与到中国各项事业建设中去，并逐渐形成了一定的力量主体和角色分工。整体而言，主要有华商企业、华人领袖、华侨华人社团、华文教育和华文媒体，他们参与中国事业的程度、实力和影响力各不相同。

华商企业拥有强大的经济实力，它们的产业遍布制造业、商贸业、房地产、金融、物流航运、旅游业、农业等国民经济各个行业，许多企业已经实现了集团化、国际化和多元化经营。不少企业已经成为所在国家（地区）、行业的龙头企业。如台商企业在纺织鞋服、塑胶化工、IT制造等劳动密集型、资本密集型和技术密集型的各类行业都建立起了强大优势，以 IT 制造为例，台湾厂商通过代工模式确立了在 IT 产业全球价值链中的重要地位，出现了台积电、联电、富士康、广达、宏达、宏碁、华硕等一批 IT 巨头。又如泰国正大集团，以农业起家，建立起由种子改良、种植业、饲料业、养殖业、农牧产品加工、食品销售、进出口贸易等组成的完整现代农牧产业链，业务版图遍及 20 多个国家和地区。类似这样的华商企业拥有较强的资金、技术和管理实力，它们活跃于中国对外开放的各个领域。

华人领袖，即华人中的意见领袖，往往是所在国的经济、科技、政治和文化精英，受到住在国主流社会的关注，具有较大的号召力和影响力。他们要么是身家亿万的成功企业家，要么是卓有成就的政治领导人，要么是出类拔萃的行业精英。中国对外开放之后，一些华人领袖率先回中国投资，带动了许多华人企业家为祖（籍）国和家乡做贡献。而在科技教育领域，也涌现出像李政道、杨振宁等华人领袖，还有近年来通过"千人计划"引进的 6000 余名高层次创新创业人才，其中 90% 以上是华侨华人。正如时任国务院侨务办公室主任裘援平所指出的："华侨华人专业人士始终是中国引进高端人才的主体。"①

华侨华人社团。华侨华人社团是海外华侨华人社会的基本结构和联系纽带，也是中国对外开放的重要组织资源。据统计，目前共有海外华侨华人社团 2.5 万余个②，它们主要通过血缘、地缘和业缘联系在一起，有的社团历史可追溯至 17 世纪。这些社团在凝聚海外华侨华人情感和力量、助力事业拓展等方面起到了重大作用。近些年来，许多华侨华人社团不断整合提升，逐步发展壮大，已经成为住在国、祖（籍）国乃至全球范围内的重要社会力量。为了做好海外华侨华人社团工作，国务院侨务办公室专门组织开展了"海外华侨华人社团负责人研习班"，还组织各类跨国、跨区域的综合性侨社活动，取得了良好效果。

华文教育，即海外华文教育，主要是面向海外华侨华人开展的学习华文、传承中华文化、保持民族性的"留根工程"和"希望工程"，是传播中华文化、提高中国文化软实力的重要载体。③当前遍布世界各地的 2 万所华文学校，有数百万华裔学生在校接受华文教育。④加快发展海外华文教育已经成为中国侨务工作的一项重要内容。截至 2015 年，全球累计受国务院侨办专项支持的华文教育示范学校有 245 个，贫困华校 188 个，华星书屋 513 个，华文教育组织 19 个。仅 2015 年，中国选派近千名教师赴 23 个国家的 260 余所华文学校任教，培训华文教师 1.5 万名。向 39 个国家和地区发行各类华文教材 400 余万册。⑤

华文媒体。华文报纸、华文期刊、华文网络和华文电视所组成的海外

① 李红、裘援平：《机会无限大有可为》，今日中国网，http://www. chinatoday.com.cn/chinese/sz/dskzg/201508/t20150825_800036981.html，最后访问日期：2016 年 8 月 1 日。

② 黄小希：《第八届世界华侨华人社团联谊大会助力海外和谐侨社建设》，新华网，http://news. xinhuanet.com/2016-05/17/c_1118882508.htm，最后访问日期：2016 年 8 月 1 日。

③ 刘华、程浩兵：《近年来海外华文教育发展的现状、问题及趋势》，《东南亚研究》2014 年第 2 期，第 82~88 页。

④ 孙少峰、尹斌：《华文教育：规模水平有进展新愁旧忧仍待解》，人民日报网，http://paper.people.com.cn/rmrbhwb/html/2016-01/01/content_1644432. htm，最后访问日期：2016 年 8 月 1 日。

⑤ 曹旭峰：《华文学校成为传播中华文化开展侨务工作多元平台》，中国新闻网，http://www.chinanews.com/hr/2016-03-30/7817664.shtml，最后访问日期：2016 年 8 月 2 日。

华文传媒则是传递中国声音、塑造中国形象的重要媒介。当前，世界各地华文媒体已呈现出蓬勃发展的势头，国务院侨务办公室调查显示，海外华文媒体分布在 61 个国家和地区，总数达 1019 家，其中报纸 390 家、杂志 221 家、广播电台 81 家、电视台 77 家、网站 250 家。东亚、北美地区是海外华文媒体重镇，美国华文媒体数量最多，有 180 多家华文媒体。① 随着中国国力不断上升，对外开放持续扩大，6000 多万海外华侨华人读者和外国读者迫切需要了解中国信息，海外华文媒体作为传播、沟通中外的桥梁和纽带，迎来了最好的发展机遇。

## 二　海外华侨华人在中国对外开放中的作用

对外开放是中国在党的十一届三中全会后实行的一项重大发展战略。40 多年来，中国实行由点到面、由浅入深的开放策略，以经济开放为基础，从经济特区和沿海开放城市向中、西部内陆地区推进，逐步实现了全面对外开放，推动了科学、技术、文化、教育等方面的对外交流与合作。在这个过程中，广大海外华侨华人起到了举足轻重的作用。

### （一）华商资本是中国外资的主要来源

改革开放以来，华侨华人凭借其雄厚的经济实力在中国大陆投资，其投入的资本已经成为中国大陆外资的重要组成部分。改革开放 40 多年来，侨资是我国引进外资的主体，侨港澳企业约占我国外资企业总数的 70%，投资占我国实际利用外资总额的 60% 以上。② 这些华商企业带来了中国急需的资金、技术、管理经验和国际市场网络，推动了产业发展和转型，帮助建设了富有竞争力的产业基础；这些华商企业推动了区域经济特别是侨乡经济的发展。以福清侨领林文镜为例，为了促进家乡经济发展，他在福清创办"融侨工业区"，这是全国第一个以侨命名的开发区，他还践行"以侨引侨""以侨引台"，吸引了大批侨商和台商来福清投资。比如，他

① 何亚非：《海外华文媒体与中国梦》，人民网，http://dangjian.people.com.cn/n/2015/1014/c117092-27696961.html，最后访问日期：2016 年 8 月 2 日。

② 王辉耀：《华侨华人华商在中国改革开放 40 年中的作用及机遇》，环球网，http://opinion.huanqiu.com/opinion_world/2018-04/11830056.html。

从台湾引进的显示器生产商冠捷电子，集聚带动了60多家配套企业，使福清成为全球最大的电脑显示产品生产基地之一。目前该区拥有以冠捷科技公司、捷联电子公司、华冠光电公司为龙头的61家电子信息企业，成为国内最具规模、布局最集中、国际市场占有率最高的液晶显示器终端产品生产基地。

一直以来，华商都积极响应和配合国家的重大开放战略，比如，20世纪80~90年代，他们纷纷到经济特区和沿海、沿江及内陆开放城市等地方投资创业；20世纪初，他们又投入西部大开发、振兴东北老工业基地和中部崛起等重大战略中；2008年举办北京奥运，华侨华人积极捐款捐物，国家游泳中心（水立方）共收到来自105个国家和地区的35万多华侨华人、港澳台同胞共9.4亿元人民币的捐款，成为全球华人为奥运作贡献的标志性建筑，也成为发挥侨力、凝聚侨心共襄盛举的标志性工程。[1] 而在"一带一路"、长江经济带等重大国家发展规划中，都有华商的身影，他们是中国对外开放的参与者和排头兵。

## （二）华侨华人是中华文明的重要承载者和传播者

在华侨华人漫长的海外发展历程中，中华文明始终相伴相随。他们把中华文明的文化元素带到海外。中华文明中典型的器物，如茶叶、龙狮、对联、瓷器等在海外华人社区中随处可见，春节、元宵节、清明节、端午节和中秋节等中国传统节日是海内外华人共同的节日。"尊师重教""仁义礼智信""百善孝为先"等中华文化价值观在海外华侨华人身上得到良好的体现。在东南亚，华人是公认的最重视教育的族群之一。这种中华文化的延续和继承，极大地增强了海外华侨华人的民族认同感，有效地提升了他们的凝聚力，在世界各国展示了中华文明的魅力和影响力。

华侨华人还将中华文明发扬光大，推动国外对中华文明的了解，推进与外国文明的交流和融合，甚至影响了外国文明。近几年，春节也成为外国人的节日。许多外国人参与当地华侨华人的春节庆祝活动，感受中国春节文化。各国政要、商界精英都会在春节时向华人社区和中国人民发表新

---

[1] 陈文举：《华侨华人携手奥运共圆梦想》，《侨务工作研究》2008年第4期。

春祝福，如美国总统、英国首相等。国外的商场、旅游景点也会贴春联、挂灯笼、摆生肖像，营造浓浓的春节气氛，以此吸引华人。而中国饮食文化更是通过遍布世界各地的中餐馆走进了国外的千家万户，中餐馆已经不仅是华人的最爱，也成为外国人生活的一部分，中华文明也由此一点一滴地影响着外国人。

在中华文明传播过程中，素有"华社三宝"之称的华侨华人社团、华文媒体和华文教育是最重要的载体。社团除了表达利益诉求，还开展各类文化活动，很多社团会开设与中华文化相关的各类课程，如书法、绘画、围棋、音乐、武术等。华文媒体则是中华文化在海外传播的主阵地，是中外信息交流的重要渠道，华侨华人表达民意的重要途径。新加坡联合早报网是全球影响力最大的中文网站之一，也是海外较具权威性的中文新闻网站，目前该网站在全球有 420 万华人网民，日均页浏览量达到 800 万~1000 万次。作为新加坡的华文媒体，《联合早报》被认为"能够带着世界的眼光看待中国，并存在一定利益距离感"①，或者说具有客观性和国际视野。类似的海外华文媒体在传播中国信息、展示中国形象和推广汉字文化等方面发挥了重要作用。而华文教育则是中华文化海外传播中最关键的环节，它系统性地传承和教授中华文化，把中华优秀传统文化传播到五湖四海。华文教育做得最好的当推马来西亚，它是除中国大陆、台湾、香港和澳门之外唯一拥有从幼儿园、小学、中学到大学完整华文教育体系的国家。马来西亚已经有 1200 多所华文小学，60 所华文独立中学，3 所大专院校。②

## （三）华侨华人推动中国走向世界

进入 21 世纪，中国企业和个人"走出去"已经成为一种常态。此时，海外华侨华人起到了良好的示范和引领作用。

赴海外经商创业面临着政治、经济、文化、技术等环境差异，充满各种不确定性，这些是国内企业和个人"走出去"的阻力和障碍。华侨华人

---

① 申雪凤：《海外华文媒体对"真实中国"形象塑造的作用——以联合早报网〈读者调查〉栏目为例》，《传媒广角》2016 年第 1 期，第 78~81 页。
② 李其荣：《华侨华人在海外传播中华文化新探》，《广西民族大学学报》（哲学社会科学版）2013 年第 3 期，第 117~123 页。

在海外的成功形成了良好的示范效应，他们在世界各地取得的成就鼓舞了无数国人走出国门，前往海外创业、求学。在广东和福建等重要侨乡，同乡在海外发家致富的故事掀起了一些地方的"出国热"。

另外，海外华侨华人熟悉所在国、所在行业的情况，能够为国内企业和个人"走出去"担当领路人的角色。在中国企业对外投资过程中，不乏先前成功的华商从中牵线搭桥的例子。而在出国留学人员中，更有许多人是在华侨华人的带领和指引下报考国外高校和科研机构。此外，许多海外华侨华人在各自所在的行业有所成就，他们的经验可资借鉴，为后来者规避风险、创造机遇提供了许多帮助。在这些过程中，各种华侨华人社团的作用功不可没。在北美和西欧，有许多华人专业协会或社团，它们主要由新华侨华人和留学人员组成，成员大多是掌握一定技术、财富或取得一定社会地位的华裔专业人士。这些社团已经成为华侨华人同行之间以及与国内开展专业交流、专业指导和合作的桥梁和纽带。以中国科技协会的"海外智力为国服务行动计划"重点联系的海外科技团体为例，该类团体共有91个，来自17个国家和地区，其中包括中国旅美科技协会、中国旅美金融学会、中国旅美科学家工程师协会、留德中国物理学者学会、旅英中国工程师协会等。而在商业领域，华侨华人遍布国外的销售网络则为"中国制造"提供了广泛的渠道，华侨华人的金融网络为中国企业提供融资和汇兑服务，而许多华侨华人频繁往来于中国和住在国，时常使用人民币，这十分有利于人民币的国际化。在华人华侨聚居的东南亚，人民币已经成为仅次于美元、欧元、日元的"硬通货"。在老挝的东北三省，人民币几乎可以替代本币在境内流通。[①]

## 三 海外华侨华人进一步参与祖国事业面临的挑战

### （一）后危机时代华人经济面临转型

2008年国际金融危机，各国经济都受到一定冲击，市场需求放缓对华人经济和普通华侨华人产生了负面影响。金融行业的华人员工首当其冲，

---

① 蔡宁伟：《人民币国际化的战略意义》，《杭州金融研修学院学报》2016年第1期，第27~29页。

而华侨华人企业受到的波及最广。西欧和美国的华人餐饮、进出口、批发零售业也都受到直接的影响。目前海外有40多万家中餐企业，许多是规模小、处于初创阶段的企业。在经济不景气的情况下，这些中餐企业普遍经营状况不佳。① 而在中国大陆和东南亚，许多侨资企业集中于外向型的出口加工业，它们普遍碰到融资困难、出口订单减少、汇率波动、原材料价格波动、招工困难等问题。最早到中国东部沿海地区投资的侨资企业中，有部分已经进行产业转移，到越南、印尼等更具成本优势的地区投资。

当前华人经济碰到的困难固然有大环境的因素，但是与华人经济本身的特点也有很大关系。华人经济大多集中在劳动密集型行业，技术含量较低；在行业和地域上高度集中，同行竞争激烈；新移民还处在创业阶段，经营规模小，还无法融入当地主流经济，因此抗风险能力较低。

在后金融危机时代，全球经济也处在转型当中，华人经济仍然大有可为。总体而言，华人经济应该推进经营"本地化"，适应当地的法律和文化，更好地融入当地经济；再者，华人经济应该积极投入智能制造、生态环保、生物科技等高附加值行业，抓住网络化的大潮，发展电子商务；同时，华人经济还应该拓展市场空间，抓住"一带一路"等重大机遇，不断开拓新兴市场；另外，华人经济特别是西欧、北美等新华侨华人集中的地方，应该加强资源的跨国整合，学习东南亚华人经济的经验，围绕优势行业，打造富有竞争力的跨国价值链。

### （二）中国企业加速"走出去"带来的机遇与挑战

近年来，"走出去"已经成为中国企业发展的"新常态"，2014年中国对外投资达到1400多亿美元，首次超过外商对中国的直接投资。而且中国对外投资呈现出增速快，投资范围广，覆盖发达国家、发展中国家和不发达国家等特点，且各类行业都有，从纺织服装等劳动密集型行业，到装备制造、新材料等资本和技术密集型行业，再到酒店旅游等服务业都有投资。"一带一路"倡议提出后，国际产能合作得到特别重视，企业"走出

---

① 陈娟、张继业、钱泳文：《中餐的海外危机》，参考消息网，http://ihl.cankaoxiaoxi.com/2015/0811/899959.shtml，最后访问日期：2016年8月5日。

去"的力度越来越大，步伐也越来越快。这给海外华人经济带来了巨大的机遇，但也存在一定的挑战。

国内企业的投资和海外华人经济在产业结构、投资布局和销售市场等方面有较多重叠，随着国内企业"走出去"，难免有所竞争。以纺织鞋服、玩具等行业为例，台商、港商、东南亚华商和大陆企业均具备较强实力。近年来，它们都开始向劳动力成本更低的东南亚地区投资，如印度尼西亚和越南。这既有产业链互相配套的一面，也有竞争的一面。以香港《亚洲周刊》评选的全球 1000 强为例，上榜企业中 60% 以上是中国大陆的企业，其余是港澳台、东南亚华商企业等。中国大陆的国企和民营企业的市值、资产规模、营业收入和盈利水平均名列前茅，不少企业的跨国经营能力很强。在基建领域，中国已经建立起了全球领先的基建能力，这是"一带一路"互联互通不可缺少的产业。随着中国基建企业大规模走出境外，海外华人基建企业就面临一定的竞争。在房地产领域，中国房地产企业正在加速国外布局。2015 年全球华商 20 大房地产企业中，有 12 家来自中国大陆，其中大部分在海外有房地产项目，主要集中在华人聚集区。在东南亚，马来西亚大力建设"依斯干达"，因该地毗邻新加坡，所以又被誉为"马来西亚之深圳"。目前依斯干达已经吸引绿地、富力、新华联、雅居乐、碧桂园等国内房地产巨头的投资，碧桂园在当地的金海湾项目仅 2013年就斩获近 100 亿元销售额。

### （三）海外华人社会经历转型期

在经济全球化和中国对外开放背景下，海外侨情持续变化。主要表现在以下几个方面。一是东南亚地区是海外华侨华人的传统聚集地，但是改革开放后，欧美发达国家逐渐成为新华侨华人的主要聚集地，尤其是美国、加拿大、澳大利亚、韩国、日本和新加坡等经济发达国家和地区。而华裔也成为当地最大的移民族裔之一。二是社会人口结构发生了较大变化。老一代华侨华人普遍年岁已高，人数逐年减少，新华侨华人和华裔新生代正在崛起，人数不断增加，经济实力增强，逐步成为华侨华人社会的主体。华侨华人企业已普遍实现第二代甚至第三代接班。三是从事的行业分布发生较大变化。早期华侨华人主要从事打工等体力型劳动，少部分通过成功创业成为有影响力的华商，进而成为中国外资引进和对外贸易的重要对象。而改革开放以后出国的新生代华侨华人，主要以中青年科研、教育人员为主，并在国外科技、文化、教育等各个领域取得了突出成就。四是海外华侨华人的利益诉求多元化。因为所处行业、居住地、社会阶层、祖籍地和价值观念的差异，他们形成了不同的利益诉求。在中国对外开放的过程中，并不是所有的华侨华人都享受到发展成果，尤其是那些位于社会中下阶层的海外华侨华人和归侨侨眷，他们参与的机会、享受到的红利相对较少。

上述海外侨情的变化对中国侨务工作提出了新课题，同时也对海外华人社会转型提出了新挑战。一是新华侨华人需要融入主流社会。这是海外华人社会中的一个永久性话题。欧美国家有很多通过留学、技术和商业投资等途径移民的新华侨华人，他们往往或多或少面临语言、文化、法律、政治制度上的障碍。只有跨越这种障碍才能融入当地主流社会，进而出人头地。美国第三代华裔，美国首位华裔州长、第二位华裔部长、首任华裔驻华大使骆家辉在就任华盛顿州州长的仪式上说："我们家族用了一个世纪，才从那幢当佣人的房子，搬进了州长官邸。"① 二是华裔新生代和祖籍国的联系需要密切加强。第一代华人移民或者说老一辈华侨华人往往有强烈的故土情怀和家国情感，他们会说普通话和家乡话，保持了家乡的生活习惯和风俗。但是许多华裔新生代出生在国外，接受当地的教育，已经不会说中文和家乡话，他们与祖籍国的联系已经渐行渐远，民族归属感若有若无。比如，对老一辈华侨华人而言，是叫"回国""回家"，而对华裔新生代而言，就是"去中国""去大陆""去福建"等。老一辈华侨华人对祖（籍）国的这种联系和情感，客观上有利于他们参与中国对外开放，他们在回祖（籍）国投资、贸易和创业时，都从中获益良多，但是华裔新生代相对而言缺少这个优势。三是华人"三宝"面临转型提升。华社、华媒和华校是公认的海外华人"三宝"，它们在传承中华文化、凝聚侨心侨力和参与中国事业等方面起到了无可替代的作用。但是面对海外侨情的新变化，华人"三宝"也面临转型提升。华侨华人社团面临当地化趋势、新生代参与的兴趣较低，而且数量众多的社团也带来了彼此的冲突和名利化问

---

① 熊争艳：《骆家辉：我的家族用一百年走完一英里》，新华网，http：//news.xinhuanet.com/world/2009-07/15/content_11714415.htm，最后访问日期：2016 年 8 月 5 日。

题。今后，侨社需要整体化发展①，这就需要海外华社的整合，需要跨国、跨祖籍地、跨姓氏、跨利益的整合。而华文媒体则面临网络化发展、中国大陆华文媒体国际化等带来的挑战。华侨华人虽身在海外，但可以通过浏览人民网等国内新闻网站，收看国内电视台来了解中国，而国内大型媒体集团往往拥有较强的资金、采编能力，这是普通海外华文媒体无法比拟的。近年来已经有阿里巴巴集团收购《南华早报》，青岛西海岸集团收购《明报周刊》等案例。至于海外华文学校，既要融入当地主流教育体系，又要保留和传播中华文化特有的元素，同时还面临生源少、分散，以及经费和师资短缺等问题。

---

① 谢萍、陶煌蟒：《裘援平与侨领话和谐：侨社未来需整体化发展》，国务院侨务办公室网，http://www.gqb.gov.cn/news/2016/0606/39391.shtml，最后访问日期：2016 年 8 月 5 日。

# 第二章 华侨华人与"一带一路"倡议

千百年来，勤劳勇敢的中国人民，漂洋过海，筚路蓝缕，与各国人民一道，开辟出古代海上丝绸之路和陆上丝绸之路等中外交流的大通道。他们是丝绸之路精神的践行者，是古代东西方文明交流的重要桥梁和纽带。他们的足迹遍布世界各地，与当地人民交流融合，并在当地落地生根，为当地的繁荣发展作出了重要贡献。"一带一路"倡议提出以来，古老丝绸之路重新焕发出新的生机和活力，也为广大华侨华人带来了发展的新机遇。只要他们抓住机遇，积极参与，就一定能够在建设丝绸之路经济带和21世纪海上丝绸之路过程中谱写新的光辉篇章，能为沿线各国的繁荣发展贡献新的力量，也能够充分享受各国大融合、大发展所带来的红利。

## 第一节 "一带一路"的内涵解读

### 一 "一带一路"的内涵及其重要意义

#### （一）"一带一路"倡议的提出

2013年9月习近平访问哈萨克斯坦时提出共建"丝绸之路经济带"的倡议，2013年10月习近平在印度尼西亚访问期间，提出中国愿同东盟国家加强海上合作,共同建设"21世纪海上丝绸之路"的倡议。"一带一路"是中央统揽国内国外两个大局,基于国家主权安全和经济发展利益需要,在周边和国际环境趋于复杂的背景下,提出的一个重大构想。目的是通过向西向海开发开放,形成沿海沿边全方位对外开放的新格局,把握陆地和海上区域合作的主动权,贯通陆海大通道,打造我国周边地区的政治互信、经济融合、文化包容、安全合作的利益和命运共同体,以更加牢固的国家安全屏障、更加广阔的国际市场空间、更加紧密的战略伙伴网络,营造更为宽松的国际和周边环境,实现我国和平发展和可持续发展的目标。

## (二)"一带一路"的内涵和实现形式

"一带一路"与古代陆上丝绸之路、海上丝绸之路有相似的地理范围和概念,却有全新的内涵和建设内容。它既是中国国家发展、区域合作和周边外交的需要,也是沿线国家和地区共同发展、共同繁荣的需要,我们必须在国家更高层面和更广的格局下进行权威解读、统一认识、科学谋划和整体推进。

有关"一带一路"经过的地理范围,《推进共建丝绸之路经济带和21世纪海上丝绸之路的愿景与行动》给出了大体路线,但并没有说明具体包括哪些国家。中国社会科学院工业经济研究所黄群慧主编的研究报告认为有65个[①],但没有列入希腊和澳大利亚。香港"一带一路"国际研究院王贵国认为"一带一路"包含67个国家。[②] 本书基于对"一带一路"线路的分析,并结合各方看法,列举了主要的67个国家[③],分别位于亚洲、非洲、欧洲和大洋洲,这些国家覆盖人口超过35亿,所涉及的国家和地区2014年GDP总值超过37万亿美元,货物和服务出口总值超过12万亿美元,进口总值超过11万亿美元(见表2.1)。

---

[①] 黄群慧主编《"一带一路"沿线国家工业化进程报告》,社会科学文献出版社,2015。

[②] 齐湘辉:《打造"一带一路"智囊团——专访香港"一带一路"国际研究院院长王贵国》,新华网,http://news.xinhuanet.com/gangao/2016-07/22/c_1119263461.htm,最后访问日期:2016年8月6日。

[③] 如前文所述,"一带一路"是一个开放的倡议,它"基于但不限于"古丝绸之路的范围,参与和涉及的国家和地区也在增加和拓展。

表 2.1 "一带一路"沿线国家和地区的人口经济发展概况（2014 年）

| 地区 | 国家/地区 | 人口<br>（百万） | 国内生产总值<br>（亿美元） | 货物和服务贸易<br>（亿美元） | |
|---|---|---|---|---|---|
| 东北亚 | 中国大陆 | 1364.0 | 103548.32 | 23420.87 | 19591.44 |
| | 中国台湾 | 23.4 | 5300.43 | 2956.00 | 2729.00 |
| | 中国香港 | 7.2 | 2908.96 | 6388.74 | 6387.40 |
| | 中国澳门 | 0.6 | 555.02 | 550.19 | 248.25 |
| | 蒙古国 | 2.9 | 120.16 | 64.28 | 67.26 |
| 中亚 | 哈萨克斯坦 | 17.3 | 2178.72 | 852.31 | 563.95 |
| | 吉尔吉斯斯坦 | 5.8 | 74.04 | 27.32 | 65.25 |
| | 塔吉克斯坦 | 8.3 | 92.36 | 8.36 | 41.43 |
| | 土库曼斯坦 | 5.3 | 434.86 | — | — |
| | 乌兹别克斯坦 | 30.8 | 626.44 | 146.63 | 171.01 |
| 西亚、中东 | 亚美尼亚 | 3.0 | 116.44 | 33.16 | 54.62 |
| | 埃及 | 89.5 | 3014.99 | 471.01 | 736.75 |
| | 阿塞拜疆 | 9.5 | 751.98 | 325.51 | 197.18 |
| | 巴林 | 1.4 | 338.51 | 240.88 | 149.36 |
| | 塞浦路斯 | 1.2 | 232.26 | 128.75 | 122.33 |
| | 格鲁吉亚 | 3.7 | 165.30 | 70.90 | 99.83 |
| | 伊朗 | 78.1 | 4253.26 | 1027.96 | 803.62 |
| | 伊拉克 | 34.8 | 2235.00 | 928.30 | 499.15 |
| | 以色列 | 8.2 | 3056.75 | 986.94 | 936.51 |
| | 约旦 | 6.6 | 358.27 | 155.07 | 247.96 |
| | 科威特 | 3.7 | 1636.12 | 1110.47 | 511.67 |
| | 黎巴嫩 | 4.5 | 457.31 | 182.73 | 320.96 |
| | 阿曼 | 4.2 | 817.97 | 562.89 | 381.17 |
| | 卡塔尔 | 2.2 | 2101.09 | 1452.42 | 640.04 |
| | 沙特阿拉伯 | 30.9 | 7538.32 | 3545.41 | 2553.83 |
| | 叙利亚 | 22.2 | 404.05 | 281.48 | 108.66 |
| | 土耳其 | 75.9 | 7984.29 | 2214.65 | 2569.58 |
| | 阿联酋 | 9.1 | 3994.51 | 3912.96 | 3112.38 |
| | 也门 | 26.2 | 432.29 | 93.08 | 133.94 |

续表

| 地区 | 国家/地区 | 人口<br>（百万） | 国内生产总值<br>（亿美元） | 货物和服务贸易<br>（亿美元） | |
|---|---|---|---|---|---|
| 东南亚 | 文莱 | 0.4 | 171.05 | 121.41 | 61.00 |
| | 柬埔寨 | 15.3 | 167.78 | 104.56 | 111.92 |
| | 印度尼西亚 | 254.5 | 8885.38 | 2108.01 | 2174.87 |
| | 老挝 | 6.7 | 119.97 | 48.53 | 59.60 |
| | 马来西亚 | 29.9 | 3381.04 | 2496.80 | 2184.45 |
| | 缅甸 | 53.4 | 643.30 | 132.94 | 146.90 |
| | 菲律宾 | 99.1 | 2847.77 | 816.16 | 922.49 |
| | 新加坡 | 5.5 | 3078.60 | 5776.81 | 5024.46 |
| | 泰国 | 67.7 | 4048.24 | 2801.00 | 2533.79 |
| | 越南 | 90.7 | 1862.05 | 1608.90 | 1547.92 |
| | 东帝汶 | 1.2 | 14.17 | 0.90 | 12.16 |
| 南亚 | 孟加拉国 | 159.1 | 1728.87 | 328.31 | 441.28 |
| | 不丹 | 0.8 | 19.59 | 7.11 | 11.23 |
| | 印度 | 1295.3 | 20485.17 | 4750.30 | 5226.69 |
| | 马尔代夫 | 0.4 | 30.61 | 33.14 | 27.35 |
| | 阿富汗 | 31.6 | 200.38 | 13.29 | 92.66 |
| | 尼泊尔 | 28.2 | 197.69 | 23.01 | 81.51 |
| | 巴基斯坦 | 185.0 | 2436.32 | 299.11 | 456.19 |
| | 斯里兰卡 | 20.8 | 788.24 | 112.96 | 192.45 |
| 欧洲 | 俄罗斯 | 143.8 | 18605.98 | 5585.80 | 4255.39 |
| | 爱沙尼亚 | 1.3 | 264.85 | 222.23 | 213.19 |
| | 拉脱维亚 | 19.9 | 312.87 | 186.17 | 193.20 |
| | 立陶宛 | 2.9 | 483.54 | 392.72 | 383.42 |
| | 乌克兰 | 45.4 | 1318.05 | 647.89 | 701.74 |
| | 白俄罗斯 | 9.5 | 761.39 | 435.55 | 441.06 |
| | 捷克 | 10.5 | 2052.70 | 1716.96 | 1582.80 |
| | 斯洛伐克 | 5.4 | 1002.53 | 921.82 | 882.26 |
| | 阿尔巴尼亚 | 2.9 | 132.78 | 37.33 | 62.39 |
| | 匈牙利 | 9.9 | 1383.47 | 1238.62 | 1139.46 |
| | 黑山 | 0.6 | 45.88 | 18.42 | 27.51 |
| | 波黑 | 3.8 | 185.12 | 63.24 | 105.15 |
| | 塞尔维亚 | 7.1 | 442.11 | 191.80 | 240.18 |
| | 保加利亚 | 7.2 | 567.17 | 368.42 | 371.07 |

续表

| 地区 | 国家/地区 | 人口<br>(百万) | 国内生产总值<br>(亿美元) | 货物和服务贸易<br>(亿美元) | |
|---|---|---|---|---|---|
| 欧洲 | 罗马尼亚 | 19.9 | 1993.24 | 821.85 | 827.41 |
| | 克罗地亚 | 4.2 | 571.36 | 265.45 | 254.03 |
| | 斯洛文尼亚 | 2.1 | 494.91 | 378.53 | 340.33 |
| | 马其顿 | 2.1 | 113.19 | 53.77 | 73.73 |
| | 摩尔多瓦 | 3.6 | 79.62 | 33.15 | 62.12 |
| | 波兰 | 38.0 | 5449.67 | 2585.64 | 2515.62 |
| | 希腊 | 10.9 | 2355.74 | 770.01 | 830.25 |
| 大洋洲 | 澳大利亚 | 23.5 | 14546.76 | 3040.86 | 3112.66 |
| 总计 | | 3540.6 | 371473.54 | 126733.03 | 112815.82 |

数据来源：世界银行数据库、联合国贸易数据库。

从战略内涵来看，"一带一路"是中国参与和引领全球尤其是亚太经济治理、从经济大国转向经济强国的经济外交平台。其主旨在于依托沿线重点港口和城市，通过完善区域基础设施实现高水平的互联互通，提升贸易投资便利化水平，进而实现区域经济融合和政治互信，通过深入人文交流实现不同文明的互鉴共荣和和平友好，最终打造政治互信、经济融合、文化包容的利益共同体、命运共同体和责任共同体。

从实现形式来看，"一带一路"要以多元化的合作机制为推动力，围绕"政策沟通、设施联通、贸易畅通、资金融通和民心相通"五大重点，建设一条由中国始发、途经中亚、东欧、东南亚、南亚，连接南中国海、波斯湾、红海湾及印度洋和地中海的航线，通过沿线港口及其城市合作建立起全球化的经贸合作网络。

## （三）"一带一路"的重要意义

中国提出共建"一带一路"，是在国内外发展格局深刻变化的背景下做出的重大决定。一方面，中国的改革开放已经取得了举世瞩目的成就，成为名副其实的经济大国，但是经济发展开始进入"新常态"，而进一步改革攻坚、成为经济强国依然任重道远；另一方面，全球范围内尤其是亚太地区的政治、贸易和投资格局正在进行深刻调整，中国迫切需要在新一轮的变革中寻求和掌握发展的主动权。

1. 有利于中国在全球尤其是亚太经济合作和治理中发挥更大的作用

进入 21 世纪，中国加速崛起，GDP 超越日本、货物贸易超越美国，在全球和亚太地区影响力大幅提升。但是发达国家长期主导全球经贸制度和规则，主导亚太地区事务，而我国处于被动地位。美国提出亚太"再平衡"战略，极力推进跨太平洋伙伴关系（TPP），推动一个没有中国参与的由美国主导的"美式"亚太经济一体化，以此分化、阻挠当前的东亚一体化（中国-东盟自贸区，"10+1"，RCEP 的"10+3""10+6"）进程。①而亚太国家，特别是我国的周边国家和地区奉行经济上与中国加深联系，政治上向美国靠拢的"双边平衡"战略。因此，中国扩大开放的国际空间受到了限制和压缩，深度融入世界经济的步伐受到了阻碍。21 世纪海上丝绸之路的建设，旨在建立一个开放、多元、包容、可延展的经贸合作和经济治理平台，通过团结更多国家、汇聚更多变革能量，推动全球治理和改革朝着更加公正、合理的方向发展，在全球经贸制度建设和全球经济治理中注入更多"中国元素"，争取在全球和亚太区域合作中赢得主动。

2. 有利于构建多元平衡的开放体系，形成全方位开放新格局

当前，我国的进出口贸易过度依赖欧美发达国家，不仅贸易摩擦频发，而且增长空间有限。"一带一路"沿线广大发展中国家和新兴工业化国家的市场潜力巨大、能源和原材料丰富。建设"一带一路"，既拓展市场，又保障能源。在国际投资方面，我国之前主要是吸引外资尤其是发达国家和地区的外资，对外投资明显不足。建设"一带一路"，有利于推动中国企业到"一带一路"沿线国家投资。在开发开放方面，我国以面东、面海的东部地区为主，广大内陆地区尤其是西部和西南沿边地区开发相对缓慢，导致区域经济发展很不平衡。"一带一路"既是对外开放国策的坚持，又是进一步的深化和调整，对外开放方向逐步向广大发展中国家，向我国内陆和西部地区延伸，客观上有利于实现"走出去"和"引进来"相结合，构建多元平衡的开放体系，形成全方位开放新格局。

3. 有利于构建新时期的国家战略安全体系

"一带一路"具有多元综合的国家安全内涵，以政治和经济的深度互

---

① 2017 年，美国总统特朗普宣布退出 TPP，但其主导亚太的目标和努力没有变化。

动为主轴，强化国家的交通安全、能源安全、金融安全、产业安全和人文安全等战略体系。纵观世界各国，无不将经济议题置于对外关系和国家战略安全的重要地位，美国政府将经济问题置于国家安全战略的首要位置，以经济力量推进美国在全球的领导地位。主张"美国优先"，极力推进"对等贸易"，悍然对中国、欧盟、日本掀起贸易战。"一带一路"沿线各个国家和地区的经济发展水平、政治体制、文化、宗教和民族成分千差万别，利益诉求错综复杂，同时还是大国利益交织的焦点地区。而中国在"一带一路"沿线具有较大的经济和地缘政治利益，对于构建良好的国际环境，促进和平崛起具有重要的战略意义。以能源为例，通过加强与印尼和波斯湾沿岸国家的合作，可以保障我国的能源供应，通过加强沿线港口、航线和通道建设，可以进一步巩固能源运输的通道安全。

4. 有利于形成和平共荣的国际合作新格局

"一带一路"所致力打造的利益共同体、命运共同体和责任共同体，将是今后中国周边外交的战略方向。冷战结束以来，亚洲地区的力量格局发生显著变化，主要是中国的不断崛起、日本经济的衰落、美国的焦虑以及东盟诸国的快速发展。中国的崛起客观上使西太平洋地区出现以中国和美国为核心的双中心格局。美国的"再平衡"战略对亚太地区的局势造成了冲击，使地缘博弈更趋复杂化。中国领导人以共建"一带一路"的倡议诠释中国外交新理念，把"中国梦"（国家富强、民族振兴、人民幸福）同周边国家人民的幸福、周边国家的发展对接起来，使命运共同体意识在周边国家落地生根。"一带一路"向世人展示了一个开放、和平、自信的中国，为实现亚太地区的和平共荣发展指明了方向。①

## 二　中国倡议建设"一带一路"的优势和挑战②

### （一）中国倡议建设"一带一路"的优势

一是综合国力强劲。"一带一路"倡议是涉及多个国家、多个领域的

---

① 阮宗泽：《中国需要构建怎样的周边》，《国际问题研究》2014 年第 2 期，第 11~26 页。
② 本节部分内容由 2014 年 9 月在华侨大学举办的"21 世纪海上丝绸之路高端论坛"的专家发言整理而成。

全方位的系统工程,其主导和推动者必须具备相当强劲的综合国力。经过几十年的发展和积累,中国成为无可争议的区域性大国,正处于向全球性大国(强国)转变的"换挡期"和"上升期"。2014 年,我国经济总量位居世界第二,外汇储备、制造业产值、货物贸易和吸引 FDI 均为世界第一,我国还是 120 多个国家和地区的第一大贸易伙伴。与此同时,我国的政治实力、科技实力和人口素质都表现出强劲的上升势头,几乎处于历史上绝无仅有的发展机遇期。

二是区域合作深化。多年以来,中国与日韩及东南亚各国因为地理位置的毗邻优势,通过产业转移和加工贸易形成了一个梯度传递型的区域分工体系,实现了与各国产业和贸易的深度融合,形成了经济上的紧密联系。随着中国劳动力成本上升和产业梯度转型升级,一些低端的加工制造环节开始向越南、孟加拉国等东南亚和南亚国家转移,但长期内仍将与中国国内的中高端制造形成配套并依赖于广大的中国市场。正是基于地理邻近和经贸关系的紧密,中国一直在大力推进与亚太地区的经济一体化进程,包括各种双边、多边、区域、次区域合作。这些多层次、开放型、多样化、包容性的区域合作组织和架构,特别是中国-东盟自贸区以及一些次区域合作,深化了中国同"一带一路"沿线国家之间的经贸联系,提升了区域经济一体化水平,为未来各个领域的合作提供了基础条件、机制保障和先期经验。

三是地缘优势突出。我国处于亚太地区的中心位置,同时也处于欧亚大陆地缘战略区和海洋地缘战略区的结合点,既是连接欧亚非三大洲和太平洋两岸诸航线的重要枢纽所必经的海域,又是中国周边地区海上贸易的经济走廊,有着良好的通达性。"一带一路"贯通欧亚非大陆,连通南海、印度洋和南太平洋,形成了非常突出的地缘战略优势。

四是历史渊源深厚。从汉代到隋唐,再到宋元,"一带一路"推动中原文化与海洋文明融合发展,在东南沿海形成了诸多重要的港口和对外通商的口岸,曾经创造过国际贸易的辉煌历史。古代"丝绸之路"包含了中国与沿线国家间的航海、造船、港口往来、国际贸易、移民、国际关系和科技文化交流等丰富多元的历史内容。可以说,"丝绸之路"的历史文化,是沿线国家和地区人民共同的历史和文化。

五是人文联系亲密。中华文明在中国周边地区具有深远的影响,儒家文化得到广泛的认同,并且形成了共通的东亚文化圈。数百年来,有大量的华人迁移到东南亚国家,据最新统计,海外华人华侨不少于 6200 万人,其中 80%以上都集中在"一带一路"尤其是 21 世纪海上丝绸之路沿线。这种文化同一性、价值认同感和民族向心力所产生的共同或相似的语言、价值观、思维方式、生活习俗、民族性格、地缘意识、血缘关系、历史传统等文化要素,都有利于形成凝聚力和整合力,赋予 21 世纪海上丝绸之路建设特殊的精神动力和人文资源。另外,在东南亚还形成了以中国为中心、以华人为主导、以华资即华商资本为引擎的华人经济圈,形成工商业和金融业经济网络和增长中心,带动了整个地区的投资、贸易、旅游、交通、通信等各个领域的发展。这无疑为以文化为纽带开展 21 世纪海上丝绸之路建设创造了优良的基础条件。

### (二)中国倡议建设"一带一路"的困难和挑战

一是国内改革攻坚任务繁重,经济发展进入"新常态"。经过多年的经济高速增长,中国开始进入发展的"新常态",目前仍处于经济增速换挡期、结构调整阵痛期和前期刺激政策消化期"三期叠加"阶段。在"新常态"下,经济增长速度转入中低水平,产业结构面临升级换代,同时就业、环保、区域发展平衡和社会公平等各种经济、政治问题日益突出,在高速增长阶段所潜藏的各种风险也逐步显露。建设"一带一路"是以开放促改革、为发展寻空间的创举,但也需要强劲的经济实力、良好的国内环境作为后盾。首先需要大量的资金投入用于国外投资和建设工作,还需要强大的产业实力以不断提高中国在全球生产网络中的地位,同时还需要较强的制度创新能力从而成为"一带一路"国际合作的创造者和推动者。因此,在"一带一路"建设的过程中,将会面临资金分配、政策协调和利益平衡的种种困难。

二是"一带一路"沿线政经博弈复杂,外部干扰因素多。"一带一路"的区位早已引起世界各国的重视,不少国家早已或明或暗地进行布局,展开争取丝绸之路建设主动权的博弈。整体战略方面,美国提出了"新丝绸之路"行动计划,印度、伊朗和阿富汗试图共同推进南亚"南方丝绸之路"建设行动,巴基斯坦、伊朗、土耳其三国共同建设战略"通道"。计划和行动显示了东亚、南亚、中亚、西亚各国围绕"通道"建设出现了复杂的竞合局面。① 区域一体化方面,有关国家展开了更大范围的合作与竞争,亚太地区出现了"意大利面碗"式的多重自贸区网络治理难题。地缘政治方面,中国周边地区的地缘矛盾复杂,南海争端问题尤其突出。"一带一路"沿线的部分国家政局动荡,南亚地区的反恐形势严峻,一些国家之间存在边界纠纷。这些都限制了我国与"一带一路"沿线国家和地区开展海上合作和共同开发,也不利于我国的能源运输安全,更不利于我国实现海洋强国的目标。

三是地区发展多元化,多边协调难度大。"一带一路"沿线各国和地区经济发展水平差异大,合作基础不牢。"一带一路"沿线各国的发展不平衡,各国之间的政治安全互信不足,同我国贸易投资自由化的程度不一,商贸物流通关体系有待完善。其中,东南亚和中亚国家同我国接壤的地区,互联互通的基础设施和配套设施建设相对滞后,口岸和边贸的管理水平不高,管理制度创新不足。在此基础上进行"一带一路"一体化工作将面临很大的挑战,首先面临的是互联互通建设所需要的大量资金问题,而核心是如何在地区发展高度差异化的基础上推进经济一体化安排。"一带一路"沿线辐射 60 多个国家,涉及亚太经合组织(APEC)、东盟(ASEAN)、南亚区域合作联盟(SAARC)、跨太平洋伙伴关系协定(TPP)、区域全面经济伙伴关系(RCEP)等错综复杂的经贸合作和制度安排。"一带一路"沿线各国的政治生态迥异,制度法规有别,宗教文化不同,民族众多,利益诉求多元,与我国的关系有亲有疏,在经济一体化的过程中还涉及南海争端、边界纠纷、主权让渡、资源保护和生态环境等复杂课题,短时间内难以形成统一建设的共识。

## 三 "一带一路"建设的机制与路径

"一带一路"建设的基本路径是:以国际经贸合作为核心,以运输通道和基础设施建设为骨架,以沿线的重点港口、中心城市、资源区块、产业园区为支撑体系,以互联互通和贸易投资便利化为手段,以利益共同体

---

① 陈万灵、何传添:《海上丝绸之路的各方博弈及其经贸定位》,《改革》2014 年第 3 期,第 74~83 页。

和命运共同体为战略方向，推动以海上航线和陆上战略通道为基础的经贸合作和共同开发，实现海陆联通便利化；推进经济融合，形成开放式国际经济合作带，打造具有强大产业聚集效能的经济走廊，以利益交融、互利共赢的一体化伙伴关系，重构国际经贸合作格局，参与和引领全球经济治理，拓展国际发展空间。

基于以上路径选择，本书认为"一带一路"建设应当致力于建立以下三大合作机制，实施五大战略举措。

（一）三大合作机制

1. 外交与安全合作机制

任何一个国际经济决策都伴随着外交决策，尤其是在政经博弈复杂的"一带一路"沿线。要重视外交工作的高层引领作用，将经济工作置于首要议题，形成经济和外交相互促进的良性机制。要与沿线国家加强沟通协调，加紧商签投资保护、交通运输、贸易便利化、金融合作、司法协助等相关的一些协议，推动海陆联通的国际合作，共同保护航道安全，打击跨国犯罪。整合现有多边协商机制，建立"一带一路"沿线国家和地区共同参与的战略平台，共同商讨、解决事关"一带一路"建设的经济、外交和安全议题。提高国家领导人、经济和外交高级官员互访和互相交流的频率，增进了解和战略互信。

2. 海洋、港口与城市合作机制

首先要用好现有合作机制，在与各国签署双边合作谅解备忘录和协议的基础上，继续推动与更多国家建立双边或多边合作机制，探索建立跨境开发的多边联席制度，共同开展产业、环保和科技等各个领域的合作。

其次要根据国内各个省市的比较优势和在"一带一路"建设中的定位，建立各省市与沿线重点地区的城市合作机制。以对方首都、港口、地方首府和经济发达城市为重点，通过产业园区共建、友好城市、"一带一路"世界文化遗产申报等多种形式建立合作关系。

还要建立"海上丝路"港口合作机制。以上海、天津、宁波-舟山、广州、深圳、湛江、汕头、青岛、烟台、大连、福州、厦门、泉州、海口、三亚等沿海城市港口为主，与东盟、南亚和中东各主要港口建立港口城市联盟和"一对一"的港口合作关系，建立中国大陆、台湾和香港重要港口合作开发和运营的机制。

3. 经贸合作机制

经贸合作是"一带一路"建设的主渠道和优先领域，但又不同于其他区域贸易协定，"一带一路"既不是一个制度性的安排，也不是一个架构性的组织，更不是一个排他性的区域组织。"一带一路"经贸机制要吸收和整合现有国际经贸合作机制，融入中国元素，形成独特的多元化合作机制。要大力推动中国–东盟"10＋1"升级版，更好地发挥亚太经合组织（APEC）的作用，积极做好亚欧会议（ASEM）、亚洲合作对话（ACD）、亚信会议（CICA）、中阿合作论坛、中国—海合会战略对话和大湄公河次区域（GMS）经济合作等多边合作平台。同时还要充分发挥各类境内外投资贸易博览会、国际论坛等区域和次区域合作平台的作用。

## （二）五大战略举措

### 1. 打造重要支点体系

"一带一路"涉及沿线 60 多个国家和地区以及国内众多省市，而我国国内改革攻坚和各项建设的任务依然繁重，不可能面面俱到。因此一定要突出国家的总体发展思路，明确需求导向，确定"一带一路"建设的核心区域、重点对象、优先领域、重大项目以及关键节点，按照轻重缓急来谋篇布局，精准发力、重点突破。换言之，要选取有价值的国家（地区）率先构建重要支点，进行前瞻性建设，推动互联互通领域的优先合作和共同开发，实现联通便利化，同时，结合经贸合作布局，打造利益和命运共同体，对其他各方形成积极的示范、引导和激励效应。

以 21 世纪海上丝绸之路为例，重点选择周边国家、资源丰富型国家、通道型国家等三种不同类型的国家和地区作为重要支点。其中，泰国、缅甸是政经关系良好的周边国家；印尼既是资源丰富型国家又是通道型国家；波斯湾诸国则是资源丰富型国家；新加坡、马来西亚、斯里兰卡、马尔代夫都具有海上通道价值。

在次区域层面，着眼于中南半岛和马六甲海峡，打通陆海两条通道，突破贸易和能源运输网络的运输瓶颈。大力支持"泛亚铁路计划"，推动高铁"走出去"，建立连接中国西南地区和中南半岛直达孟加拉湾、安达曼海和马六甲海峡的铁路、管道运输网络。争取在马六甲海峡及其周边区

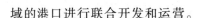

域的港口进行联合开发和运营。

2. 提升互联互通水平

基础设施互联互通是"一带一路"建设的优先领域，也是将其红利惠及沿线地区最直接有效的手段。要在重要支点体系选择的基础上，打造陆海空一体化的互联互通网络。

一是海上互联互通，涉及港口及航线、物流集散和交易设施，重点是打造东南亚重要港口与西南陆地的通道，对接西南陆上丝绸之路。

二是陆上高速公路、高速铁路的互联互通和油气管道的连通。主要是加快中国与东南亚和中亚国家的陆路通道建设；重点推动 GMS 公路和铁路运输通道及相关基础设施建设；以"高铁换大米"为样板，推进泛亚铁路计划；建设和运营好中缅油气管道并研究发展至其他国家的支线。

三是空中互联互通。以北京、上海和广州的枢纽港为主，包括各个主要航空港，积极开通至"一带一路"的航线，研究加开加密航班，大力发展航空货运业务。

四是信息和电网联通。研究发展与周边国家的电信基础设施互通、电力资源共享以及水利开发合作。

3. 推进"一带一路"经贸合作

一是大力推进自由贸易区战略。要顺应第一代国际贸易规则向第二代国际贸易规则升级的趋势，保持同相关区域贸易协定的沟通和互动，同时加快推进中国—东盟自贸区升级版谈判，争取在 TPP 达成协议之前完成区域全面经济伙伴关系协定（RECP）谈判。同时争取与"一带一路"重要支点国家签订双边自贸协定。

二是参与重构东亚生产分工体系。东亚地区独特的垂直分工制造网络是其全球竞争力的主要来源。随着中国"劳动力"红利的结束和产业转型的推进，东南亚国家正在承接相应的产业转移。中国要加快向东南亚"走出去"的步伐，引导建立以中国为中心的生产分工体系。

三是推动服务贸易自由化。应发挥中国在建筑、咨询、信息技术等服务的优势，结合"一带一路"沿线国家的比较优势，放宽服务业市场准入条件，推动服务贸易自由化。

四是加快境外经贸合作区建设。在重要支点国家和地区、重要港口、铁路沿线，以中国—马来西亚"两国双园"模式为样板，进行境外经贸合作区建设，重点发展资源开发型、港口服务型、国内产业配套型三种园区。比如在中缅油气管道沿线建设石化基地，在印尼纺织服装重镇万隆建设工业园区以承接国内产业转移。

五是创新国际金融合作。以亚洲基础设施投资银行为杠杆，进一步推动国际金融合作格局的改革和创新；推动人民币由周边化到区域化再到国际化的发展；加强与"一带一路"沿线各国金融市场开放和货币政策的协调。

4. 加强海洋开发与合作

海洋开发与合作是"一带一路"建设的重点内容之一，也是建设海洋强国的应有之义。要推动与"一带一路"沿线国家在渔业捕捞、能源开发、海洋船舶、海洋工程设备和海洋科技研发等领域的跨国合作。以水产品为例，我国水产品总量、出口量和远洋捕捞量均为世界第一，对于发展农产品贸易、就业等具有重要作用，但随着远洋捕捞的增加，很多跨国渔业纠纷和环保问题也出现了。因此要进一步推动与"海上丝路"国家签订渔业合作协议，共同进行渔业资源开发和利用。还要大力发展跨国海洋产业价值链，鼓励在印尼、缅甸等重要支点国家建立远洋渔业基地，同时发展与远洋渔业相关的渔业资源调查、渔场探测、冷库、物流、水产品深加工、海洋食品开发、远洋渔船检测服务等，建立国际性的海洋全产业链。

5. 大力推进人文交流

国之交在于民相亲，民相亲在于心相通。民心相通是"一带一路"五大合作重点之一。首先要充分发挥"一带一路"历史文化的天然纽带作用，同时赋予"亲、诚、惠、容"的新内涵，同沿线国家加强人文交流，增设友好城市和协调机制，共同打造世界遗产和风景旅游，联合举办各类文化节事活动。还要积极开展各类文化产业和文化贸易合作，深入实施人脉工程，加强教育、智库、媒体、非政府组织等的交流。

其次，要积极发挥华侨华人在"一带一路"建设中的独特作用。华侨华人是"一带一路"建设的天然合作者、积极贡献者和努力推动者，在参与建设、协助公关、舆论宣传等方面具有得天独厚的优势。要以"侨"为示范，发扬"丝路精神"，讲好丝路大故事、传播中国好声音；以"侨"为中介，借助华商经济金融实力，推动投资贸易自由化；以"侨"为伙伴，互利合作，助力海上运输通道和陆上基础设施的互联互通。

# 第二节　华侨华人在"一带一路"建设中的作用

广大华侨华人是中国改革开放的重要力量，对中国经济发展和社会进步起到重要推动作用。在建设"一带一路"、扩大中国对外开放、加强与沿线国家和地区的联系中，华侨华人大有可为。华侨华人在经济、科技、政治和社会联系方面具有独特的优势，能够为"一带一路"建设起到坚实的桥梁和纽带作用，同时也能够从中挖掘巨大的发展机遇，实现自身的发展和进步。

## 一　"一带一路"为华侨华人带来的机遇

### （一）"一带一路"给华侨华人带来巨大的商机

2008 年金融危机后，全球市场和产业格局处在深刻变化中，欧、美、日等发达国家市场需求放缓，中国经济进入"新常态"，世界其余地区的经济发展也随之波动调整。海外华侨华人的生存发展也受到一定的冲击和影响，部分华商企业面临需求减少、企业利润减少甚至亏损等问题。在这样的情况下，华侨华人经济如何发展，是摆在广大华侨华人和华商企业面前的重要课题。

"一带一路"倡议重点开展沿线国家和地区的贸易畅通、设施联通、资金融通等建设，将会产生大量的贸易、资金和基础设施建设需求，这些将为华侨华人特别是华商企业带来巨大的发展机遇。2015 年，中国与"一带一路"沿线国家双边贸易总额达到 9955 亿美元，占全国贸易总额的 25.1%；中国企业对"一带一路"沿线国家直接投资达 148.2 亿美元，同比增长 18.2%。[①] 2015 年博鳌亚洲论坛期间，习近平主席提出要用 10 年时间，使中国与"一带一路"沿线国家的年贸易额突破 2.5 万亿美元。[②] 围

---

① 中华人民共和国商务部网站，http://www.mofcom.gov.cn/article/ae/slfw/201604/20160401291303.shtml。

② 王子约：《"一带一路"十年目标：年贸易额 2.5 万亿美元》，《第一财经日报》2015 年 3 月 30 日。

绕"一带一路"重点建设内容，海外华侨华人可以参与到中国和沿线国家的贸易中来，开展商品进出口、代理、经销、咨询等贸易活动，同时还可以参与基础设施建设，"一带一路"互联互通将会产生大量公路、铁路、港口、通信设施等项目的建设需求，海外华侨华人可以积极参与其中。

### （二）"一带一路"推动华侨华人社会的团结发展

"一带一路"是中国扩大和深化对外开放的重要举措，带动中国与沿线国家和地区开展更大范围、更高水平和更深层次的区域合作。在此背景下，中国企业、资本和人员"走出去"的规模更大、范围更远，与海外华侨华人的互动将更加深入和频繁。与以往的对外开放不同的是，广大处于社会中低阶层的海外华侨华人也都有机会参与到"一带一路"的建设当中，而不仅仅是来中国投资创业的华商和科技文化工作者。特别是那些位于沿线重要贸易城市、港口、经济走廊等地区的华侨华人，他们更能享受到"一带一路"建设所带来的红利。

而在参与建设过程中，广大华人领袖、华商企业、华侨华人社团、华文媒体和华文教育等不同主体的作用将得到进一步凸显。他们可以进一步整合和调动海外华人社会的各方力量，共同谋划、共同参与"一带一路"建设，同时进一步促进华侨华人社会的联合、团结、发展。这将为增强海外华侨华人社会的凝聚力和向心力，共享"一带一路"建设的红利创造了条件。

### （三）"一带一路"有助于华侨华人融入住在国主流社会

中国提出"一带一路"倡议，已经成为相关国际事务的主要发起者和推动者，如发起成立丝路基金和亚洲基础设施投资银行（简称"亚投行"）。截至 2018 年 5 月，亚投行成员国已达到 86 个，其总部设在北京，行长是中国人金立群，副行长分别来自英国、德国、韩国、印度和印尼。未来中国在"一带一路"建设中的重要地位将进一步加强，各国为开展对华合作共建，将会更加重视华侨华人的桥梁和纽带作用。这将有利于提高华侨华人在住在国的地位，为华侨华人得到主流社会的关注和支持创造有利条件，帮助他们更好地融入当地主流社会。而海外华侨华人可以以此为契机，参与中国和"一带一路"沿线国家政府之间重大经济战略的沟通和实施。这方面已经不乏成功先例，许多华人已经成为住在国的中国事务顾问和开展对华交往的中间人，比如泰国华人黄锡辉就曾任泰国国会上议院克拉运河评审委员会荣誉顾问和泰国总理中国事务顾问，菲律宾曾任命华人李永年担任中国事务特使，闽籍华人黄家定、陈国伟则担任马来西亚中国事务特使，还有储跃卫担任法国马芒德市的中国事务顾问。

### （四）"一带一路"助力华侨华人传播中华语言文化

"一带一路"倡议各国人民民心相通、文化互学互鉴。要做到沿线国家和地区人民之间的互相尊重、互相包容和互利合作，文化交流将是重要的基础，而中华语言文化也会因此得到更多的重视。随着中国与"一带一路"沿线国家经贸合作、文化交流的快速发展，沿线国家需要大量中文人才，不仅在当地投资的中国企业需要，外国企业和政府也需要相应的人才以便和中国开展合作。"一带一路"已经在沿线国家催生了一股"汉语热"，即便是在华人分布很少的地区，如中东、非洲等地，当地人学习汉语的愿望也很强烈。沙特《利雅得报》在 2016 年 1 月 13 日刊文称："我们需要进一步了解中国，了解它的国情、政治、文化、社会及经济状况。中国人从 1943 年在大学开创阿拉伯语学科起，就一直在努力了解、学习我们的语言。在这方面，中国人比我们先进很多，他们对于我们的了解程度远高于我们对他们的了解。"①

"一带一路"倡议提出以来，沿线国家的友好人士学习汉语的越来越多，全世界想了解中国、学习中华文化的人越来越多，这对华侨华人传播自身族群文化，尤其是中华文化将会起到很大的推动作用。目前，"一带一路"沿线的 51 个国家已经建立了 126 个孔子学院，还有为数众多的华文学校，他们对于传播中华语言文化起到了重要作用。未来孔子学院和华文学校等汉语教育机构将迎来发展的新机遇，"一带一路"将催生大量的汉语学习需求，无论是广大外国友人还是华侨华人新生代都需要更好地掌握汉语和熟悉中华文化。因此，汉语在国外的价值将得到更大体现，认可度将不断提高。而早在 1979 年，新加坡就发起了"讲华语运动"，迄今连续

---

① 凌波：《"汉语热"搅动"中国热"——"一带一路"合作更广阔东西两端沟通更深入》，人民日报网，http://paper.people.com.cn/rmrbhwb/html/2016-02/05/content_1652870.htm。

进行了 40 年。可以说，语言优势为新加坡与中国合作提供了很大助力，为新加坡企业开展对华经贸合作提供了沟通便利，他们的对华贸易和在华经营都取得了巨大成功。

### （五）"一带一路"助力华侨华人回祖（籍）国创新创业

"一带一路"建设也在国内掀起新一轮发展热潮，推动中国在更广范围、更深层次和更高水平的开放。继东部沿海之后，中西部地区也将进入开发开放的快速发展期，京津冀协同发展、长江经济带和振兴东北老工业基地等重大区域发展战略的推进，都将为华侨华人加大对祖（籍）国投资、回祖（籍）国创业创造良好机遇。同时，中国经济总量大的优势已经得到体现，市场份额和消费规模不断扩大，消费结构也在不断升级，中国正在从"世界工厂"转向"世界市场"，广大华侨华人可以进一步开拓祖（籍）国市场。此外，中国正在实施创新驱动战略，力争实现从"中国制造"向"中国创新"转型，从劳动力密集型制造业向知识密集型产业过渡，并提出了"大众创业、万众创新"等号召，国侨办也提出了"万侨创新行动"，以此帮助海外侨商、科技精英和专业人士把握机遇，参与中国新一轮改革开放。在"一带一路"背景下，中国企业"走出去"的规模更大，需要借助海外华侨华人成熟的网络、成功的经验和社会人脉优势。而"一带一路"倡议提出以来，中国政府不断实施简政放权，释放市场活力，营造良好的营商环境。其中自由贸易试验区（自贸区）是中国开展制度创新，以开放促改革，融入全球新格局新规则的重要举措，目前自贸区已经从第一批的上海，增加到第二批的天津、福建和广东，再增加到第三批的辽宁、浙江、河南、湖北、重庆、四川和陕西。海外华侨华人可以抓住这一机遇，进一步扩大在祖（籍）国投资，享受制度红利。总之，未来中国经济的发展仍然需要广大华侨华人的参与和支持，而他们也可以由此获得进一步的发展。

## 二　华侨华人参与"一带一路"建设的优势

遍布世界各地的数千万华侨华人是中华民族的独特资源，在不同历史时期，他们都为中国做出了重要贡献。改革开放 40 多年来，海外华侨华人成为中国经济的开拓者、参与者和贡献者，为中国崛起和民族复兴作出了不可磨灭的贡献。在"一带一路"建设中，华侨华人具有独特的资源和优势，并且与"一带一路"建设的需求高度契合，是一支必不可少、举足轻重的力量。

## （一）人口众多，分布广泛

6000 多万华侨华人中，生活在"一带一路"沿线国家的就有 4000 多万，这个数量相当大，占全球华侨华人的 80%。由于历史原因，东南亚是华侨华人最主要的聚居地，仅东盟十国就有华侨华人 3000 多万人，占东盟总人口的 5% 以上，其中印度尼西亚的华侨华人超过 1000 万人，马来西亚和泰国有 700 多万华侨华人，新加坡和缅甸有 200 多万华侨华人，越南和菲律宾有 100 多万华侨华人。改革开放以来，随着中国与世界各国经济联系的加强，世界其他地区的华侨华人已经显著增加，北美、西欧和大洋洲的华侨华人比重明显上升。其中位于"一带一路"西端的英国、法国、德国、荷兰等国也成为华侨华人高度集中的地方，而随着中国企业对外贸易和投资的发展，南亚、中东、非洲和中欧等非传统聚居地的华侨华人也越来越多。中东的土耳其、沙特、中亚五国则集中了维吾尔族、哈萨克族和回族等少数民族华侨华人。这些华侨华人主要分布在政治、经济、文化、教育、金融等各个领域，其中众多华侨华人都是住在国主流社会的精英，在政府以及社会各界中发挥着重要作用。他们与中国还保持着密切联系，通过各种方式关心、参与和支持中国的事业发展。这种人口规模和分布，是海外华侨华人参与"一带一路"建设独有的优势。

## （二）经济实力雄厚

华侨华人是一支具有全球影响力的经济力量，他们商贾众多、产业强大、资本雄厚。在胡润公司发布的全球华人富豪榜中，有 302 名海外华侨华人和港澳台同胞上榜，财富总额达 41497 亿美元[1]，他们的产业分布在房地产、金融、投资、加工制造、化工、电子信息、生物医药等国民经济的各个行业。而据估算，大陆以外的华商资产总额超过 5 万亿美元。[2] 华

---

[1] 《2015 瀚亚资本·胡润全球华人富豪榜，港澳台及海外华人》，http://www.hurun.net，最后访问日期：2016 年 8 月 6 日。

[2] 庄国土、王望波：《东南亚华商资产的初步估算》，《南洋问题研究》2015 年第 2 期，第 1~19 页。

商 500 强中，1/3 以上分布在东南亚各国。而根据《亚洲周刊》"2015 年全球华商 1000 强"排行，总部在中国大陆以外的华商企业有 216 家，总资产 59037 亿美元，总市值 17246 亿美元①，这些华商企业主要分布在中国台湾、中国香港、新加坡、菲律宾、马来西亚、泰国、印尼等海上丝绸之路沿线的关键地区。这些华商基本都实现了企业经营的集团化、多元化和国际化，在"一带一路"沿线，尤其是东南亚也有着广泛的事业分布。比如，香港富商李嘉诚的长江实业公司投资的港口遍布海上丝绸之路沿线，能在港口、海洋、运输、贸易的合作上发挥重要作用。

### （三）政治优势突出

经过多年的发展，海外华人在政治参与、政治影响力和政治资源方面形成了较强实力，能为"一带一路"建设的顺利进行提供良好的助力。首先，海外华人的政治参与度越来越高，影响力也越来越大，不管是在东南亚还是欧洲和北美，他们都积极地参与议员竞选，出任地方行政长官和政府部门首脑。在成功竞选并担任政府部门主要职务后，这些华人往往将对华合作作为施政的重要方向，致力于开展与中国的贸易、投资和文化交流等方面的合作。比如，英国首位华人市长陈德梁，先后出任英国内政部和财政部税务局少数族裔专家咨询小组成员，两度当选伦敦红桥市议员并当选一任市长，被委任为英国女王在红桥的代表，代表女王和王室参与当地重要事务。在市长任上，陈德梁访问江西，并与江西省九江市签署了两市建立国际友好城市的意向书。

其次，华侨华人社团是海外华侨华人参与当地事务、保持与中国联系的重要载体，它们能够有效地组织海外华侨华人社会资源，参与"一带一路"建设。经过数百年的发展，海外华侨华人社团数量众多，截至 2016 年，海外华侨华人社团数量达 25000 多个。近年来，一些社团更是呈现出高学历、高技术、精英化的特点。同时，社团组成日益多元化，超越了过去地域性、方言性、家族性的商业网络，形成了新的全球性、国际化的华人商业网络。通过这些社团，海外华侨华人社会与中国保持着密切联系，他们与中国侨务部门、地方政府、社团组织和企业频繁往来。对"一带一

---

① 根据《亚洲周刊》"2015 年全球华商 1000 强"数据计算而得。

路"倡议，许多华侨华人社团始终给予关切和支持，并不遗余力地为之宣传、推广和牵线搭桥。

### （四）人才资源丰富

海外华侨华人中蕴藏着"一带一路"建设所需的智力支持和人才资源。一方面，他们熟悉所在国的社会、法律、文化和风土人情，对中国和家乡情况也十分熟悉，具备融通中外的独特优势；另一方面，华侨华人中有大量的专业人才，他们往往具备较高层次的知识结构和技能水平，拥有众多的科技创新项目和知识产权，其中不乏世界顶尖的科学家，在所在国乃至全世界的科技和专业领域有着突出的贡献和影响力。

海外华侨华人的人才优势尤其集中于新华侨华人及华裔新生代。他们不少是改革开放以后通过留学、商业移民和技术移民前往国外的，主要分布在欧美发达国家的管理、高新技术、金融及法律等领域。近些年来，随着中国人才引进政策力度的加大和创业环境的完善，越来越多的海外华侨华人回祖（籍）国创业，他们很多成为企业、高等院校和科研机构的领军人物，有些甚至凭借资金、技术和市场优势开展创业创新活动。这些人才是我国庞大的智力支持团、宝贵的海外"人才库"，也是"一带一路"建设必须要依靠的力量。

### （五）跨文化优势明显

海外华侨华人是中华文化的继承者和传播者，将中华文明在世界各地发扬光大，搭起了中外文明交往的桥梁和纽带。他们基本上都保持了与中华文化模式密切相关的伦理道德和价值观念等最核心的文化价值观，实现了对中华传统文化的传承和积淀。在"一带一路"建设过程中，海外华侨华人深谙中华文化，与祖（籍）国保持密切联系，同时又熟悉住在国文化，扎根当地，因此他们能跨越不同文化的障碍，成功开展各类跨国的贸易、投资和文化活动。这是他们参与"一带一路"建设，享受其红利的独特优势所在。

此外，海外华侨华人将会是"一带一路"民心相通的桥梁和纽带。他们可以发挥自身的跨文化优势，促进沿线各国人民之间的了解、互信和融合，将"和而不同、和谐统一、多元并存、天人合一"等中华传统文化理念应用于各国人民交往中，将"和平合作、开放包容、互学互鉴、互利共赢"的丝绸之路精神继续发扬光大。

## 三  华侨华人参与"一带一路"建设的主体和重点

基于海外华侨华人的发展现状和独特优势，结合《推进共建丝绸之路经济带和21世纪海上丝绸之路的愿景和行动》中关于"一带一路"建设的框架思路和合作重点，为了更好地让海外华侨华人参与到"一带一路"建设中来，应该明确其主体力量、作用和定位，然后在国家有关"一带一路"的规划、政策和具体实施过程中，为海外华侨华人的参与做出适当安排。

### (一) 明确五大主体，挖掘侨力优势

海外华侨华人人数众多、分布广泛，但因为自身因素和对"一带一路"认知存在的差异，他们参与"一带一路"建设的动机、实力和影响力也各不相同。因此，要明确华侨华人参与"一带一路"建设的主体力量和角色分配，做好分工合作。当前，主要是充分挖掘和发挥华商、华领、华社、华教、华媒的优势。

华商是"一带一路"建设的直接参与者。华商拥有强大的经济实力，能够发挥他们遍布世界各地和熟悉中国国内和海外两个市场的优势，与中国国内企业在交通运输、港口、产业园区建设等领域强强合作，帮助中国国内企业实现产业转移和转型升级。可以发挥他们在船舶、运输、仓储、货运代理及能源资源开发等领域的优势，支持和参与一些产业园区、公路、铁路、重要港口、能源开发等项目的建设。

华领（即华侨华人中的意见领袖）是"一带一路"建设的重要推动力量。他们往往是住在国经济、科技、政治和文化领域的精英，受到住在国主流社会的广泛关注，多数已经融入当地主流社会并有较大的号召力和影响力。这些华领历来在推动住在国发展对华友好关系，促进双方经贸合作方面功不可没。今后，可以发挥其"意见领袖"的作用，促进丝绸之路精神传播，增信释疑，引导更多的海外华侨华人参与到"一带一路"建设当中，促进相关项目的顺利开展。

华社（即华侨华人社团）是"一带一路"建设的重要组织力量。它们是海外华侨华人社会的基本结构和联系纽带，也是"一带一路"建设的重

要组织资源，在推动政府与企业交流联系、促进中外企业合作方面具有举足轻重的作用。近年来，华社在组织上更加注重细化和注重联合，功能上更加多元化，活动更加国际化。但它们始终发挥着协调和联系的作用，有效地凝聚了侨亲力量，促进了中外经贸合作，推广了中华文化，促进了住在国和祖（籍）国经济发展。

华教（即海外华文教育）是"一带一路"建设的重要内容。国之交在于民相亲，海外华文教育是传播中华文化、共建海内外中华儿女精神家园和促进中外文明交往的重要载体。海外华侨华人通过自身力量兴办华文教育的传统一直延续至今，目前有2万多所华文学校广泛分布在世界100多个国家和地区，华文教师有数十万人。菲律宾菲华商联总会永远名誉理事长、菲律宾航空公司董事长陈永栽先生个人出资，连续12年，每年组织上千名华裔青少年到中国进行为期两个月的中文学习活动。可以说，发展海外华文教育，可以让更多的人了解中国、熟悉和认同中华文化，增强中华文化的辐射力，也可以更好地传承和弘扬丝绸之路的友好合作精神，形成"一带一路"建设的良好民意基础。

华媒（华文报纸、华文期刊、华文网络和华文电视所组成的海外华文传媒）是"一带一路"建设的重要宣传者。它们是传递中国声音、塑造中国形象的重要媒介。当前，世界各地华文媒体已呈现出蓬勃发展的势头。调查显示，在马来西亚600多万华人中，每天阅读中文报章的人数保持在230万～260万人，华文媒体覆盖60%的华人家庭。要充分发挥华文媒体的公信力、影响力和话语权，做好与海外华侨华人社会及住在国的沟通，营造"一带一路"建设的良好文化生态和舆论环境。

### （二）抓住五大着力点，发挥侨力作用

正如国务院侨办原副主任何亚非所言，华侨华人在"一带一路"建设中所起到的作用不可或缺，他们是"一带一路"的传播者、实践者、受益者。[①] 在"一带一路"建设的实践中，可以将华侨华人定位为载体、纽带、引领、伙伴和中介，助力"一带一路"的政策沟通、设施联通、贸易畅

---

① 杨凯淇、何亚非：《华侨华人是一带一路传播者实践者受益者》，国务院侨务办公室网站，http：//www.gqb.gov.cn/news/2015/0420/35609.shtml，最后访问日期：2016年8月6日。

通、资金融通和民心相通等五大建设重点。

1. 以"侨"为载体，塑造"国家形象"

"一带一路"倡议提出以来，大部分国家和外国友人给予了积极响应，但是也有部分国家和人民对其存在误解、疑虑和过度解读。有人称其为中国版的"马歇尔计划"，旨在增强对他国政治、经济的控制力；也有人误以为中国在进行经济扩张，试图加强对其他国家经济资源的掠夺；也有人认为中国是为了消化过剩产能，将过剩产品倾销到其他国家。类似论调虽然不是主流，但是也带来一定的消极影响，不利于"一带一路"建设的推进和实施。

海外华侨华人历来是中国国际形象的塑造者也是传播者。今后要发挥华侨华人遍布世界各地、融通中外的天然优势，推动其成为中国国家形象塑造和"一带一路"宣传的重要担当者，讲好丝路大故事，传播中国好声音。海外华侨华人的华文媒体、华领、华商企业可以通过媒体宣传、研讨会、电视访谈向外国人民讲述"一带一路"的宗旨、目标和重点内容，宣传中国与其他国家的共建项目及其所带来的红利，让全世界认识到"一带一路"确实是一条互尊互信之路，一条合作共赢之路，一条文明互鉴之路。

2. 以"侨"为纽带，促进"政策沟通"

"一带一路"建设需要外交、经济、人文和安全等多个领域的跨国合作，但是沿线国家和地区的发展高度多元化，彼此的政策理念、利益导向和制度环境各不相同。为协调各方，实现合作共建，政策沟通显得尤为重要。除了政府层面的沟通之外，还需要民间沟通，以便建立多层次的政策沟通体系。民间沟通在增进了解、增信释疑、凝聚共识等方面具有意想不到的效果，是政府沟通的良好补充。

海外华侨华人应成为"一带一路"沿线国家和地区政策沟通的桥梁。他们多数已经融入当地主流社会，拥有广泛的人脉和社会关系，能够成为中国与其他国家沟通交流的良好中介。同时，他们遍布政界、商界、科技文化界，特别是华商、华领和华社，可以帮助中国与其他国家建立多层次、多领域的政策沟通体系。此外，在相关合作规划、协议和项目的落实，重大合作障碍和难题的沟通协调方面，海外华侨华人能起到良好的牵线搭桥作用。在这个过程中，特别要发挥华侨华人意见领袖的人际影响力和公共外交能力，打造"一带一路"政策沟通的畅通渠道。

3. 以"侨"为引领，发扬"丝路精神"

海外华侨华人是丝绸之路精神的重要载体，他们漂洋过海、筚路蓝缕，在异国他乡拼搏创业，取得了非凡的成就，对住在国和祖（籍）国经济社会的发展作出了重要贡献。今天，他们已经成为全球范围内的一支重要经济力量，是中外经贸合作和人文交流的重要参与者和贡献者。今后要继续发扬海外华侨华人开放包容的精神，发挥海外华侨华人及其企业的引领作用，凝聚海内外中华儿女的力量，参与"一带一路"具体项目建设，在更大范围、更高起点上促进开放、合作、交流和融合。要将海外华侨华人不畏艰险、艰苦创业的精神发扬光大，激励大家积极参与"一带一路"的建设，投入各地区、各领域的建设工作当中，各施所长，各尽所能，把各自的优势和潜力充分发挥出来，为成功建设"一带一路"作出自己的贡献，还要发挥海外华侨华人互利共赢的传统，在赋予古老丝绸之路新活力的同时，积极参与打造沿线各国人民的利益共同体和责任共同体，让各国人民共享"一带一路"共建成果。

4. 以"侨"为伙伴，助力"设施联通"

设施联通是"一带一路"建设的优先领域，旨在加强沿线国家间基础设施建设规划、技术标准体系的对接，共同推进国际骨干通道建设，逐步形成连接亚洲各次区域以及亚欧非大陆之间的基础设施网络。这些基础设施网络将连接沿线各国的关键节点，包括港口、机场和铁路等交通枢纽，还有贸易中心、金融中心和文化中心。而这些地方也是海外华侨华人高度聚集的地方，也是他们事业分布的重点，如新加坡、马尼拉、曼谷、吉隆坡、槟城、仰光、万象、胡志明等东南亚城市。

要发挥华商在港口、船舶、运输、物流、仓储及能源开发等领域的优势，借助他们在当地的经验和人脉，鼓励他们和中国国内企业在港口建设、交通运输、产业园区、能源开发等领域深度合作，借助华商力量推动海上运输通道和陆上基础设施的互联互通。可以合资组成项目公司，共同承接互联互通的工程项目，在"一带一路"沿线合作，进行港口、机场的开发和运营，共建物流园区，在海运和航空等领域组建合作联盟。

5. 以"侨"为中介，实施"走出去"战略

海外华侨华人融通中外文化、政治、经济，了解住在国的社会、法律、风土人情，可以在中国与"一带一路"沿线国家的合作中发挥中介作

用。比如，他们可以帮助中国国内企业克服投资进入障碍，降低对外投资的政治、法律和安全风险，可以与中国国内企业开展产业链整合，实现优势互补，共同打造"一带一路"国际生产价值链，还可以发挥海外华侨华人熟悉国际贸易规则和惯例，拥有成熟的市场营销体系的优势，帮助中国商品开拓"一带一路"市场。围绕海外华侨华人市场，可以由当地华商企业开发有针对性的产品和消费品牌，再由国内企业加工生产，然后通过传统外贸、境外商贸城和跨境电子商务等形式销往海外。

## 第三节 华侨华人参与"一带一路" 建设需要处理的关系

"一带一路"倡议自提出以来，得到广大海外华侨华人的积极响应和热心支持。考虑到发挥侨力涉及多方利益和诉求（包括中国、"一带一路"沿线国家和地区），特别是涉及华侨华人自身的生存发展，因此要充分考虑多方因素，协调各方利益，处理好其中的若干重要关系，从而凝聚侨心、达成共识、合作共赢，共同建设"一带一路"。

### 一 心系祖（籍）国与融入住在国的关系

广大海外华侨华人为中国的繁荣发展作出了卓越贡献，他们时刻关心祖（籍）国发展，在各个重要历史时刻，他们始终与祖（籍）国同呼吸共命运。对于"中国梦"和"一带一路"等事关中国繁荣发展的重大战略，广大海外华侨华人始终给予特别关注和支持。他们是中国始终可以依赖和相信的力量。然而要充分认识到，海外华侨华人普遍已经在当地"落地生根"。在 6000 多万海外华侨华人中，大多数属于华人，即已经加入外国国籍。以印尼为例，华侨华人总数超过 1000 万，约占印尼总人口的 5%，其中 90% 以上已加入印尼籍，是世界上华人最多的国家。①

---

① 《印度尼西亚华侨华人概况》，中国侨网，http://www.chinaqw.com/hqhr/2014/04-21/1142.shtml，最后访问日期：2016 年 8 月 6 日。

这些海外华人，他们首先是外国公民，即"印度尼西亚人""马来西亚人""泰国人"等，他们的利益首先是与住在国利益相一致的。中国的政府部门、企业和公民在与海外华侨华人的交往过程中，特别是到对方国家开展投资贸易和文化合作的时候，必须深刻认识和充分尊重上述情况。"一带一路"建设的海外项目要获得当地华侨华人的支持，必须有利于实现当地的福祉，有利于实现当地华侨华人的利益。我们必须在这个基础上，开展与海外华侨华人的合作，如此才能够兼顾彼此的利益和关切，寻求利益契合点。

此外，我们还必须认识到，海外华侨华人依然处在融入当地社会的过程中。不管是定居已久的东南亚，还是世界其他地区，不论是在当地土生土长的华人后裔，还是定居不久的新移民，他们在文化、社会、政治和经济等方面，都需要融入住在国主流社会。这个过程比较漫长，也经历过曲折和困难，在某些国家和地区依然受到当地政府和其他民族的疑虑，华人被当作"外来人"①。近年来，随着中国企业和人员越来越多地"走出去"，中国企业、政府部门和个人与海外华侨华人的来往日益密切，并表现出强烈的民族向心力。这种情况多少引起了一些国家和人民的担心，对于海外华侨华人融入当地也有所不利。因此，在"一带一路"建设中，与海外华侨华人、华商企业、华人社团、华文媒体的交往合作，要注意方式方法，特别是宣传方面，要注意措辞和宣传的方式。要强调文化的同根同源，淡化民族和国籍的色彩；要在商言商，在文化谈文化，淡化意识形态色彩。

## 二 引进侨资侨智与"走出去"的关系

华侨华人参与"一带一路"的建设过程中，必然涉及是在境内还是在境外共建。"一带一路"建设涉及沿线国家和地区，必然有许多项目是处于境外，而随着国际产能合作的推进，中国的许多优势产能也在向外转移。据统计，截至 2015 年底，中国企业正在推进的合作区共计 75 个，其

① 梁英明：《印尼华侨华人与祖籍国关系及其民族融合问题：历史与现实》，《华侨华人研究》2010 年第 12 期，第 1~9 页。

中一半以上是与产能合作密切相关的加工制造类园区，建区企业累计投资70.5 亿美元，入区企业 1209 家，合作区累计总产值 420.9 亿美元，上缴东道国税费 14.2 亿美元，带动了纺织、服装、轻工、家电等优势传统行业部分产能向境外转移。[①] 这其中就包括一些早期在中国大陆（内地）投资的华侨华人企业，有些是出于自身海外市场扩张的需要，有些则是因为中国大陆（内地）经营成本上升，转而投资其他国家和地区。

中国还是一个发展中国家，经济社会发展和科技文化的进步依然需要许多来自国外的资金、技术和人才，特别是海外华侨华人中的优质资本、先进技术和各行业的精英。在"一带一路"建设中，发挥侨力的主旨仍然包括坚持引资引智，为华侨华人在中国投资创业营造良好的条件。因此，在"一带一路"建设的政策、平台和项目设计中，要充分重视引进侨资侨智，吸引海外华侨华人参与中国国内的"一带一路"项目建设。对已经在中国投资的华侨华人，要密切加强服务和关心，密切关注其经营动向，引导东部地区的华侨华人企业向中西部地区迁移。国务院侨务办公室响应"一带一路"倡议的号召，倡导并推动"万侨创新"，与地方政府共建"侨梦苑"（全称为侨梦苑侨商产业聚集区），是为侨商高端产业和海外高端人才搭建平台，旨在吸引高科技型的侨商企业和具有知识产权的高新技术项目。

与此同时，华侨华人的资产和产业分布主要在海外，特别是分布在海上丝绸之路沿线的国家和地区。随着"一带一路"建设的推进和中国企业"走出去"步伐的加快，与海外华侨华人的境外合作变成一个日益重要的课题。要将海外华侨华人作为国际产能合作的重要对象，充分了解他们在"一带一路"的产业实力和事业分布，结合中国企业的境外项目，为海外华商企业的参与与合作作出适当安排。要善于发挥海外华商在基础设施建设、银行业、港口、海运、路桥等行业的优势，引导他们参与"一带一路"建设的设施联通、贸易畅通和资金融通项目。特别是中国国有企业的境外项目，要为海外华商的参与创造良好的条件。

---

[①] 《商务部：中国对外直接投资连续 13 年增长》，中国证券网，http：//news.cnstock.com/news/sns_bwkx/201601/3684773.htm，最后访问日期：2016 年 8 月 6 日。

## 三 国家总体规划部署与地方具体目标的关系

自"一带一路"倡议提出以来，海外华侨华人资源得到国家各部门和各个地方的特别重视。许多地方的侨务工作力度也在不断加大，力图通过海外华侨华人为本地的"一带一路"工作增加亮点。广东、福建、浙江等省份的海外侨务资源较为丰富，在省级或者地级市的对接方案中，基本都把"发挥侨力"纳入考虑。

中国的侨务工作已经拥有比较完备的工作体系和顶层谋划。目前参与或涉及侨务工作的部门和组织较多，专责机构是国务院侨务办公室，主要机构还有中共中央外事工作委员会，以及全国政协港澳台侨委员会、全国人大华侨委员会、中国侨联、中国致公党、中华海外联谊会和中国海外交流协会等，这些机构和团体基本建立了覆盖到省（自治区）、市、县（区）各级的工作体系，此外还有中国和平统一促进会、欧美同学会等其他各类团体和协会。中国还每隔5年出台具有指导意义的国家侨务工作发展纲要，《国家侨务工作发展纲要（2016~2020年）》对"十三五"时期的侨务工作进行了全面部署。

特别是党的十八大以来，"大侨务"理念得到进一步贯彻，旨在超越部门和地域的狭隘眼光，整合调动各方面资源和力量，广泛开展各领域交流合作，共同做好华侨华人工作。[①] 然而在具体工作中，各个地方的侨务工作难免更多关注本地的经济社会利益。地方政府比较侧重招商引资、吸引海外高端人才和海外侨捐，以便促进本地的经济社会发展。例如，在各地的"一带一路"对接方案和侨务工作计划中，凡是涉及华侨华人，大多是立足于更多地吸引侨资侨智。在实际工作中，地方政府也将更多的资源和精力投入招商引资，特别是服务大型华商企业和重要侨领，而针对中小型华商企业和普通华侨华人的工作则相对不足，对外侨务宣传、海外华文教育等领域的关注也比较少。

此外，随着中外交往日益频繁，民间渠道的涉侨交流也越来越频繁。

---

① 张红：《推动"大侨务"布置"大格局"》，人民日报网，http://paper.people.com.cn/rmrbhwb/html/2014-04/11/content_1413915.htm，最后访问日期：2016年8月10日。

国内许多民间团体也开始走出国门，与海外华侨华人开展各类交流合作，如各类商会的跨国交流、同乡会组织的各类恳亲会和宗亲联谊会。许多地方政府鼓励本地民间团体加强与华侨华人的联系，希望有助于本地的侨务工作。但是一些民间团体负责人和相关人员并不熟悉我国侨务工作的方针政策和海外侨情，特别是一些民间团体成立时间短、运营不规范、缺乏经验，他们开展对侨工作的方式和方法未必尽如人意，有时候会在海外华侨华人中产生误解，甚至造成纠纷。

同时，随着中国经济的崛起，海外华侨华人与祖（籍）国交往的愿望也日益迫切，交往频率更高、范围更广。以海外华侨华人社团为例，截至2016年，海外华侨华人社团数量达25000多个①，另外还有为数众多的华商企业、侨领、华文媒体和华文学校。因此，中国侨务工作部门和团体与海外华侨华人的交流人数相当多、交流网络相当密集，交流层次相当丰富，如何整合交流的渠道、提高交流的效率和提高交流的质量将是未来侨务工作的重要课题。

综上所述，"一带一路"建设中要有效发挥侨力，需要有国家层面的统筹协调，首先要形成更为明确和具体的指导意见和工作指引，以供地方政府、侨务工作部门和民间团体借鉴，其次要切实将地方的涉侨诉求统领到全局需要，摆脱仅仅是为本地经济建设服务的思维，推动地方侨务工作向"大侨务"和"大格局"转变，最后，也要切实兼顾地方发展的合理诉求，引导侨务资源在各地合理配置。

## 四　向海外传播中华文化与从海外吸收中华文化的关系

"一带一路"旨在传承和弘扬丝绸之路友好合作精神，促进沿线国家间的文化交流和往来。中华文化将借此走向全世界，而海外华侨华人是中华文化的传承者和传播者。散布在世界各地的华侨华人，是中华文化走向世界的桥梁和纽带。他们带去了中国的饮食、服饰、建筑、医疗、科技、艺术、宗教、伦理和民俗文化，这些文化随着海外华侨华人在住

---

① 纪娟丽：《目前海外华侨华人社团数量达2.5万多个》，新华网，http：//news. xinhuanet. com/politics/2016-05/18/c_128991417.htm，最后访问日期：2016年8月10日。

在国落地生根，并和住在国当地文化相融合，创造出特殊的华侨华人社会文化。

一直以来，在中国的文化"走出去"战略中，海外华侨华人都被当作重要的传播载体和传播对象。一方面，中国重视发挥海外华侨华人社团、华文媒体和华文学校的作用，在当地传播中华文化，以此来联络、增进与世界各国人民关系，乃至联络外国主流社会。另一方面，中国重视在海外华侨华人群体中传播和传承中华文化，以此来提高民族向心力和凝聚力。中国还十分重视海外华文教育，以此来发展海外华侨华人社会的汉语言学习和中华文化传承，因此海外华文教育又被称为中华民族的海外"留根工程"[①]。

"一带一路"民心相通应当是有来有往的双向互动，文化交流也是如此。海外华侨华人也是中华文化的创新者，中国在向海外传播中华文化时，也要注重从海外华侨华人社会吸收和汲取文化精华。不少海外华侨华人认为他们很好地保留和传承了中华传统文化，包括生活习俗、宗教活动等。同时，他们在海外生存繁衍的过程中，也创作了许多基于中华传统文化的成果，包括文学作品和艺术创作等。另外，在与其他民族的交融互动中，海外华侨华人吸收其他文化的精华，不断推陈出新，产生了独特的海外中华文化成果。这些都应当是属于中华文化的一部分，也是丝路精神的要义所在。但是在西方文化强势发展，住在国民族文化包围和中华本土文化日益繁荣的背景下，海外华侨华人社会的文化保留、传承和发展也面临新的挑战，在部分国家和地区甚至面临边缘化。

因此，在"一带一路"建设中，一方面要通过海外华侨华人传播中华文化，另一方面也要从他们身上吸收中华文化的优秀成果，要给予发掘、保护、引进和传播。这样才能实现海外中华文化和本土中华文化的交流互鉴，也符合"和平合作、开放包容、互学互鉴、互利共赢"的丝绸之路精神内涵。

---

① 何晰媛：《侨胞聚焦中华文化海外传承 建言海外"留根工程"》，欧洲时报网，http://www.oushinet.com/news/qs/qsnews/20160314/224325.html，最后访问日期：2016 年 8 月 12 日。

## 五　处理好与海外华侨华人的合作和竞争关系

"一带一路"建设的共建原则包括"开放合作"和"互利共赢",鼓励海外华侨华人的参与也是秉承这一原则,尤其是海外华商企业。中国企业与海外华商企业有成功的合作共赢的历史,未来也有很大的合作空间,但是也存在竞争关系。

以往的合作主要是在中国境内,中国企业"走出去"的数量较少,而海外华商企业前来投资,带来了海外市场、资源、技术和管理经验。两者在生产、营销、物流等各个互相配合,进行产业链合作,实现互利共赢和共同发展。而今中国企业不断壮大和"走出去",与海外华商企业的境外合作也越来越多。

随着"一带一路"建设不断推进,中国企业在沿线国家和地区的投资规模、行业和范围也在不断扩大,深入到海外华侨华人的住在国市场。这个时候,中国企业和海外华商企业的相互竞争就难以避免。两者的产业结构、产业实力和主要市场是有所交叉重叠的,比如海外华商企业有不少是劳动力密集型产业的中小企业,中国"走出去"的企业也有相当部分属于劳动力密集型产业,这就有可能产生互相竞争。另外,中国企业的规模和实力也越来越强,在全球华商1000强中,绝大多数是中国内地的企业,这些企业的资金实力和技术实力超过大多数的海外华商企业。这些企业一旦进入"一带一路"沿线市场,不可避免地会对海外华商企业造成冲击。

而就传媒与教育领域而言,情况也是大同小异。随着互联网的发展,海外华文报纸、电台和电视的发展也受到冲击。同时,中国内地、台湾和香港的网络媒体实力强劲,并借助互联网拓展其他海外华人市场。如今,东南亚的华侨华人和中国国内观众同步收看热门电视节目已成为常态。再比如文化教育领域,中国高校也开始"走出去"办学,他们在当地办学招生,就可能冲击到当地的华文高校。这已经引起当地华文教育从业者和华社的担忧。

因此,在"一带一路"建设过程中,要处理好与海外华侨华人的合作和竞争关系。要在国家规划层面了解海外华侨华人的核心利益和关切所在,在"一带一路"建设的具体行动中,涉及海外华侨华人重大利益时,要尽可能地倾听和照顾他们的诉求和建议,对于中国政府部门和大型国有企业的境外项目,要将海外华侨华人的利益考虑在内。总之,在发挥侨力,助力"一带一路"建设中,要更多地推动合作的一面,形成互利共赢的局面,尽量减少竞争的一面,尽量减少对海外华侨华人可能造成的冲击。

## 六 处理好丝绸之路经济带建设与 21 世纪海上丝绸之路建设的关系

"一带一路"全称是丝绸之路经济带和 21 世纪海上丝绸之路,该倡议要实现沿线各国多元、自主、平衡、可持续的发展,要让共建成果惠及更广泛的区域。但是丝绸之路经济带与 21 世纪海上丝绸之路的发展现状并不平衡,发展基础也大不相同,其中丝绸之路经济带主要经过的中亚、西亚地区发展相对滞后,而 21 世纪海上丝绸之路的重要区域东南亚相对开放、发达。同时,海外华侨华人在这两个方向的人口分布和产业实力也并不均衡,他们在这两个方向进行投资的意愿、实力和经验也有所差别。

21 世纪海上丝绸之路方向是海外华侨华人的主要聚集区和产业分布的核心区域,也是海外华侨华人未来投资创业的重要区域。其中,东南亚华商的经济实力雄厚,产业遍布国民经济各个行业,并实现了集团化、国际化和多元化,他们已经成为所在国的重要经济支柱。丝绸之路经济带方向的海外华侨华人相对较少,人口组成结构相对多元,大多数是维吾尔族、回族和哈萨克族等少数民族,整体而言经济实力相对不强。

在这两个方向上开展与海外华侨华人的共建合作,必须注重合作领域、合作方式的不同。21 世纪海上丝绸之路方向的华侨华人,可以在"五通"的各个领域开展合作,他们的经济地位、政治地位和社会影响力都比较高,与祖(籍)国的互动联系相当紧密和深入,完全可以开展全方位、多领域的合作共建。而在丝绸之路经济带方向,要注重人文交流,推动少数民族的跨境良性互动,为民族团结和边疆稳定贡献力量。同时要利用相关政策和项目造福丝绸之路经济带沿线的海外华侨华人,让他们共享祖(籍)国发展的红利。

此外,要推动两个方向的海外华侨华人交流互动、互利合作。丝绸之路经济带方向的许多国家经济才刚起步，工业体系不完善、基础设施比较落后，市场发展的空间很大，广大海外华商大有可为。要鼓励和引导21世纪海上丝绸之路方向的海外华商前往丝绸之路经济带方向投资，可以从中国的中西部地区开始，如陕西、甘肃、宁夏、青海、新疆，采取循序渐进的方式，逐步向中亚和西亚等地拓展。应该创造合适的机制和平台，鼓励中国企业和海外华商抱团发展，共同开发中亚、西亚、东欧等丝绸之路经济带市场。

## 七 协调兼顾不同类型的华侨华人核心力量和外围力量的关系

6000多万的海外华侨华人，各自的处境、价值观念及其与祖（籍）国的渊源千差万别，对于中国的事业看法也各不一样，因此他们在"一带一路"建设中能够发挥的作用也不相同。在发挥侨力，助力"一带一路"建设的具体实践中，要有所区分，有所差别。

从海外华侨华人的自身处境来看，有些华侨华人经济实力强、社会地位高、政治成就突出，他们是当地企业家、富豪、科技精英、文化名人、政治家或者政府官员，这部分华侨华人数量较少，但是能组织和调动的资源较多，是参与"一带一路"建设的核心力量。大部分华侨华人的经济实力、社会地位和政治影响力不大，他们只能顾及自身的生存发展，对于"一带一路"建设没有直接的影响。但是他们的态度和舆论能够形成巨大的导向作用，需要注重对他们的宣传，增进沟通、释疑解惑，争取他们的支持。

从海外华侨华人与中国的渊源来看，他们中间既有保留中国国籍的华侨，也有已经加入居住国国籍的华人；按照来源地的不同，海外华人还可以分为来自中国大陆地区的移民、来自中国台湾地区的移民、来自中国港澳地区的移民和来自中国其他地区的移民等类别①，另外还有在中国出生成长然后移民到国外的第一代华侨华人，也有在国外出生，接受国外教育的"第二代""第三代"甚至"第四代"华侨华人。不同的海外华侨华人

---

① 詹正茂：《发挥华侨华人的作用促进中华文化在海外的传播》，《侨务工作研究》2012年第1期。

对祖（籍）国的了解和认知、对中华文化和中华民族的认同都各不相同。

从海外华侨华人对"一带一路"建设的态度来看，主要有以下几种类型：一是积极的参与者，积极拥护和支持"一带一路"建设，这些是合作的核心力量；二是被动的参与者和"搭便车"者，他们有可能参与"一带一路"建设，但属于偶然的、从众的行为，或者主要是为了实现自身利益；三是潜在的参与者，他们有可能暂时不会参与"一带一路"建设，处于观望状态，但仍属于可被争取的对象，尤其是华裔新生代；四是极少部分保持中立者或偶尔抵触者。他们由于信息沟通障碍，或是由于个体、群体利益等，暂时对"一带一路"建设不太理解，甚至持反对的态度，少数还会有不利的言行。

在发挥侨力，助力"一带一路"建设过程中，中国要牢牢依靠那些核心力量，尤其是那些具有强烈民族认同、实力又较强的海外华侨华人，也要兼顾那些实力较弱但是真心拥护和支持"一带一路"建设的人，还要尽可能地争取那些持观望态度的群体，要团结一切可以团结的力量。

## 八 市场与政府的关系

习近平总书记曾经指出："推进'一带一路'建设，既要发挥政府把握方向、统筹协调作用，又要发挥市场作用。"① 在发挥侨力，助力"一带一路"建设时，也要注意分清政府与市场的作用。

在经济方面，政府要在宏观布局、政策沟通、平台建设、统筹协调、宣传推介和海外保护等方面发挥主导作用，可以通过国家领导人以及侨务、商务和外交等相关部门，加强对外协调和沟通，做好顶层设计、创造良好的大环境。在国内方面，中国政府要减少国内行政审批、推进贸易投资便利化、提高金融服务水平、完善保险机制、加强政府和组织间合作，从而为海外华商企业和高端人才回祖（籍）国创业提供必要的政策保障。与此同时，要充分发挥市场的决定性作用和各类企业的主体作用。发挥海外华商企业的作用，一定要遵循市场规律和国际通行规则。要通过完善市

---

① 转引自于洪君《推动"一带一路"建设要处理好六大关系》，求是网，http：//www.qstheory. cn/dukan/qs/2016-08/15/c_1119373261.htm，最后访问日期：2016 年 8 月 20 日。

场机制和利益导向机制，调动海外华商企业的主动性和积极性，以商业化原则、市场化机制和手段推进重点项目建设。要鼓励国内企业和海外华商企业合作，一方面发挥他们的桥梁和纽带作用，共同开拓国际市场，实现互利共赢；另一方面，以企业为纽带，将各方利益捆绑在一起，逐步打造利益共同体。

在民心相通方面，海外华侨华人的社团、文教机构、媒体和科技团体也是"一带一路"人文交流的重要力量，但目前中国与他们的交往主要是官方渠道、非营利性质的，政府仍然是中国对外文化交流的主要推动者。海外的孔子学院、中国文化中心都是政府资助，许多艺术表演、展览也都是政府部门派出的。比如，国侨办的"文化中国"系列活动已经成为一个国家级的对外交流品牌，"文化中国·四海同春""全球华人音乐会""全球华人书画展""世界华文文学大会"等活动在海外华侨华人社会产生了巨大影响，有力地促进了中外文化交流。其中"文化中国·四海同春"活动是在每年春节期间，由国侨办向世界五大洲和港澳地区派出艺术团组去慰问侨胞，旨在满足海外侨胞与港澳同胞与祖（籍）国人民一起共度新春佳节的期盼和愿望，同时，通过观看"四海同春"晚会富有中华文化特色的文艺演出节目，能够亲身感受到中华文化的深厚底蕴和无穷魅力，从而打造凝聚侨心的效果。截至 2015 年底，已累计派出 52 个艺术团组，累计到访全球六大洲 109 个国家及中国港澳地区 223 个城市，演出 320 场，观众累计达 400 余万人次，电视观众过亿。[①] 虽然政府推动对外文化交流起到了很好的引领和带动作用，但未来还要扩大民间交流，由文化企业和个人开展文艺表演、展览等对外文化交流活动，通过市场化的方式运作，争取以可盈利、可持续的方式长期进行。

## 九 舆论宣传与务实推进的关系

"一带一路"是一个系统工程，涉及多个领域，大多数海外华侨华人接触和掌握的信息比较有限，受当前国际上复杂政治因素的影响，部分海

---

① "文化中国·四海同春"专题网站，http://www.chinaqw.com/z/2016/2016whzgshtc/，最后访问日期：2016 年 8 月 21 日。

外华侨华人心存疑虑，尚在观望等待，有的则出现误读甚至曲解。另外，中国已经取得了一些"一带一路"建设的成果，但是因为缺少宣传，大家知之甚少。因此，要加强面向海外华侨华人的"一带一路"宣传推介，促进增信释疑、凝聚共识，为发挥侨力，助力"一带一路"建设营造良好氛围。要通过华商领袖和华文媒体向海外华侨华人传播"一带一路"的宗旨、内涵和合作原则，通过社团交流、高峰论坛、研讨会、媒体报道以及文化周、艺术节等多种多样的形式，向海外华侨华人讲述好"一带一路"的故事，传播好"一带一路"的声音。在宣传中，要强调共商、共建、共享原则，强调"一带一路"是沿线各个国家（地区）和人民所共同拥有的，不是中国的"独奏曲"。同时，在宣传中要兼顾海外华侨华人所处的国别环境，采用恰当的话语体系，注意宣传报道的立场和措辞。不要有太大的倾向性，以客观、中性的语言代替明显的倾向性观点，主动融入海外华侨华人的话语体系，淡化宣传味道，减少宣传痕迹。不要涉及政治和民族等敏感问题，兼顾海外华侨华人融入当地社会的需要和对祖（籍）国的感情，避免给他们造成不必要的压力。例如，海外华侨华人中的大多数是华人华裔而不是华侨，宣传中类似爱国主义、爱国热情、祖国等提法都是不妥的。

与此同时，"一带一路"建设已经进入务实推进阶段，一些海外华侨华人的热烈响应和积极支持有目共睹，但也有一些人在观望和等待。因此，应该用更多的实际行动、更多的务实合作成果将"一带一路"建设落到实处，让沿线国家的华侨华人和其他国家人民分享到合作共建的红利，让更多的海外华侨华人感受到"一带一路"建设是真正开放包容和互利共赢的。具体而言，首先应在境外特别是海外华侨华人的聚集区，打造若干个标志性工程和示范项目，可以是经济园区、路桥项目、环保工程或学校等。这些工程和项目要由中国企业和海外华商企业合作共建，必须秉承高质量和高标准的原则，建设经得起时间考验的精品工程。另外，这些工程和项目要显著造福当地人民，包括华侨华人和外国人民。当然，还要做好这些工程和项目的宣传推介工作，以适当的方式向广大海外华侨华人展示务实合作的成果。

## 十　发挥华侨华人作用与造福华侨华人的关系

40多年来的实践证明，广大华侨华人极大地促进了中国改革开放和现代化事业的发展，而中国的发展壮大也在造福广大华侨华人。在"一带一路"建设过程中，充分发挥华侨华人的作用和造福华侨华人是相互统一的。华侨华人在"一带一路"建设中所起到的作用不可或缺，他们既是"一带一路"的传播者和实践者，也是受益者。①

一方面，要切实发挥华侨华人的独特优势，特别是许多华商的产业布局与"一带一路"密切相关，能够在设施联通、贸易畅通、资金融通方面贡献力量。要创造良好的条件和机制，让他们成功参与并有效发挥作用。另一方面，要避免过于功利化的倾向，无论舆论宣传还是实际工作，不要片面地强调"发挥华侨华人的作用""借助华侨华人的力量"，要强调合作共建和互利共赢。"一带一路"是沿线国家和人民的共同事业，当然也是华侨华人的事业。

当然，"一带一路"建设的相关项目要尽可能地兼顾华侨华人的利益，要从华侨华人的海外生存现状出发，了解其利益和诉求所在，推出造福华侨华人的举措。要给予他们一些实实在在的帮助和支持，让他们感受到祖（籍）国的温暖和力量。对于海外华侨华人的聚集区，要争取生成和投入一些经济带动能力和辐射能力强的项目，让他们共享"一带一路"建设的发展红利。

---

① 杨凯淇、何亚非：《华侨华人是一带一路传播者实践者受益者》，中国新闻网，http：//www.chinanews.com/hr/2015/04-20/7219889.shtml，最后访问日期：2016年8月23日。

# 第三章 "一带一路"沿线华侨华人的产业实力

## ——以东南亚为例

推动"一带一路"建设要充分发挥海外华侨华人的独特作用，因为他们具有雄厚的经济金融实力、成熟的生产营销网络、广泛的政商人脉关系以及融通中外的独特优势，他们在推动"一带一路"建设中可以大显身手、大有作为。海外华侨华人熟悉住在国的社会、法律、文化与风土人情，对中国和家乡的情况也很熟悉，是连接中国与周边国家的"天然桥梁和纽带"。

要发挥海外华商在"一带一路"建设中的作用，首先要争取规模大、实力强的大企业。他们是所在行业的领头羊，甚至在住在国的国民经济中也有一定的地位，能够对所在行业和所在地区的其他华商起到引领和带动作用。本章主要利用《亚洲周刊》公布的全球华商1000强年度数据，以及对部分知名华商企业的调查，对"一带一路"沿线国家华侨华人的产业实力及其变化进行研究，以期为发挥侨力，助力"一带一路""走出去"建言献策。全球华商1000强排行榜每年发布一次，根据公司市值、营业额、利润、总资产和股东权益等指标，评选出1000家华商大企业，上榜企业主要来自中国内地、中国台湾、中国香港、新加坡、马来西亚、菲律宾、泰国、印度尼西亚和其他地区。截至2015年，该榜单已连续发布12年，较好地记录了部分华商大企业的发展动态。这些华商企业拥有得天独厚的优势，不仅能够从"一带一路"建设中受益，促进自身产业的梯度转移和转型升级，而且能推动当地经济发展，深化同中国及"一带一路"沿线国家的合作，达到华商自身、住在国、祖（籍）国互利三赢的效果。

# 第一节 东南亚华商的产业实力

全球华商 1000 强榜单中的东南亚华商企业主要集中于东南亚的五个国家，分别是新加坡、马来西亚、菲律宾、泰国和印度尼西亚。东南亚地区历史上曾经是中国海外移民的主要目的地，目前则是华侨华人人数最多、分布最集中的区域。东南亚还是中国"一带一路"建设的重要合作方向，该地区的华商企业在中国和东南亚的经贸合作中扮演着重要角色，将会是中国和东南亚共建"一带一路"的重要力量。

## 一 东南亚五国华商产业实力分析

全球华商 1000 强排行榜是各国华商产业实力的重要风向标。2007 年全球华商 1000 强企业中，东南亚五国上榜企业有 100 家，其中新加坡 46 家、马来西亚 31 家、菲律宾 8 家、泰国 9 家、印度尼西亚 6 家。这些企业总资产高达 5572.69 亿美元。相对于 2007 年，2015 年东南亚五国上榜企业减少了 45%，仅有 55 家企业进入 2015 年全球华商 1000 强排行榜，其中新加坡 13 家、马来西亚 14 家、菲律宾 9 家、泰国 11 家、印度尼西亚 8 家，新加坡和马来西亚上榜华商企业大幅度减少，菲律宾、泰国和印度尼西亚上榜华商企业均有小幅增加，这 55 家华商企业的总市值为 3691.40 亿美元，总资产高达 14611.85 亿美元（较 2007 年 100 家的总资产增加 162%）。

表 3.1　2007 年和 2015 年东南亚入围全球华商 1000 强企业状况

单位：家，亿美元

| 2007 年 | 上榜企业数 | 总资产 | 2015 年 | 上榜企业数 | 总资产 | 总市值 |
|---|---|---|---|---|---|---|
| 新加坡 | 46 | 2731.84 | 新加坡 | 13 | 7284.42 | 1012.59 |
| 马来西亚 | 31 | 1418.33 | 马来西亚 | 14 | 3163.82 | 702.90 |

续表

| 2007 年 | 上榜企业数 | 总资产 | 2015 年 | 上榜企业数 | 总资产 | 总市值 |
|---|---|---|---|---|---|---|
| 菲律宾 | 8 | 337.35 | 菲律宾 | 9 | 965.75 | 751.30 |
| 泰国 | 9 | 910.36 | 泰国 | 11 | 2368.57 | 761.23 |
| 印度尼西亚 | 6 | 174.81 | 印度尼西亚 | 8 | 829.30 | 463.37 |
| 总计 | 100 | 5572.69 | 总计 | 55 | 14611.85 | 3691.40 |

资料来源:《亚洲周刊》发布的全球华商 1000 排行榜。2007 年的排行榜仅公布华商企业总资产,未公布其市值。以下表 3.2 至表 3.7 同此。

## 二 东南亚五国华商企业:国别分析

东南亚地区是"一带一路"的核心区域,不但聚居着许多华侨华人,也出现一批实力强劲的华商企业。许多华商企业是当地产业的领头羊,经营范围涉及国家经济发展的命脉,比如电力、电信、银行和航空。因为国别环境和企业发展战略的差异,不同国家的华商企业的发展特点也各不相同,在行业分布、企业实力和发展特征等方面都有所差异,这在"一带一路"建设过程中必须加以注意。

### (一) 新加坡华商企业

新加坡是一个非常特殊的城市国家。从自然环境来看,新加坡是太平洋与印度洋往来的交通枢纽,极具地缘战略价值;从人文环境来看,新加坡是东南亚国家中华人占人口绝对多数的唯一国家,华人在新加坡的政治、经济和社会发展中扮演着关键角色。[①] 从经济方面来看,新加坡是国际航运中心、金融中心和贸易中心,在炼油、船舶维修和电子工业方面具有较强优势,因此在"一带一路"建设中可以起到独特的枢纽作用。据统计,2015 年新加坡人均 GDP 超过 5 万美元,位居世界第 7,居"一带一路"沿线第 2,仅次于卡塔尔。

基于特殊的地理区位、华人族群基础和经济实力,新加坡在"一带一路"建设中处于重要的地位,在航道联通、资金融通和贸易畅通等方面可

---

① 李一平、刘文正:《论冷战国际环境中的中国与新加坡关系》,《厦门大学学报》(哲学社会科学版) 2008 年第 1 期,第 84~91 页。

以扮演重要角色。"一带一路"倡议甫一提出，新加坡的政界、商界、学界就给予了积极响应，许多华商企业迅速投入其中，拓展"一带一路"业务。他们不仅在21世纪海上丝绸之路方向加速布局，同时还在丝绸之路经济带方向积极作为。比如，新加坡正不断深化与重庆和成都等中国西部城市的合作，中新两国的第三个政府间合作项目——"中新战略性互联互通示范项目"落户在重庆。该项目着眼于新加坡和重庆的互联互通，也着眼于促进中国内陆和"一带一路"沿线国家的互联互通①，此后重庆和新加坡在金融、航空、物流、基建和大数据等领域的合作快速推进，带动了一大批新加坡华商参与"一带一路"建设。

在东南亚各国中，新加坡及该国华商之所以能够在"一带一路"建设方面占据先机，得益于他们较强的竞争力和敏锐的意识。在全球华商1000强榜单上，无论是上榜企业数量还是企业总资产，新加坡华商都占据绝对优势。据《亚洲周刊》统计，新加坡入围2007年全球华商1000强的企业有46家，这些企业的总资产高达2731.84亿美元；2015年上榜企业减少至13家企业，但企业总资产却增加到7284.42亿美元，企业总市值1012.59亿美元（见表3.1）。此外，在2015年东南亚最大的华商企业40强中，新加坡占据10席，这10家公司总资产7187.11亿美元，总市值944.53亿美元，营业额726.44亿美元，平均每家公司的资产规模718.71亿美元，平均市值94.45亿美元。以市值衡量，2015年在东南亚排名前三的华商企业中有两家来自新加坡，分别是华侨银行有限公司和大华银行有限公司。各家银行对"一带一路"倡议无不迅速跟进，华侨银行和大华银行均于2014就在上海自贸区开设分行，并在2016年与重庆金融办就中新（重庆）战略性互联互通示范项目签订合作备忘录，旨在参与"一带一路"建设和重庆市政府推进重庆作为丝绸之路经济带、长江经济带的西部中心枢纽，加快"中新经济走廊"建设。②

---

① 《重庆市长黄奇帆在"推进中新（重庆）战略性互联互通示范项目交流会"的主旨演讲》，《联合早报》2016年4月20日，http://beltandroad.zaobao.com/beltandroad/analysis/story 20160420-607528，最后访问日期：2016年8月10日。

② 李治国：《华侨银行与重庆市金融办签署合作备忘录》，中国日报网，http://www.chinadaily.com.cn/hqcj/zgjj/2016-01-11/content_14474266.html，最后访问日期：2016年8月10日；刘贤：《重庆"牵手"新加坡大华银行 促进跨境投资贸易》，中国新闻网，http://www.chinanews.com/cj/2016/01-08/7708459.shtml，最后访问日期：2016年8月10日。

### （二）马来西亚华商企业

马来西亚是一个由 13 个州和 3 个联邦直辖区组成的联邦制国家，分为"西马"和"东马"两部分，总面积 33.03 万平方公里，人口 3000 多万人，其中华人占 23.4%。尽管近些年来华人占总人口比重不断下降，但华人始终是马来西亚的第二大族群，马来西亚仍然是东南亚地区除新加坡以外华人占当地人口比例最高的国家。

2015 年，马来西亚 GDP 位列东盟第三，仅次于印尼和泰国，人均GDP 超过 1 万美元，位居东盟第二，远高于泰国等其他东盟国家，是名副其实的东南亚地区大国。同时，马来西亚地处东南亚的中心位置、亚洲大陆最南端，扼守马六甲海峡，是"海上丝路"建设的关键区域和重点国家。在"一带一路"建设过程中，与一些东南亚国家普遍的"谨慎和观望"的模糊态度相比，马来西亚政商各界对"一带一路"建设给予了较多的正面回应和支持，比如 2015 年 12 月，马来西亚交通部长廖中莱在出席该国最大港口——巴生港组织的"通过马来西亚促进 21 世纪海上丝绸之路"论坛时指出："马来西亚是 21 世纪海上丝绸之路具有重要战略意义的国家……希望马来西亚的 16 个港口都能从"海上丝绸之路"建设中受益。"① 除了明确表示支持和参与"海上丝路"建设之外，两国还生成和推动了一系列共建项目。马来西亚首相署部长拿督斯里魏家祥博士甚至以"一带一路、大马带路"来形容马来西亚在"一带一路"中的作用。② 这对于"海上丝路"的建设无疑起到了巨大的支持和带动作用，极大地提高了当地华商企业参与"海上丝路"建设的热情。

马来西亚华商企业的实力不容小觑。据《亚洲周刊》统计，2007 年马来西亚有 31 家华商企业入围全球华商 1000 强，这些企业总资产高达1418.33 亿美元；2015 年马来西亚入围全球华商 1000 强的企业减少至 14家，企业总资产 3163.82 亿美元，总市值 702.90 亿美元（见表 3.1）。这些企业主要分布于金融业、基建业、电力业、房地产业和制造业，与"一带一路"建设密切相关。而且马来西亚华商的产业遍布中国（包括香港、

---

① 廖中莱：《通过马来西亚促进 21 世纪海上丝绸之路》，http://www.liowtionglai.com/enhancing-the-21st-century-maritime-silk-road-through-malaysia/，最后访问日期：2016 年 8 月 10 日。
② 魏家祥：《中国东盟最佳伙伴，"一带一路"，大马带路》，《南洋商报》2016 年 9 月 19 日。

澳门和台湾）和东南亚，甚至中东等地，具备参与"一带一路"建设的良好基础。同时他们具有较强的经济实力和市场竞争力，据统计，2015年东南亚最大的华商企业40强中，马来西亚有9家企业上榜，这9家企业总资产高达2865.65亿美元，总市值575.46亿美元。以市值衡量，大众银行有限公司在东南亚华商企业中排名第4，其公司的总市值166.58亿美元，总资产1056.32亿美元。该银行的分支机构遍布海上丝绸之路沿线的东南亚和南亚地区，能够为相关地区企业的发展提供良好的金融支持。而怡保工程有限公司则是马来西亚首屈一指的基建企业，在港口、机场、公路、铁路建设等方面具有很强的竞争力，市场遍及印度、中东等地，该公司能够在"一带一路"互联互通建设中发挥重要作用。

### （三）菲律宾华商企业

菲律宾是东南亚的一个群岛国家，北隔巴士海峡与中国台湾遥遥相对，南和西南隔苏拉威西海、巴拉巴克海峡，与印度尼西亚、马来西亚相望，全国共有大小岛屿7000多个，其中吕宋岛、棉兰老岛、萨马岛等11个主要岛屿占全国总面积的96%。菲律宾的经济发展水平有待进一步提高，2015年菲律宾全国GDP位居东盟第5，人均GDP位居第6。[1] 与其他东盟国家，特别是邻近的新加坡和马来西亚相比，落后的基础设施依然是制约菲律宾经济发展的瓶颈，而中国推动的"一带一路"建设和亚投行可以为菲律宾改善基础设施提供急需的资金和技术支持。对于"一带一路"是否经过本国，菲律宾表示很关心，中国也从未把菲律宾排除在21世纪海上丝绸之路的蓝图之外，并表示愿意同菲律宾一道共建21世纪海上丝绸之路。[2] 而华侨华人的桥梁和纽带作用不可忽视。

2015年，菲律宾的人口已超过1亿，其中华人仅有100多万，占比不足2%，然而华人却在菲律宾经济中占有重要地位，从银行、交通、烟草、医药到房地产、通信、饮食、零售等国计民生的重要行业，都有华人大企业的存在。正如菲律宾最大华商组织——菲华商联总会理事长张昭和所

---

① 《东盟宏观经济统计库》，http://asean.org/?static_post=selected-key-indicators-2，最后访问日期：2016年8月21日。

② 郑怡雯、方晓：《海上丝路是否经过，菲律宾表示很关心》，http://www.thepaper.cn/newsDetail_forward_1277539，最后访问日期：2016年8月16日。

言，在菲律宾经济中，保守地说，华人的生意占了六成，有的人甚至说达到七八成，因为菲律宾福布斯排行前 10 位，有 8 位是华人。[①] 据《亚洲周刊》统计，2007 年菲律宾有 8 家华商企业入围全球华商 1000 强排行榜，总资产达到 337.35 亿美元；2015 年上榜华商企业增加到 9 家，总资产高达 965.75 亿美元，总市值 751.30 亿美元（见表 3.1）。这些企业主要涉及银行、零售、电信、基础设施、农业、房地产开发、电力和资本投资等行业。相对于中国内地、港澳台，新加坡以及马来西亚，菲律宾华商企业中的大企业数量和规模相对较小，他们需要更大的发展空间，以进一步壮大实力。"一带一路"建设蕴含着巨大的商机，菲律宾的华商不仅能共享发展红利，而且可以从中"牵线搭桥"，协助当地政府搭建双边合作平台，以商业合作增进两国友好关系。

（四）泰国华商企业

泰国是东南亚的一个君主立宪制国家，位于中南半岛中部，其西部与北部和缅甸、安达曼海接壤，东北部与老挝接壤，东南部与柬埔寨接壤，南边狭长的半岛与马来西亚相连。泰国地饶物丰，与中国睦邻友好，是中国移民下南洋的重要目的地，泰国华人融入当地主流社会之深，在东南亚地区恐无出其右者。2015 年，泰国人口达到 6800 万，其中约有 900 万华人，占全国人口的 14% 左右，是除泰人之外最大的族群。华商企业在当地经济中占有举足轻重的地位，并在零售业、食品加工、饮料、金融、银行业及制造业等领域占据一定优势。

2015 年，泰国 GDP 位列东盟第 2，仅次于印度尼西亚，人均 GDP 6500 美元，位列东盟第 3。同时，泰国地处中南半岛的中心，是通往湄公河次区域和南亚的重要门户，凭借优越的地理位置成为 21 世纪海上丝绸之路的重要战略支点。对于"一带一路"，泰国表示欢迎，并希望通过参与"一带一路"建设推进两国经贸、金融、农业、铁路、能源、教育等领域的合作。[②] 在泰国参与"一带一路"建设过程中，泰国华商是不可或缺的

---

① 张海洲、张燕:《菲律宾最大华人商会理事长张昭和接受中国日报记者专访》，中国日报网，http://www.chinadaily.com.cn/interface/toutiao/1120783/2015-6-17/cd_21034047.html，最后访问日期：2016 年 8 月 16 日。

② 王天乐、丁子:《泰国发展战略对接"一带一路"》，人民网，http://world.people.com.cn/n/2015/0720/c1002-27328884.html，最后访问日期：2016 年 8 月 16 日。

力量。据《亚洲周刊》统计，2007 年泰国有 9 家企业入围全球华商 1000 强，这些华商企业总资产达 910.36 亿美元；2015 年上榜企业增加至 11 家，企业总资产 2368.57 亿美元，总市值 761.23 亿美元（见表 3.1）。这些企业包括：3 家银行，分别是开泰银行、盘谷银行和大城银行；2 家连锁零售企业，分别是 CP 和尚泰百货；2 家食品饮料企业，分别是泰国酿酒和卜蜂食品；1 家水泥企业，京都水泥；1 家电信企业，TRUE 集团；1 家影视企业，BEC 世界；1 家电子制造业企业，泰达电子。这些企业可以从各自优势出发，分别参与"一带一路"的金融、贸易、基建、通信等的合作与建设。比如，京都水泥是泰国第二大水泥制造商，主要市场在泰国、缅甸、柬埔寨、老挝、越南、印度和中国内地①，该公司可以参与"一带一路"基建设施联通类项目的建设。

## （五）印度尼西亚华商企业②

印度尼西亚位于亚洲东南部，由太平洋和印度洋之间 17508 个大小岛屿组成，是世界上最大的群岛国家，疆域横跨亚洲和大洋洲。2015 年，印尼人口达到 2.58 亿人，仅次于中国、印度、美国，是世界第四的人口大国，华人在当地人口中占 5%左右，超过 1000 万人。

印尼是东盟创始成员国、东盟秘书处所在地，也是东南亚最大的经济体及 20 国集团成员。2015 年，印尼 GDP 8576 亿美元，占东盟十国的 35.3%，而人均 GDP3357 美元，在东盟十国中位列第 5。③ 作为 21 世纪海上丝绸之路的首倡之地，印尼尤其有独特的地理优势和发展诉求，因为印尼拥有 17000 多座岛屿，运输高度依赖海运，但是岛屿交通基础设施发展滞后极大地限制了印尼的对外出口贸易和国际竞争力。④ "海上丝路"倡议与印尼打造"海上高速公路"计划高度契合，以基础设施建设

① 金融时报网，https://markets.ft.com/data/equities/tearsheet/profile? s＝SCCC：SET，最后访问日期：2016 年 11 月 16 日。
② 本节及第一章第三节主要内容发表于《亚太经济》2015 年第 5 期。
③ 《东盟宏观经济统计库》，http://asean.org/? static_post＝selected-key-indicators-2，最后访问日期：2016 年 11 月 16 日。
④ 周檬、郑世波、哈尼夫：《"一带一路"为中印尼关系腾飞带来新机遇》，新华网，http://news.xinhuanet.com/mrdx/2015-04/21/c_134168609.htm，最后访问日期：2016 年 11 月 16 日。

为切入点实现双方发展战略对接，不仅是两国元首的共识，更得到了印尼各界的普遍认可。目前，中国和印尼两国已经在基建合作中取得一定的进展，印尼泗马大桥、加蒂格迪大坝等一批工程项目顺利进行，建立了良好的口碑，也给当地华商企业参与"一带一路"建设带来了机遇，而且，印尼华人华侨积极参与"一带一路"建设并逐渐成为两国经贸合作的主力。①

印尼华人人口所占比重虽小，但其经济实力举足轻重。亚洲金融危机以后，印尼华商企业经过长期的资产重组和结构调整，逐渐摆脱了经营困境，重新在印尼经济和社会发展中扮演重要角色，并在印尼的金融、房地产、建材、食品加工、烟草、造纸、木材等领域占有一定的优势。② 据《亚洲周刊》统计，2007年印尼有6家企业入围全球华商1000强，这些华商企业总资产达174.81亿美元；2015年上榜企业增加至8家，这8家华商企业的总资产829.30亿美元，总市值463.37亿美元（见表3.1）。2015年东南亚华商40强中，印尼有4家企业上榜，分别是中亚银行、盐仓集团、印多福CBP公司和印多福食品有限公司，其中中亚银行在40家华商企业中排名第2，这4家华商企业的总资产达608.07亿美元，总市值371.15亿美元。

## 三 东南亚五国华商企业：行业分析

《亚洲周刊》将上榜的华商企业按行业分为十大类，分别是电子产品、石油及能源、钢铁及金属、金融及银行、通信及传媒、汽车、运输及物流、房地产、综合企业、食品及饮料。笔者根据"一带一路"建设的合作重点以及上榜华商企业的行业特征，重点研究金融及银行业、运输及物流业、石油及能源行业、基础设施建设、制造业五大类华商企业的情况。

---

① 梁孙逸：《印尼华人华侨积极参与"一带一路"成为两国经贸主力》，环球网，http://world.huanqiu.com/article/2015-07/6969371.html，最后访问日期：2016年11月16日。

② 刘文正、王永光：《21世纪的东南亚华人社会：人口趋势、政治地位与经济实力》，载编者《华侨华人研究报告》，社会科学文献出版社，2013。

（一）金融及银行业

资金融通是"一带一路"的合作重点之一，被认为是"'一带一路'建设的重要支撑"。银行、保险机构和证券企业等金融机构是"一带一路"资金融通的主要参与者，特别是银行能够为"一带一路"项目建设提供资金结算、汇兑和信贷支持。随着"一带一路"建设的推进，中国与东南亚国家间的贸易结算、投资往来和项目建设必然会产生巨大的金融服务需求。而东南亚的华商银行发展历史悠久，资金实力雄厚，国际化经营能力较强，因此要在充分了解华商银行发展实力的基础上，鼓励他们调整经营战略和业务模式，服务"一带一路"金融需求。

据《亚洲周刊》统计，东南亚五国华商企业入围 2007 年全球华商 1000 强中有 11 家银行和其他金融企业，其中新加坡 3 家、马来西亚 3 家、泰国 3 家、菲律宾 2 家，总资产 3745.96 亿美元，总营业额和纯利润分别为 125.22 亿美元和 47.57 亿美元（见表 3.2）。这些上榜华商企业分别是新加坡的华侨银行、大华银行、中远投资（新加坡）有限公司，马来西亚的大众银行、丰隆信贷有限公司、丰隆银行，泰国的盘古银行、泰华农民银行、大城银行大众有限公司，菲律宾的首都银行、菲律宾国家银行。其中新加坡的华侨银行还入围 2007 年全球华商金融及银行业二十大排名，公司总资产达 951.67 亿美元，纯利润和营业额分别达到 12.60 亿美元和 24.16 亿美元。

2015 年有 10 家银行和其他金融企业上榜全球华商 1000 强，其中新加坡 2 家、马来西亚 3 家、泰国 3 家、菲律宾 1 家、印尼 1 家，总市值 1289.76 亿美元，总资产 10610.52 亿美元，纯利润和营业额分别为 129.73 亿美元和 348.10 亿美元（见表 3.2）。这 10 家华商企业分别为新加坡的华侨银行、大华银行，马来西亚的大众银行、丰隆银行、丰隆金融，泰国的开泰银行、盘古银行、大城银行，菲律宾的首都银行，以及印尼的中亚银行。其中，新加坡的华侨银行还入围 2015 年全球华商金融及银行业二十大排名，公司总市值 256.36 亿美元，总资产 3166.49 亿美元，纯利润和营业额分别达到 30.32 亿美元和 65.82 亿美元。

表 3.2 2007 年和 2015 年东南亚五国华商金融及银行业实力分析

单位：家，亿美元

| | 新加坡 | 马来西亚 | 泰国 | 菲律宾 | 印尼 | 共计 |
|---|---|---|---|---|---|---|
| 2007 年 | | | | | | |
| 上榜企业数 | 3 | 3 | 3 | 2 | 0 | 11 |
| 总资产 | 1978.70 | 776.26 | 817.14 | 173.86 | 0 | 3745.96 |
| 纯利润 | 30.07 | 7.50 | 8.76 | 1.24 | 0 | 47.57 |
| 营业额 | 62.25 | 21.80 | 32.00 | 9.16 | 0 | 125.22 |
| 2015 年 | | | | | | |
| 上榜企业数 | 2 | 3 | 3 | 1 | 1 | 10 |
| 总市值 | 477.86 | 260.23 | 270.59 | 56.93 | 224.15 | 1289.76 |
| 总资产 | 5587.26 | 2237.11 | 19591.43 | 361.42 | 465.58 | 10610.52 |
| 纯利润 | 55.96 | 25.58 | 29.76 | 4.53 | 13.89 | 129.73 |
| 营业额 | 124.67 | 776.61 | 94.30 | 16.87 | 34.60 | 348.10 |

## （二）运输物流业

东南亚是"一带一路"互联互通体系的重要枢纽，这为当地运输物流业带来了巨大的发展机遇。该地区位于海上丝绸之路的中心地带，东西连接太平洋和印度洋，南北连接亚洲和大洋洲，在全球航运体系中拥有重要地位，是亚欧航运和南北半球航运的重要通道和中转站。同时东南亚地区人口多，又是全球经济增长的热点地区之一，经济活动活跃，对运输物流业的需求较大。基于这种得天独厚的优势，东南亚地区的运输物流业也相对发达，但是不同国家的发展水平又各不相同。新加坡有着发达的海运和大型的国际性港口，并且现代物流业发展良好。比如：新加坡港务集团是全球第二大的集装箱港口运营商，在 16 个国家拥有 28 个港口；马来西亚和泰国已经拥有相对完善的公路、港口、铁路和航空网络，但是也需要进一步升级基础设施，并加强与周边国家的互联互通；菲律宾和印度尼西亚的基础设施则相对落后，急需大量的资金和技术，特别是印度尼西亚，该国有"千岛之国"之称，但是不同岛屿之间的海运和空运，岛屿内部的陆路运输，以及该国和其他国家的国际航运都需要进一步完善。

作为东南亚经济中的重要力量，华商在当地的运输物流业也占有一席之地，这些华商的产业分布在港口码头、海运、航空、综合物流和铁路等各个领域，是"一带一路"互联互通可以依靠的重要力量。比如：在新加坡，太平船务是东南亚最大的集装箱船东之一，世界排名第 15 位的集装箱船东，主要经营亚非航线和中东航线；① 马可波罗海业集团主要经营船舶租赁、海运和造船，主要市场是新加坡和印尼，是印尼最大的造船厂之一；② 万邦工业以亚洲市场为主，业务范围包括船运、船厂、海运投资、物流、离岸工程、采矿、能源及贸易，航线覆盖中国内地、东南亚、南亚和中东等"海上丝路"主要地区；③ 傅长春集团则是亚洲最大的物流运输服务供应商之一，从事陆上运输、仓储、装卸、集装箱服务、设备租赁、租赁和一般承包，此外，该集团还进行液化天然气、沥青和其他的化学产品贸易。④

在印尼，华商在运输物流业的领军企业有：GPI 集团，这是印尼最大的综合物流企业，自 1992 年起，连续 20 多年被国际空运货代协会（IATA）评选为印尼第一，成为东南亚地区首屈一指的物流运输集团，其海运网络遍布世界各地；⑤ BSG 集团，这是印尼的大型企业集团，主要经营液化品的海上运输业务，创始人王景祺有"印尼船王"之称；世纪皇朝，这家公司主要在印尼经营煤矿开发、码头运作、煤炭运输和驳船运输等业务，拥有煤炭专用码头 19 个，该公司还在柬埔寨经营博彩业务。

在菲律宾，闽籍菲律宾华人陈永栽拥有菲律宾航空公司，该公司的航线遍及中国内地和港澳台、菲律宾、印尼、马来西亚、新加坡、泰国、越南、沙特阿拉伯和阿联酋等"海上丝路"沿线；⑥ 宿务太平洋航空公司属于闽籍华人吴奕辉，该公司拥有 57 架各型飞机，航线遍及亚洲、中东、澳大利亚和美国。⑦ 而首都太平洋投资有限公司旗下有为数众多的电力、收费公路、铁路和水利项目，这些项目主要在菲律宾。⑧

① 太平洋船务集团网，https://www.pilship.com/en-pil-today/150.html，最后访问日期：2016 年 11 月 18 日。
② 陈爱薇、王阳发：《马可波罗海业争取 把即将到期票据延期三年》，联合早报网，http://www.zaobao.com.sg/zfinance/invest/story20160923-669641，最后访问日期：2016 年 11 月 18 日。
③ 万邦工业网，http://www.imcgroup.info/，最后访问日期：2016 年 11 月 18 日。
④ 傅长春集团网，http://www.ptclogistics.com.sg/cn，最后访问日期：2016 年 11 月 19 日。
⑤ 杨晓薇：《印尼物流领军人的中国梦》，中国经济网，http://intl.ce.cn/sjjj/qy/201310/09/t20131009_1590809.shtml，最后访问日期：2016 年 11 月 19 日。
⑥ 菲律宾航空公司网，https://www.philippineairlines.com/en，最后访问日期：2016 年 11 月 19 日。
⑦ 宿务太平洋航空公司网，http://cebupacificaircorporate.com/Pages/company-info.aspx，最后访问日期：2016 年 11 月 19 日。
⑧ 首都太平洋投资公司网，http://www.mpic.com.ph，最后访问日期：2016 年 11 月 19 日。

在马来西亚，成功航空由闽籍华人陈志远创办，该公司主要在马来西亚和新加坡经营公务机业务，拥有 3 架庞巴迪公务机，云顶集团则主营休闲、酒店、娱乐和游戏业务，拥有亚太地区最大的邮轮公司，还拥有位于德国的造船厂，可以发挥云顶集团的优势，开发"海上丝路"邮轮旅游业务。

在泰国，广东籍华人黄创山的 BTS 控股公司运营着曼谷的大众运输系统（高架电车）和快速公交系统，同时该公司还是泰国最大的户外广告运营商，另外，陈克齐的泰世界公司除了经营食品加工、国际贸易、种植园和发电厂之外，还投资老挝铁路建设，兴建了老挝第一条铁路，连接老挝和泰国，是跨国互联互通的典型工程。

除了以上大型华商企业，还有无数华商分布在运输物流的各个行业。但是整体而言，东南亚华商在运输物流业的规模都比较小，鲜有上榜全球华商 1000 强的，或者只是某些大型综合企业的业务组成之一。特别是近年来全球经济放缓，部分华商企业受到冲击，经营出现困难。而"一带一路"倡议的提出，则为华商企业转型升级带来新的机遇。"一带一路"建设中，应该为这些华商企业的参与做出妥善安排，一方面发挥这些企业的优势，助力互联互通；另一方面促进这些企业进一步发展，实现互利共赢。

（三）能源行业

能源贸易和能源基础设施分别是"一带一路"贸易畅通和设施联通的重要内容。作为世界上最大的能源消费国，中国需要从海外进口大量原油，而东南亚是中国进口原油必经的通道。同时，东南亚还有能源蕴藏量和产量较为丰富的国家，尤其是印度尼西亚、马来西亚和文莱的石油和天然气资源较为丰富①，而新加坡的石油工业相当发达，新加坡是世界三大炼油中心之一，以及世界第三大石油和石油产品交易中心，同时也是亚洲无可争议的石油中心②。在这样的产业环境下，华商企业自然也涉足其中，除了石油行业之外，还有煤炭、天然气和电力等部门。但是因为石油行业所要求的资金规模和技术水平较高，因此石油行业的大型华商企业凤毛麟角。

---

① 庞中鹏：《浅析近年来日本对东南亚的能源外交》，《东南亚纵横》2011 年第 3 期，第 74~78 页。

② 新加坡经济发展局网，https：//www.edb.gov.sg/content/edb/zh/industries/industries/energy.html，最后访问日期：2016 年 11 月 20 日。

新加坡兴隆集团由闽籍华人林恩强创建，他是新加坡本土最大的私营船主及最大的私人石油贸易商，集团旗下拥有亚洲最大的商业储油设施，2013年林恩强家族船队规模达100艘船，总载重达800万吨，每年交易的石油总值达140亿美元，堪与BP石油公司及壳牌石油公司在亚洲的市场份额相比拟①。远泰燃油贸易公司由闽籍华人陈奕福创建，该公司是新加坡少数能提供一条龙服务的海事专业公司，主要从事燃油贸易和海洋环保业务。

在印尼能源行业的华商企业中，巴彦资源公司是印尼最大的煤炭企业之一，拥有印尼最大的煤矿和自己的煤矿专用码头，2015年居全球华商1000强第986位，资产11.6亿美元。另外，达尼多煤矿集团也是拥有从煤炭开采到海上运输完整产业链的最大煤炭企业之一。印尼还有维查雅煤电集团从事煤炭、镍矿和铁矿开采，并开办热电厂，该集团与中国政府部门和企业有着深度合作。

而在马来西亚，有华商进入了通常由政府垄断的电力市场，例如杨忠礼电力公司，该公司隶属于大型综合性企业——杨忠礼集团。目前该公司在马来西亚、新加坡、印尼、约旦和英国都有发电厂。2015年，杨忠礼电力公司的总资产达到133.3亿美元，总收入36.2亿美元，总市值27.4亿美元，实力居全球华商1000强第707位。

随着"一带一路"建设的推进，中国与东南亚国家在能源领域的合作将更加密切，对能源的需求也将大大增加，相关的能源贸易和能源基础设施建设需求将不断扩大，这将为能源行业的华商企业提供良好的机遇。

### (四) 基础设施建设行业

基础设施互联互通是"一带一路"建设的优先领域，不仅包括交通基础设施的互联互通，如公路、铁路、港口和航空基础设施等，还包括能源（石油、天然气和电力）、通信基础设施的互联互通等。在这个领域也涌现出一些知名华商企业，如马来西亚的杨忠礼集团、怡保工程有限公司和金务大集团，新加坡的罗德里工程有限公司以及泰国的京都水泥大众有限公司。这些企业具备充分的实力，能够投资或承建大型的公路、铁路、港口

---

① 新加坡兴隆集团网，http://www.hinleong.com.sg，最后访问日期：2016年11月20日。

和电力设施，在当地乃至东南亚和中东地区都有较高的市场份额。这些企业可以成为“一带一路”基础设施建设的重要参与者。

杨忠礼集团由祖籍福建金门的杨忠礼创建，是马来西亚的大型综合企业，旗下业务包括发电厂、水厂、公路、铁路、水泥、建筑工程、房地产、酒店及其他业务。2015 年该集团的营业额达 51.19 亿美元，纯利润 3.11 亿美元，总资产 203.79 亿美元，市值 40.14 亿美元，实力位居全球华商第 471 名。该集团的业务主要分布在马来西亚、中国、新加坡、印度尼西亚、澳大利亚、英国和日本等地，基本位于海上丝绸之路沿线的核心地区。马来西亚、泰国、新加坡的 6 家华商基建企业的情况见表 3.3。

怡保工程有限公司的核心业务是基建、地产开发、制造和采石、基建特许经营和种植，其主要市场在马来西亚、印度、阿联酋、中国大陆和印度尼西亚。2015 年该公司营业额 16.65 亿美元，纯利 1.47 亿美元，总资产 60.29 亿美元，市值 26.83 亿美元，总体实力位列全球华商 1000 强第 725 名。该公司可以成为中马共建“一带一路”的参与者，特别是在马新高铁和关丹港等交通基础设施方面。2013 年，该公司以 1.0153 亿美元的价格将旗下关丹港口集团 40%的股权转给中国广西北部湾国际港务集团，该港口是马来西亚东部最大的港口。①

金务大集团也是马来西亚最大的基建企业之一，执行董事黄奇仁是闽籍华人。其主要业务包括高速公路、桥梁、机场、港口、水厂和房产开发，业务分布在马来西亚、印度、中东、越南等地。2015 年该公司的营业额 7.33 亿美元，纯利润 2.08 亿美元，市值 24.89 亿美元，总资产 40.72 亿美元，总体实力居全球华商 1000 强第 783 位。

成荣集团也是马来西亚主要的华商基建企业之一，业务主要是基建、地产开发、电厂和水泥产品生产，能够从事高速公路、桥梁、电厂、房屋和灌溉工程等各类基建业务。该集团的业务主要分布在马来西亚和印度等地，并在印度投资建设 1 座发电厂。如表 3.3 所示，该集团 2015 年营业额 3.95 亿美元，纯利润 0.02 亿美元，总资产 50.84 亿美元。② 成荣集团由华

---

① 肖夏：《北部湾港务入股马来西亚东部最大港》，新浪网，http://finance.sina.com.cn/stock/newstock/zxdt/20130912/021116736369.shtml，最后访问日期：2016 年 11 月 20 日。

② 成荣集团网，http://www.mudajaya.com/，最后访问日期：2016 年 11 月 20 日。

人创建，管理层也以华人为主，但 2015 年加拿大投资者增持该公司股份至 14.7%，成为第一大股东。①

京都水泥是泰国第二大水泥生产商，属于粤籍华人李智正家族。2015 年，该公司营业额 9.86 亿美元，纯利润 1.57 亿美元，总资产 10.94 亿美元，市值 21.87 亿美元，总体实力居全球华商 1000 强第 880 位。该公司专注泰国、缅甸、柬埔寨等东南亚国家市场，近年来也加速向南亚地区发展。2016 年，京都水泥斥资 131 亿泰铢购买斯里兰卡水泥生产商 Holderfin B.V，获得 98.85% 的股份。此举使该公司获得斯里兰卡水泥市场最大的份额，并在南亚市场站稳脚跟。②

罗德里工程是新加坡的一家石油和天然气基础设施服务商，由华人 Chia Kim Pow 创立，主要为石化行业提供施工总承包服务。如表 3.3 所示，2015 年该公司营业额 2.4 亿美元，纯利润 0.31 亿美元，总资产 1.62 亿美元。③ 罗德里工程还是一家国际化的石油基建服务企业，业务分布在新加坡、马来西亚、缅甸、印度、印尼、泰国、中国、沙特阿拉伯、阿联酋、澳大利亚和斯洛文尼亚。2015 年，该公司的收入中有 56% 来自新加坡、30% 来自中东，14% 来自其他地区。④

表 3.3 东南亚基建行业部分华商企业经营情况（2015）

单位：亿美元

| 公司 | 总部所在地 | 市值 | 营业额 | 纯利 | 总资产 | 1000 强排名 |
|---|---|---|---|---|---|---|
| 杨中礼集团 | 马来西亚 | 40.14 | 51.19 | 3.11 | 203.79 | 471 |
| 怡保工程有限公司 | 马来西亚 | 26.83 | 16.65 | 1.47 | 60.29 | 725 |
| 成荣集团 | 马来西亚 | — | 3.95 | 0.02 | 50.84 | — |
| 金务大集团 | 马来西亚 | 24.89 | 7.33 | 2.08 | 40.72 | 783 |

① 《电力贡献显著，成荣有意收购 1MDB 资产》，星洲网，http：//www. sinchew. com. my/ node/446158，最后访问日期：2016 年 11 月 20 日。

② Khettiya Jittapong. Thai SCCC to buy Sri Lanka cement firm from Lafarge Holcim unit for ＄374 mln. Reuters，2016/7/25. http：//www. reuters. com/article/lafargeholcim-siam-city-cement-sri-lanka-idUSL4N1AB1JC，最后访问日期：2016 年 11 月 21 日。

③ 罗德里公司年报（2015），http：//www. thenextview. com/rotary/cms/uploads/fistatement/10_ 20160226094349SSR. pdf。

④ 罗德里公司资料，http：//www. thenextview. com/rotary/cms/uploads/presentation/20160302 160953CID. pdf，最后访问日期：2016 年 11 月 21 日。

| 公司 | 总部所在地 | 市值 | 营业额 | 纯利 | 总资产 | 1000强排名 |
|------|-----------|------|-------|------|-------|-----------|
| 京都水泥 | 泰国 | 21.87 | 9.86 | 1.57 | 10.94 | 880 |
| 罗德里工程 | 新加坡 | — | 2.40 | 0.31 | 1.62 | — |

上述是华商基础设施建设领域的佼佼者，而东南亚华商基建企业的总体数量远多于此，分布行业也更广泛。但从上述企业的经营特征可以看出，这些企业分布在基础设施建设的各个门类和各个环节，从水泥生产到工程设计，再到施工和服务，从房屋建筑到公路建设，从港口和机场到电厂和石油设施，无不有华商企业的存在。这些企业彼此协作、互相配合，形成了基础设施建设领域的华商产业链。只要他们把握"一带一路"的机遇，就能够进一步发展壮大，并和中国基础设施产业深度对接合作，实现海内外华商的大合作、大发展。

### （五）制造业

制造业为"一带一路"建设提供产业基础支撑。因为沿线国家和地区的工业化水平存在很大差异，由此也产生了互补合作的需要，借此可以大大带动沿线国家间的产能合作。其中，海外华商与中国企业的产能合作是最重要的内容之一。两者的合作由来已久，在海外华商投资中国的过程中，他们与中国企业进行了广泛的合作。而在"一带一路"背景下，中国制造也加大"走出去"的步伐，进一步向海外输出优势产能。这些优势产能与海外华商在沿线国家的投资相结合，不但能够推进华商企业发展壮大，而且能够带动沿线国家和地区制造业发展，提升其工业化水平，促进经济发展，使"一带一路"建设的红利惠及沿线国家和人民。因此，准确研判海外华商的优势产能所在十分重要。

东南亚华商在制造业领域的成绩显著，其中农产品开发、饮料和食品行业、烟草制造业、高科技产品制造业等领域较为突出。2007年东南亚有33家制造业企业入围全球华商1000强，其中新加坡18家、马来西亚7家、泰国3家、菲律宾2家、印尼3家，入围企业总资产达407.68亿美元，纯利润和营业额分别为25.49亿美元和324.20亿美元。2015年该领域上榜全球华商1000强的企业减少至16家，其中新加坡2家、马来西亚2

家、菲律宾 2 家、泰国 4 家、印尼 6 家，但是这些企业的发展规模和实力大大增强了，总资产 1138.93 亿美元，总市值达 820.35 亿美元，纯利润和营业额分别为 500.01 亿美元和 990.92 亿美元（见表 3.4）。

在农产品开发领域，2007 年东南亚五国共有 4 家企业入围全球华商 1000 强，其中马来西亚 3 家、印尼 1 家，分别是马来西亚的凯业集团、吉隆坡甲洞有限公司、三林环球有限公司和印尼的金光农业资源有限公司，这些企业总资产达 95.78 亿美元，纯利润和营业额分别为 10.92 亿美元和 51.97 亿美元。2015 年，该领域上榜全球华商 1000 强的企业增加至 5 家，其中新加坡 1 家、马来西亚 2 家、印尼 2 家，上榜企业总市值 275.98 亿美元，总资产 696.05 亿美元，纯利润和营业额分别为 200.01 亿美元和 576.96 亿美元。这些华商企业包括新加坡的丰益国际，马来西亚的吉隆坡甲洞有限公司、PPB 集团有限公司，印尼的金光农业资源有限公司以及 Charoen Pokphand Indonesia。其中新加坡的丰益国际是东南亚实力最强的食品开发企业，同时也是世界最大的粮食、食用油及农产品供应商和贸易商之一，2015 年该公司市值和资产高达 129.19 亿美元和 435.58 亿美元，纯利润和营业额分别为 11.56 亿美元和 430.85 亿美元。

食品及饮料行业备受东南亚华商的青睐，该领域中出现不少知名华商企业，2007 年东南亚共有 10 家企业入围全球华商 1000 强，其中新加坡 6 家、菲律宾 2 家、泰国 1 家、印尼 1 家，分别是新加坡的星狮集团、亚太酿酒有限公司、佳福集团、亚洲食品与房地产有限公司、联合食品、杨协成有限公司，菲律宾的环球罗宾娜、快乐蜂食品，泰国的卜蜂食品企业，印尼的印多福食品有限公司，这些上榜企业总资产达 176.44 亿美元，纯利润和营业额分别为 7.39 亿美元和 130.97 亿美元。2015 年该领域上榜全球华商 1000 强的企业减少至 7 家，新加坡 1 家、菲律宾 2 家、泰国 2 家、印尼 2 家，上榜企业总市值和总资产为 408.86 亿美元和 325.74 亿美元，纯利润和营业额分别为 21.23 亿美元和 322.83 亿美元。这些华商企业是新加坡的星狮集团，菲律宾的环球罗宾娜、快乐蜂食品，泰国的泰国酿酒、卜蜂食品企业，印尼的 Indofood CBP Sukses Makmur 和印多福食品有限公司。

在高科技产品生产、电子产品领域中，2007 年东南亚五国有 9 家企业入围全球华商 1000 强，其中新加坡 8 家、泰国 1 家，分别是新加坡的维信集团、创新科技有限公司、裕廊科技工业有限公司、超煜科技有限公司、微密科技控股有限公司、依利安达国际有限公司、盈科亚洲拓展有限公司、向阳科技有限公司，泰国的泰达电子大众股份有限公司，这些上榜企业的总资产达47.57亿美元，纯利润和营业额分别为0.777亿美元和63.10亿美元。2015年该领域仅泰国的泰达电子大众股份有限公司入围全球华商1000强，公司总市值和总资产分别为30.26亿美元和11.78亿美元，纯利润和营业额分别为1.84亿美元和13.88亿美元。

东南亚五国华商在烟草生产领域也拥有较强的经济实力，2007年印尼华商蔡道平的盐仓集团入围全球华商1000强，并入围2007年东南亚最大的华商企业40强，该华商企业2007年总资产23.73亿美元，纯利润和营业额分别为1.10亿美元和28.76亿美元。2015年该领域依然仅盐仓集团入围全球华商1000强，企业市值60.95亿美元，总资产、纯利润、营业额较2007年都有大幅提升，其中总资产为49.07亿美元（较2007年增加107%），纯利润为4.53亿美元（较2007年增加300%多），营业额为54.94亿美元（较2007年增加91%）。在该领域的知名华商企业还有菲律宾"烟草大王"陈永栽旗下的福川烟厂、印度尼西亚华商黄惠忠和黄慧祥兄弟的针记香烟集团等。

表 3.4 2007 年和 2015 年东南亚五国华商制造业实力分析

单位：家，亿美元

| | 新加坡 | 马来西亚 | 泰国 | 菲律宾 | 印尼 | 共计 |
|---|---|---|---|---|---|---|
| 2007 年 | | | | | | |
| 上榜企业数 | 18 | 7 | 3 | 2 | 3 | 33 |
| 总资产 | 186.85 | 96.68 | 37.63 | 15.35 | 71.18 | 407.68 |
| 纯利润 | 6.63 | 9.12 | 2.20 | 1.01 | 6.53 | 25.49 |
| 营业额 | 128.90 | 66.14 | 51.69 | 13.47 | 64.01 | 324.20 |
| 2015 年 | | | | | | |
| 上榜企业数 | 2 | 2 | 4 | 2 | 6 | 16 |
| 总市值 | 150.51 | 96.33 | 219.37 | 134.26 | 219.89 | 820.35 |
| 总资产 | 456.89 | 96.22 | 203.98 | 29.74 | 352.10 | 1138.93 |
| 纯利润 | 13.58 | 5.83 | 13.33 | 3.81 | 13.45 | 500.01 |
| 营业额 | 449.96 | 45.32 | 207.33 | 41.23 | 247.09 | 990.92 |

基于以上分析可以发现，东南亚华商制造企业的优势产能主要分布在农产品加工、食品生产等民生领域。"一带一路"沿线人口众多，达40多亿，占全球人口60%以上，对于食品的需求巨大。因此，"一带一路"产能合作应该重视农业开发、农产品加工和食品生产，这需要充分利用东南亚华商企业的优势产能。另外，东南亚华商在电子产业领域也实力强劲，特别是新加坡、马来西亚和泰国的华商企业。这些国家本身就是全球电子产业布局的重要地区，美国企业和日本企业以及中国台湾企企业都在当地有所布局，并与当地华商企业形成配套协作。因此，在"一带一路"产能合作中，要注意中国电子产业与东南亚华商企业的对接，支持中国企业与当地华商企业共建境外工业园区，共建研发中心，生产基地和全球营销及服务体系。

## 第二节　"一带一路"华商领袖的实力分析

　　"华商"是那些具有中国国籍或华裔血统、活跃在世界经济舞台上的商人群体，包括港澳商人、台湾商人以及世界各地从事商业活动的华侨华人，而华商领袖作为广大华商的重要组成部分，是其中的精英群体。尤其是改革开放之后，华商领袖和华商组织始终关注中国的发展，也对中国的发展作出了巨大贡献，为中国带来了资金、技术、人才，促进了中国发展。同时，华商作为世界经济中非常独特并活跃的优势力量，还成为中国制造与中国企业走向世界的重要"带路人"。

　　随着"一带一路"建设的推进，海外华商领袖和华商组织的作用更加重要。这些华商领袖在"一带一路"建设中具有"天然"优势，他们既了解中国，也熟悉住在国的政治、经济、法律和社会状况，既熟练掌握中国及住在国的语言，又了解两国文化环境和民众心理差异，且对两国舆论的运作规则也比较熟悉，是连接中国与住在国的天然桥梁，对中国与住在国的经贸往来和文化交流发挥着不可替代的作用。

　　华商领袖的事业发展壮大与"一带一路"建设相互依托、相向而行。首先，要顺利推进"一带一路"建设，需加强与沿线国家或地区在制度、法规、人文等诸多方面的沟通交流，广大华商领袖乃至众多的华商组织是理想的"纽带";其次,"一带一路"建设将强化中国同周边及沿线国家的互惠关系,为华商的生存、发展及社会地位的获得提供保障;最后,华商领袖可借"一带一路"建设之势,参与到基础设施互联互通的众多项目运营中,在分享经济效益的同时推动"一带一路"倡议的实施。

## 一 华商领袖之"一带一路"角色

不同的历史环境塑造出不同的华商领袖形象,其所扮演的角色和发挥的作用也不相同。随着"一带一路"建设的不断推进以及中国与沿线国家更加频繁和密切的交往,华商领袖在经贸合作、政策沟通、人文往来等领域将发挥出独特的作用,扮演全新的角色。

### (一)"一带一路"政策沟通的良好中介

"一带一路"建设要顺利推进,良好的沟通和坚实的互信必不可少,除了传统的官方渠道之外,民间沟通可以成为良好的补充,有时甚至具有官方渠道所不具备的功效。广大华商领袖,尤其是东南亚和港澳台华商领袖,他们是中国对外政策的重要宣导者,他们在理解、支持中国和住在国政策的同时也积极成为中国同这些国家双边或多边关系持续稳定发展的友好使者。华商领袖作为中国在东南亚开展民间外交和公共外交的重要力量,在为中国对外交流创造良好环境的过程中一直扮演着不可或缺的角色。在中国同东南亚各国关系恢复的初期,华商领袖是中国和东南亚国家民间交流的主体,包括大规模的经贸和人员往来;在中国和东南亚国家关系发展的现阶段,华商领袖可以利用了解住在国国情及拥有当地经济社会与文化资源的优势参与丝绸之路建设。例如,2016 年 10 月,菲律宾总统杜特尔特的中国之行被称为"破冰之旅",随行的有 200 多名商界领袖,包括华商领袖。华人是维系中菲关系的重要纽带,尤其是华商,他们一直扮演着"经济先锋"的角色。在某种程度上,正是华商的巨大影响力牵制着菲律宾执政者的对华政策。①

---

① 孙少峰、周丹丹:《华商助力中菲"破冰之旅"》,人民网,http://paper.people.com.cn/rmrbhwb/html/2016-10/14/content_1718586.htm,最后访问日期:2016 年 12 月 5 日。

### (二)"一带一路"建设的主要参与者

华商领袖往往具有较强的经济实力、较高的社会政治地位,这是他们在"一带一路"建设中发挥重要作用的基础。在中国的重大历史节点,华商领袖都发挥了重要作用,他们曾支持中国革命,也参与改革开放,现在正迎来第三个发展阶段——"一带一路"建设。"一带一路"倡议提出以来,广大华商领袖给予积极的回应和支持。他们以深刻的洞察力和战略眼光认识到"一带一路"带来的机遇。"一带一路"合作所产生的需求恰好是华商领袖的优势所在,共建区域也符合华商领袖的产业和市场发展方向。正如本章前文所述,东南亚华商领袖的企业往往已经实现了国际化、多元化和规模化经营,而且在"一带一路"沿线已经有所布局,如新加坡李氏家族的华侨银行、马来西亚李深静的 IOI 集团。这些华商领袖能够抢抓机遇,调动更多的资源,在更广阔的空间中参与"一带一路"建设。他们的优势是普通华商所无法比拟的,有时候甚至超过了中国的大型企业。因为中国企业"走出去"的历史较短、经验整体不足、涉足的地域范围较小,而一些华商领袖的企业已经延续两三代人,开展国际化数十年,并且他们在住在国的人脉深厚,熟悉当地的文化和法律。因此,华商领袖是"一带一路"建设必须要依靠的重要力量。

### (三)"一带一路"倡议的忠实传播者

"一带一路"倡议提出以来,许多国家和人民给予了高度评价和热烈响应,将之视为造福沿线国家和人民的伟大构想。但是也有不少国家和人民所知不多,存在疑虑甚至误解,其中有些是因为所接收和掌握的信息有限,有些甚至受到一些别有用心的组织和媒体的误导。包括一些海外华侨华人,他们身在海外,对祖(籍)国的信息了解有限,有些第二代、第三代华侨华人,缺乏和祖(籍)国联系的有效渠道,因此对"一带一路"倡议的由来、主要内容、实现方式和福利所在都不甚了解。对此,中国的政府、媒体和企业既没有也难以向全世界各地的华侨华人一一解释清楚。而华商领袖因其较高的知名度、公信力和影响力,他们对"一带一路"的解释容易在海外传播,并容易被海外华侨华人和外国人所认可。已经有为数众多的华商在海外举办与"一带一路"相关的论坛、研讨会和接受专访,增进海外华侨华人和外国友人对"一带一路"的了解，起到了增信释疑的作用。随着"一带一路"建设的深入推进，与沿线各国人民的接触更加频繁，所需要的传播和解释工作越来越多。因此，华商领袖的独特作用应该得到进一步的重视和加强，要使他们成为"一带一路"倡议的忠实"传播者"和"使者"。

### （四）"一带一路"民心沟通的自觉践行者

"一带一路"建设过程中，要达到良好传播和沟通效果，文化的包容和交流必不可少，特别是要充分挖掘中华传统文化和价值观的感召力和凝聚力。东南亚的华商领袖，由于对中华传统文化和价值观有较强的认知和认同，并且熟悉和了解住在国或地区的情况，拥有比较好的政治、经济、社会和文化资源，是中国传统文化与价值观的自觉践行者。东南亚地区构成了中华文化圈不可分割的一部分，原因就在于当地广大华商领袖和华侨华人不遗余力地传播、发展与延续中华传统文化和价值观。近些年来，东南亚华侨华人及华文媒体、华人社团在推广华文教育、弘扬中华优秀文化等方面的作用十分显著。[①] 中华传统文化与价值观随华侨华人移居东南亚开始"落地生根"，在东南亚地区纷繁多样的文化与社会环境中，在与当地文化融合中获得了新的发展。例如娘惹文化作为东南亚地区的代表性文化，就是中华传统文化和价值观与东南亚马来文化相结合的产物。[②] 其体现的"开放包容、互学互鉴"的丝路精神，是"一带一路"建设中需要加以践行的，而华商领袖则成为最理想的和自觉的践行者。

## 二 东南亚五国华商领袖的资产实力分析

华人富豪是华商企业的首脑或大股东，他们的资产情况在一定程度上反映了华商企业的实力与地位，这是他们在"一带一路"建设中发挥作用的重要保障。《瀚亚资本·胡润全球华人富豪榜》是全球华商领袖实力的

---

① 陈奕平：《和谐与共赢：海外侨胞与中国软实力》，暨南大学出版社，2012。
② 宋敏锋：《东南亚华侨华人对中国软实力建构的作用——以"亲诚惠容"理念为视角》，《东南亚纵横》2014 年第 6 期，第 72~76 页。

重要风向标，和海外华商企业的国别分布一样，上榜的海外华商领袖也高度集中在东南亚。本节主要据此来分析他们的资产实力，从而研判其在"一带一路"建设中可能起到的作用。

（一）资产规模

据《瀚亚资本·胡润全球华人富豪榜》的统计，有 112 名东南亚华人富豪上榜，其总净资产约为 2266.2 亿美元。这些华人富豪中，有 36 位新加坡华人富豪，总净资产达 514.2 亿美元，人均资产 14.28 亿美元；29 位马来西亚华人富豪，总净资产为 509.2 亿美元，人均资产 17.56 亿美元；12 位泰国华人富豪，总净资产为 481.4 亿美元，人均资产 40.12 亿美元；13 位菲律宾华人富豪，总净资产达 315.7 亿美元，人均资产 24.28 亿美元；22 位印度尼西亚华人富豪，总净资产为 445.7 亿美元，人均资产 20.26 亿美元。[①] 总体而言，新加坡和马来西亚上榜的华人富豪数量最多，总净资产也最多，显示出较强的实力，泰国和菲律宾的华人富豪上榜人数相对较少，但从人均来看，泰国华人富豪以人均净资产 40.12 亿美元远超其他四国，而新加坡和马来西亚的华人富豪人均净资产为 14.28 亿美元和 17.56 亿美元（见表 3.5）。

表 3.5　2015 年胡润全球华人富豪排行榜的东南亚五国华人富豪情况

单位：位，亿美元

| 国家 | 上榜人数 | 总净资产 | 人均资产 |
| --- | --- | --- | --- |
| 新加坡 | 36 | 514.2 | 14.28 |
| 马来西亚 | 29 | 509.2 | 17.56 |
| 泰国 | 12 | 481.4 | 40.12 |
| 菲律宾 | 13 | 315.7 | 24.28 |
| 印度尼西亚 | 22 | 445.7 | 20.26 |
| 总计 | 112 | 2266.2 | 20.23 |

资料来源：根据《2015 瀚亚资本·胡润全球华人富豪榜》整理得到，以下表 3.6～表 3.10 同此。

---

① 根据《2015 瀚亚资本·胡润全球华人富豪榜》整理所得。

东南亚华人富豪的财富高度集中。2015 年,胡润全球华人富豪排行榜的东南亚华人富豪中,最富有的前 10 名总净资产高达 909 亿美元,占东南亚五国上榜华人富豪总资产的 40.1%,其中新加坡 2 位、马来西亚 1 位、泰国 4 位、菲律宾 1 位、印尼 2 位(见表 3.6)。排名榜首的是马来西亚华商郭鹤年,净资产约为 164 亿美元,其郭氏集团业务领域涉及石油、面粉制造、房地产开发、航运、采矿、塑料制造、保险、传媒等多个领域。排名第二的是菲律宾华商施至成家族,其净资产约为 139 亿美元,拥有菲律宾最大的企业集团即 SM 集团,旗下有两家银行,分别是菲律宾金融银行(Banco de Ore)和菲律宾中国银行(CHINA BANK),前者是菲律宾最大的银行之一。① 排名第三的是泰国华商郑昌家族,其净资产约为 120 亿美元,主要从事房地产行业。其他跻身 2015 年东南亚十大华人富豪榜的华商领袖还包括:泰国华商苏旭明、谢国民家族、许书恩家族,印尼华商黄惠祥、黄惠忠,新加坡华商黄志达、黄志祥(见表 3.6)。

**表 3.6　2015 年东南亚十大华人富豪**

单位:亿美元

| 全球排名 | 名字 | 净资产 | 国籍 | 行业分类 | 公司 |
|---|---|---|---|---|---|
| 8 | 郭鹤年 | 164 | 马来西亚 | 多样化经营 | 郭氏集团 |
| 12 | 施至成家族 | 139 | 菲律宾 | 多品牌零售 | SM 集团 |
| 16 | 郑昌家族 | 120 | 泰国 | 房地产 | 尚泰集团 |
| 18 | 苏旭明 | 100 | 泰国 | 食品与饮料 | 泰国酿酒 |
| 18 | 谢国民家族 | 100 | 泰国 | 农牧、零售、投资 | 卜蜂(正大)集团 |
| 35 | 许书恩家族 | 70 | 泰国 | 食品与饮料 | 红牛饮料公司 |
| 44 | 黄惠祥 | 66 | 印尼 | 银行、烟草、投资 | 中亚银行、针记香烟 |
| 50 | 黄惠忠 | 62 | 印尼 | 银行、烟草、投资 | 中亚银行、针记香烟 |
| 66 | 黄志达 | 44 | 新加坡 | 房地产 | 信合集团 |
| 66 | 黄志祥 | 44 | 新加坡 | 房地产 | 远东机构公司 |
| | 总计 | 909 | | | |

---

① https://www.bdo.com.ph/about-bdo/business-operation#corporate_profile. 最后访问日期:2016 年 12 月 5 日。

上述华人富豪不仅是海外华商中的佼佼者，与住在国其他华商相比也实力超群。从福布斯对各国富豪的排行来看，各国华商领袖无不占据绝对优势。2015年新加坡十大富豪中，有7位是华人富豪；排名前二十的富豪中，有15位是华人富豪。[①] 2015年马来西亚富豪排行榜中，前十名有8位是华人；排名前二十的富豪中，华商富豪占16位。[②] 2015年泰国富豪榜中，排在前五名的均为华商富豪，排名前十的富豪中有7位是华商。[③] 在菲律宾2015年十大富豪排行榜中有6位是华商，排名前二十的富豪中有10位是华商。[④] 虽然印尼华人的占比较低，但是华商富豪在当地富豪榜中占据优势地位，2015年印尼十大富豪中，有6位华人富豪，其中黄惠忠与黄慧祥兄弟高居榜首，而排名前二十的富豪中，也有11位华商富豪。[⑤]

（二）行业分布

东盟五国华商领袖涉及的行业分布广泛，主要分布在制造业、地产建筑业、金融及银行业、通信及传媒业、百货零售业、运输及物流业、能源及石油业等（见表3.7）。据《2015瀚亚资本·胡润全球华人富豪榜》统计，入围的112位华商中有44位华商领袖从事制造业生产，其中又以农产品开发、饮料和食品行业、烟草生产、高科技产品生产等领域较为突出。这44位华商富豪中，有11位新加坡华商、13位马来西亚华商、6位泰国华商、7位菲律宾华商和7位印尼华商。房地产、建筑行业也备受东南亚华商领袖的青睐，在该领域中涌现出一批知名华商领袖，在入围《2015瀚亚资本·胡润全球华人富豪榜》的华商富豪中有31位华商领袖从事地产建筑业，其中有12位新加坡华商、10位马来西亚华商、1位泰国华商、3位菲律宾华商和5位印尼华商，并且这些华商领袖中一半以上其主要产业是地产建筑业，其余的华商领袖则是在其主导产业的基础上涉及房地产行业。华商领袖在东南亚五国金融及银行业中也占据重要的地位，2015年该

① 根据《2015福布斯排行榜：新加坡50富豪榜》和《2015瀚亚资本·胡润全球华人富豪榜》整理得到。

② 根据《2015福布斯排行榜：马来西亚50富豪榜》和《2015年瀚亚资本·胡润全球华人富豪榜》整理得到。

③ 根据《2015福布斯排行榜：泰国50富豪榜》整理得到。

④ 根据《2015福布斯富豪榜：菲律宾50富豪榜》整理得到。

⑤ 根据《2015福布斯富豪榜：印度尼西亚50富豪榜》整理得到。

领域中有 25 位东南亚华商领袖入围《2015 瀚亚资本·胡润全球华人富豪榜》，其中有 5 位新加坡华商、5 位马来西亚华商、4 位泰国华商、3 位菲律宾华商和 8 位印尼华商，并且在银行业中不乏一批知名华商领袖，如马来西亚华商郑鸿标旗下的大众银行和新加坡华商李成伟旗下的华侨银行，这两大银行是东南亚五国中能够入围 2015 年全球华商银行业二十大排名榜的华商企业。此外，在入围《2015 瀚亚资本·胡润全球华人富豪榜》的东南亚华商富豪中，还有 6 位华商领袖从事百货零售业、5 位华商领袖从事通信及传媒业、4 位华商领袖从事运输及物流业、4 位华商领袖从事能源及石油业。

表 3.7　2015 年东南亚五国华商领袖行业分布

单位：位

|  | 新加坡 | 马来西亚 | 泰国 | 菲律宾 | 印尼 | 总计 |
|---|---|---|---|---|---|---|
| 制造业 | 11 | 13 | 6 | 7 | 7 | 44 |
| 地产建筑业 | 12 | 10 | 1 | 3 | 5 | 31 |
| 金融及银行业 | 5 | 5 | 4 | 3 | 8 | 25 |
| 百货零售业 | 2 | 0 | 1 | 1 | 2 | 6 |
| 通信及传媒业 | 0 | 1 | 1 | 1 | 2 | 5 |
| 能源及石油业 | 1 | 1 | 0 | 0 | 2 | 4 |
| 运输及物流业 | 4 | 0 | 0 | 0 | 0 | 4 |

东南亚五国华商领袖主要集中在制造业、房地产和金融银行业，在《2015 瀚亚资本·胡润全球华人富豪榜》中这三个行业的华商领袖有 91 位，占东南亚五国上榜华商富豪总人数的八成，其中包括 27 位新加坡华商、26 位马来西亚华商、10 位泰国华商、11 位菲律宾华商和 17 位印尼华商。而其中又以从事制造业的华商最多，在该领域中有 44 位华商领袖上榜，远超其他行业，足以看出东南亚华商领袖在制造业中强大的经济实力。在制造业中，东南亚五国华商领袖在饮料和食品行业、农产品开发、烟草制造以及造纸行业的实力最为突出，其中有 19 位华商从事食品和饮料加工行业、9 位华商从事农产品开发、5 位华商从事烟草制造和 1 位华商从事造纸业。在这些行业中不乏一批知名华商领袖，如新加坡华商领袖郭孔丰旗下的丰益国际，是世界最大的粮食、食用油及能源产品供应商、贸易

商之一,同时也是东南亚实力最强的食品开发企业;印尼华商领袖黄奕聪的金光集团,旗下的亚洲浆纸业有限公司已经发展成为世界纸业十强之一。从华商领袖的行业分布来看,基本上可以满足"一带一路"建设各领域的需求,包括基础设施、制造业的产能合作、金融合作、贸易和航运合作等,其中基建、制造业和金融领域最为突出。

## 三 东南亚五国华商领袖的地域分布

在《2015 瀚亚资本·胡润全球华人富豪榜》中还列出了上榜华商的居住地和祖籍地。华商领袖居住在何处除了出于个人和家庭因素外,往往还考虑事业经营的需要,因此华商的居住地往往代表着其事业中心所在。而东南亚华商的祖籍都是中国,甚至有些人是在中国出生的。祖籍是他们与祖籍国联系的纽带,是他们与祖籍国的血缘和亲缘关系所在。要发挥华商领袖在"一带一路"中的作用,除了要从他们的资产实力出发,还要充分考虑他们的居住地和祖籍地,充分了解他们现在的事业中心和社会资源所在地,才能有效调动他们的积极性和主动性。

### (一) 居住地分析

在《2015 瀚亚资本·胡润全球华人富豪榜》所有上榜的 115 位东南亚华商富豪中,有 112 位居住在新加坡、马来西亚、泰国、菲律宾和印尼,上榜人数之多足以显示出东南亚五国华商领袖的实力。其中新加坡是东南亚唯一华人占人口绝对多数的国家,居住在此地的华商领袖有 36 位之多;马来西亚是东南亚地区除新加坡以外华人占当地人口比例最高的国家,上榜的华商富豪人数也位居第二,共有 29 位;上榜人数排名第三的是印尼华商,虽然华人仅占当地人口的 5% 左右,但是上榜的华商富豪人数有 22位,多于泰国和菲律宾的上榜人数;泰国和菲律宾上榜的华商富豪人数相当,其中泰国有 12 位,菲律宾有 13 位,这两个国家无论是上榜人数还是华商资产均低于其他三个国家。

### (二) 祖籍地分析

据《2015 瀚亚资本·胡润全球华人富豪榜》的统计,东南亚五国华商富豪的祖籍地集中在中国福建、广东、海南和山东四个省。其中福建籍东南亚华商富豪有44位，包括13位新加坡华商、9位马来西亚华商、10位菲律宾华商和12位印尼华商；广东籍东南亚华商富豪有17位，包括2位新加坡华商、6位马来西亚华商、6位泰国华商和3位印尼华商；海南籍东南亚华商富豪仅有1位，为泰国华商；山东籍东南亚华商富豪1位，为新加坡华商。

表 3.8　东南亚五国华商领袖祖籍地分布

单位：位

|  | 福建籍 | 广东籍 | 海南籍 | 山东籍 |
|---|---|---|---|---|
| 新加坡 | 13 | 2 | 0 | 1 |
| 马来西亚 | 9 | 6 | 0 | 0 |
| 泰国 | 0 | 6 | 1 | 0 |
| 菲律宾 | 10 | 0 | 0 | 0 |
| 印尼 | 12 | 3 | 0 | 0 |
| 共计 | 44 | 17 | 1 | 1 |

注：《2015 瀚亚资本·胡润全球华人富豪榜》中，有49位东南亚五国华人富豪的祖籍地未列出，本表仅对有列出祖籍地的华人富豪进行分析。

## 四　东南亚五国华商领袖的年龄结构

### （一）年龄结构分析

东南亚五国华商领袖的年龄普遍较高。在《2015 瀚亚资本·胡润全球华人富豪榜》中，东南亚五国中仅3位华商富豪年龄处于45岁以下，其中新加坡、马来西亚、印尼各占1位；处于45~59岁年龄段的中年华商富豪有15位，其中包括9位新加坡华商、3位马来西亚华商、2位泰国华商和1位印尼华商；处于60~74岁的中老年华商富豪人数最多，共有51位，包括17位新加坡华商、16位马来西亚华商、5位泰国华商、5位菲律宾华商和8位印尼华商；处于75岁以上的老年华商富豪有32位，其中有4位新加坡华商、7位马来西亚华商、4位泰国华商、8位菲律宾华商以及9位印尼华商（见表3.9）。

表 3.9 东南亚五国华商领袖年龄结构分布

单位：位

|  | 45 岁以下 | 45~59 岁 | 60~74 岁 | 75 岁以上 |
|---|---|---|---|---|
| 新加坡 | 1 | 9 | 17 | 4 |
| 马来西亚 | 1 | 3 | 16 | 7 |
| 泰国 | 0 | 2 | 5 | 4 |
| 菲律宾 | 0 | 0 | 5 | 8 |
| 印尼 | 1 | 1 | 8 | 9 |
| 共计 | 3 | 15 | 51 | 32 |

注：《2015 瀚亚资本·胡润全球华人富豪榜》中，有 11 位东南亚五国华人富豪的年龄未列出，本表仅对有列出年龄的华人富豪进行分析。

从各个国家华商富豪的年龄结构来看，新加坡和马来西亚华商富豪年龄主要集中在 45~59 岁和 60~74 岁两个年龄段，泰国、菲律宾和印尼华商富豪集中在 60 岁以上，尤其是菲律宾华商富豪几乎全部集中在 60~74 岁和 75 岁以上两个年龄段。

## （二）华裔新生代"接班"问题

从上文华商领袖年龄分析中不难发现，东南亚五国华商领袖年龄结构普遍趋于老龄化，随着第一代创业者陆续告老，华裔新生代"接班"已成趋势，他们传承的不仅仅是上一辈老华商创造的财富，同样需要传承的还有中华文化以及对祖籍国的认同感。

1. 华裔新生代的特点

（1）知识层次高、从事领域广。新生代华商普遍接受过国外良好的教育，知识层次高，创新能力强，有国际化的视野和创新意识，能够积极融入主流社会，并活跃在所在国社会的政治、经济、文化、科技等各个领域，社会影响力日益扩大。

（2）发展意识强、国际流动性强。多数华裔新生代拥有海外留学背景，且很多具有在科研院校、高新技术企业工作的经验，掌握国外先进的高新技术、管理模式、融资方式和发展理念，他们回到家族企业中以先进的管理模式和发展理念经营公司，使公司的发展不局限于在当地的发展，更注重与世界接轨。华裔新生代的特点决定了这一群体是一个发展意识较强的群体，他们在积极融入当地主流社会的同时，不少还选择向外发展，这与"落地生根"的早期华商相比有很大的不同。

（3）中华文化以及祖籍国认同感较弱。华商是中华文化最早的海外传播者，随着老一辈华商年龄的增大，中华文化的传承状况堪忧。华裔新生代大多生在海外，对中华文化以及对祖籍家乡的感知度和认同度较老一辈弱。但老一辈华商以及家庭中保留着的中华文化元素及理念，对其子孙产生潜移默化的影响，在新生代意识中或多或少植下了中华文化的"根基"。此外，随着中国国际政治、经济地位日益提高，华裔新生代也增强了对祖籍国的认同感和自豪感。

2. 华裔新生代的发展趋势

"一带一路"建设的推进，为海外华商提供了广阔的发展空间。但是"一带一路"建设的周期长、任务繁杂，需要许多年富力强的新生代华侨华人参与其中。目前，已经有越来越多的华裔新生代选择到中国投资兴业并积极参与"一带一路"建设。海外华裔新生代回祖籍国成功创业的事例虽然目前比老一辈华商少，但随着那些在中国成功投资或创业的老华商们年事渐高，越来越多的海外华裔新生代已经或者即将走上企业领导岗位，他们与祖籍国的联系也将不断加强。这些华商领袖的子女很多具有欧美学习的背景，具备国际化的视野和前沿的知识，同时又熟悉出生地的国情（区情）和民情，又具有父辈的财富积累、事业支撑和言传身教，因此他们当中的许多人迅速开拓了事业的新局面，在父辈的基础上取得更大的成就。

## 五 东南亚五国华商领袖的投资区域

要推动华商领袖参与"一带一路"建设，离不开他们现有的事业成就和产业布局，更离不开他们在"一带一路"沿线的投资区位。

东南亚五国华商领袖的产业主要集中在本国以及东盟其他国家，且多数华商企业均有在中国投资建厂，也有不少华商业务涉及大洋洲、欧洲以及亚洲部分国家。其中苏旭明、许书恩以及黄惠祥、黄惠忠兄弟的产业布局不仅涉足东南亚国家，更是遍布美国、日本、加拿大、欧洲等多个国家，值得一提的是，东南亚五国十大华商富豪中有 9 位在中国投资兴业（见表 3.10）。

以马来西亚首富郭鹤年为例，他旗下的郭氏集团的投资分布在世界各地，且多数为"一带一路"沿线国家，除了在本国拥有众多企业外，新加坡、泰国、中国、印尼、澳大利亚等地也是其主要投资和经营的地区，其业务也极为多样化，包括甘蔗种植、制糖、面粉、饲料、地产、金融、酒店、商贸和船运等。郭鹤年长期居住在香港，积极开拓在中国内地的企业版图，且旗下资产最大部分在香港，包括大量的商场、酒店等，其中香格里拉集团已成为世界上最佳的酒店管理集团之一，是全亚洲最大的酒店集团，拥有和（或）管理超过 95 家酒店及度假酒店，共 40000 多间客房，范围覆盖亚太、北美、中东和欧洲等地区，其中包括中国内地、香港、台湾、澳大利亚、新加坡、印度尼西亚、马来西亚、菲律宾、柬埔寨、泰国、缅甸、斯里兰卡、印度、卡塔尔、沙特阿拉伯、阿联酋、阿曼、土耳其等"一带一路"沿线国家和地区。①

表 3.10 东南亚五国十大华商富豪投资的地区分布

| 富豪 | 国籍 | 公司 | 投资分布 |
|---|---|---|---|
| 郭鹤年 | 马来西亚 | 郭氏集团 | 马来西亚、新加坡、澳大利亚、中国、泰国、印尼 |
| 施至成 | 菲律宾 | SM | 菲律宾、中国 |
| 郑昌家族 | 泰国 | 尚泰 | 中国、泰国 |
| 苏旭明 | 泰国 | 泰国酿酒 | 泰国、西班牙、日本、新加坡及东南亚其他国家 |
| 谢国民家族 | 泰国 | 卜蜂（正大） | 中国、泰国 |
| 许书恩家族 | 泰国 | 红牛 | 泰国、美国、中国、西欧、加拿大、澳大利亚、马来西亚、新加坡、菲律宾、印尼等 |
| 黄惠祥 | 印尼 | 中亚银行、针记香烟 | 印尼、美国、加拿大、日本、英国、中国香港、中国内地、新加坡、新西兰、澳大利亚、瑞士、法国、沙特阿拉伯等 |
| 黄惠忠 | 印尼 | 中亚银行、针记香烟 | 印尼、美国、加拿大、日本、英国、中国香港、中国内地、新加坡、新西兰、澳大利亚、瑞士、法国、沙特阿拉伯等 |
| 黄志达 | 新加坡 | 远东 | 新加坡、澳大利亚、中国 |
| 黄志祥 | 新加坡 | 远东 | 新加坡、澳大利亚、中国 |

---

① 参见香格里拉酒店集团官方网站，http：//www.shangri-la.com/find-a-hotel/shangri-la/# shangrila | resorts，最后访问日期：2016 年 12 月 6 日。

# 第四章 海外华商在"一带一路"的产业布局

海外华商早已实现其企业运作的集团化和国际化，通过资产和业务的跨国布局，整合不同国家的优势资源，实现其收益的最大化。这些资产和业务遍布基础设施建设、产业投资、银行、贸易等各个领域，了解它们在"一带一路"沿线的区域分布，对于发挥海外华商优势，参与"一带一路"共建，共享发展成果具有重要意义。

## 第一节 海外华商基建业和运输业在"一带一路"的产业布局

基础设施互联互通是"一带一路"建设的优先领域，而基建业、海运业和空运业担负着实现各国设施联通的主要任务。许多"一带一路"沿线国家和地区的经济发展潜力巨大，发展愿望迫切，但是存在基础设施发展水平不足的问题。从中国的发展经验中可以发现："要想富、先修路"，这是发展中国家实现经济起飞的必然要求。除了基础设施之外，"一带一路"沿线国家和地区的发展还受制于国际间互联互通的不足，从而导致国际贸易、投资和人员往来等潜力没有完全发挥。而资金不足、技术和制度安排的不完善仍然制约着各国基础设施建设和互联互通的发展。

# 一 "一带一路"设施联通的基本情况

## (一) 东南亚地区

东南亚地区也许是全球基础设施发展水平差异最大的地区之一。如表 4.1 所示，根据世界银行发布的 160 个国家的物流绩效指数（LPI），新加坡的得分是 4.14，排名第 5 位，成为全球物流绩效水平最高的国家之一，这得益于该国高效现代的港口设施，马来西亚、泰国分别以 3.43 和 3.26 位居前列，印度尼西亚、越南、菲律宾和柬埔寨则位居中等水平，缅甸和老挝则以 2.46 和 2.07 的得分分列第 113 名和第 152 名，排名比较靠后。

表 4.1 东南亚国家的物流绩效指数（2016 年）

| 国家/地区 | 物流绩效指数 | 世界排名 |
| --- | --- | --- |
| 新加坡 | 4.14 | 5 |
| 马来西亚 | 3.43 | 32 |
| 泰国 | 3.26 | 45 |
| 印度尼西亚 | 2.98 | 63 |
| 越南 | 2.98 | 64 |
| 文莱 | 2.87 | 70 |
| 菲律宾 | 2.86 | 71 |
| 柬埔寨 | 2.80 | 73 |
| 缅甸 | 2.46 | 113 |
| 老挝 | 2.07 | 152 |

资料来源：参见世界银行网站，http://lpi.worldbank.org，最后访问日期：2016 年 7 月 5 日。

为了改变这种现状，提升区域基础设施建设和互联互通水平，进而促进区域一体化，东盟各国在 2016 年通过了《东盟互联互通规划》，确定了 2009~2015 年互联互通建设计划，包括 700 多个工程和项目，覆盖了东盟经济社会建设的方方面面，如高速公路、铁路、海上交通、电网、宽带网络以及人员往来、贸易投资便利化措施。该规划还列出了 15 项优先建设的工程，包括：东盟高速公路网、新加坡—昆明铁路、东盟宽带走廊等。为了完成这个规划，东盟还成立了规模为 4852 万美元的东盟基础设施基金，并从亚洲开发银行、世界银行等国际组织和发达国家争取资金。中国和日本都已经大举进入这个市场，在印度尼西亚，日本三井物产株式会社参与了雅加达主要港口的扩建工程。此外，印尼与日本联合财团开始建设途经雅加达市中心的大型快速交通体系，项目耗资 30 亿美元；中国国有企业和银行也签署了一系列合约，包括价值 25 亿美元的协议以升级印度尼西亚东部的 30 个港口，和价值 55 亿美元的协议以建设雅加达和万隆（Bandung）之间的铁路。①

然而，东盟的基础设施建设仍然任重道远，据估计，到 2020 年，东盟每年需要 600 亿美元的基础设施投资，其中能源和运输部门的投资占 63%。除了连接东盟国家的互联互通项目，各国国内的基础设施建设需求也相当庞大。据估计，到 2020 年，仅印度尼西亚、马来西亚、菲律宾和泰国就需要 5230 亿美元的电力和运输投资。② 而在缅甸，该国的路网密度、电力和水供应、固定电话、移动手机和互联网的覆盖率都很低，到 2012 年仅有 38.9% 的道路是铺筑的，仅有 52% 的人口得到电力供应，还有机场、港口、铁路和通信等许多领域需要投资。据估计，到 2030 年，该国基础设施投资缺口达 800 亿美元，其中电力和运输部门占 63%。③

## （二）南亚地区

南亚地区是基础设施比较薄弱的地区，这将给当地经济增长带来不可估量的损失。根据世界银行的报告，2016 年，只有印度的物流绩效指数达到 3.42，位列全球第 35 名，巴基斯坦、斯里兰卡和孟加拉国处于中等水平，而马尔代夫、尼泊尔、不丹和阿富汗的物流绩效水平均在 100 名之后。

---

① 《中日争夺亚洲"基建之王"：东南亚经济崛起有望?》中国日报网，http://www.chinadaily.com.cn/interface/yidian/1120789/2016-01-25/cd_23238984.html，最后访问日期：2016 年 7 月 5 日。

② Jenny D. Balboa and Ganeshan Wignaraja，"ASEAN Economic Community 2015：What is next?" Asia Pathways，December 12，2014，http://www.asiapathways-adbi.org/2014/12/asean-economic-community-2015-what-is-next/，最后访问日期：2016 年 7 月 5 日。

③ Mathieu Verougstraete，"Setting the Scene：Myanmar Infrastructure Challenges," UNESCAP Transport Division，2016/3/17，http://www.unescap.org/sites/default/files/1% 20 -% 20Myanmar%20Infrastructure%20Challenges.pdf，最后访问日期：2016 年 7 月 5 日。

表 4.2　2016 年南亚国家的物流绩效指数

| 国家/地区 | 物流绩效指数 | 世界排名 |
|---|---|---|
| 印度 | 3.42 | 35 |
| 巴基斯坦 | 2.92 | 68 |
| 斯里兰卡 | 2.7 | 89 |
| 孟加拉国 | 2.66 | 87 |
| 马尔代夫 | 2.51 | 104 |
| 尼泊尔 | 2.38 | 123 |
| 不丹 | 2.32 | 135 |
| 阿富汗 | 2.14 | 150 |

　　根据世界银行的报告，2011~2020 年，南亚国家的基础设施投资需求达 2.5 万亿美元，主要是在运输和电力部门，还包括水供应和公共卫生、固体垃圾处理、电信和灌溉等方面，其中印度的基础设施投资需求高达 1.7 万亿美元。这些投资的来源对南亚国家来说将是一大挑战，印度的基础设施得到较多的私营部门投资，1990~2012 年南亚的能源和电力部门的私营部门投资中，印度得到其中的 85.49%，但也仅为 3063.3 亿美元，其他 7 个国家得到其余的 14.51%。这意味着政府要筹措和投入更多投资，或者寻求更多的外来投资。① 这也是中国和海外华侨华人基建企业的机会所在。

（三）　中东地区②

　　中东国家的基础设施发展水平差异较大，以沙特为代表的石油输出国靠出口石油赚取了大量财富，在基础设施领域的投资比较充足。按照美国工程新闻记录（ENR）统计，2010 年全球工程承包企业 225 强的国际收入中有

---

① Luis Andres, Dan Biller, "Matias Herrera Dappe. Reducing Poverty by Closing South Asia's Infrastructure Gap," World Bank, December 2013, http://documents.worldbank.org/curated/en/881321468170977482/pdf/864320WP0Reduc0Box385179B000PUBLIC0.pdf, 最后访问日期：2016 年 7 月 5 日。

② 中东地区包括阿联酋、以色列、卡塔尔、土耳其、巴林、阿曼、埃及、沙特阿拉伯、科威特、塞浦路斯、约旦、黎巴嫩、伊朗、也门、伊拉克和叙利亚等。

774.7亿美元来自中东，占225强企业国际收入总量的19.9%。① 而海湾六国（沙特、巴林、阿曼、科威特、卡塔尔和阿联酋）是全球第二大承包工程劳务市场和第二大工程建设市场。2016年，除了也门、伊拉克和叙利亚之外，中东国家的基础设施建设水平整体处于中上水平，阿联酋、以色列和卡塔尔的排名分别是第13名、第28名和第30名，而也门、伊拉克和叙利亚则排名垫底。

表4.3  2016年中东国家的物流绩效指数

| 国家/地区 | 物流绩效指数 | 世界排名 |
| --- | --- | --- |
| 阿联酋 | 3.94 | 13 |
| 以色列 | 3.66 | 28 |
| 卡塔尔 | 3.60 | 30 |
| 土耳其 | 3.42 | 34 |
| 巴林 | 3.31 | 44 |
| 阿曼 | 3.23 | 48 |
| 埃及 | 3.18 | 49 |
| 沙特阿拉伯 | 3.16 | 52 |
| 科威特 | 3.15 | 53 |
| 塞浦路斯 | 3.00 | 59 |
| 约旦 | 2.96 | 67 |
| 黎巴嫩 | 2.72 | 82 |
| 伊朗 | 2.6 | 96 |
| 也门 | 2.18 | 151 |
| 伊拉克 | 2.15 | 149 |
| 叙利亚 | 1.60 | 160 |

虽然中东国家经济受油价波动和局势动荡冲击，但是在基础设施建设领域的投资机会依然较大，主要是在交通运输、石油石化、海水淡化和电子通信等领域。未来几年在中东举行的两项大型国际盛会将带来巨大的基础设施投资需求，卡塔尔要举办2022年世界杯足球赛，迪拜则要在2020

---

① 周密：《国际基础设施投资与建设市场潜力分析》，http：//www.chinca.org/cms/html/main/col145/2012-05/30/20120530021826031219802_1.html，最后访问日期：2016年7月5日。

年举办世界博览会，沙特阿拉伯未来 10 年在交通领域的投资预计达 1000 亿美元。国际知名律师事务所（Nabarro）更是将阿联酋、土耳其、沙特阿拉伯、卡塔尔、科威特、约旦、埃及等列为全球基础设施投资机会最佳的 25 个国家。① 总部位于沙特阿拉伯的多边机构——伊斯兰银行甚至成立了一个规模为 20 亿美元的基础设施投资基金，主要关注中东、非洲和亚洲伊斯兰国家的基础设施投资市场。②

但是根据知名会计师事务所 PWC 的调查，中东国家基础设施建设仍然受到工程拖延、缺少熟练技术工人、资金不足等问题的困扰③，这为中国和海外华人的基建企业提供了机遇。

## （四）中亚地区

在苏联时期，中亚五国的基础设施和互联互通主要是通向俄罗斯的，在苏联解体之后，独立的中亚五国开始发展自己的基础设施体系，但首要的是关注国内，而将区域间的互联互通放在次要地位。根据世界银行测算的物流绩效水平，仅有哈萨克斯坦以 2.75 的得分位列第 77 名，其他 4 个国家的排名均在 100 名之后，塔吉克斯坦更是以 2.06 的得分位列第 153 名，低于老挝和阿富汗。根据亚洲开发银行的研究，如果对各国的公路网络进行评分，1 为最差，7 为最好，那么哈萨克斯坦的得分是 2.8，吉尔吉斯斯坦是 2.5，而中国是 4.5，印度是 3.6，印度尼西亚是 3.7。④ 作为内陆型国家，中亚地区总面积约 400 万平方公里，却没有发达的公路运输体系，也几乎没有现代标准的高速公路。基础设施的落后和国际间互联互通的不足已经阻碍了当地经济的发展，也不利于中亚的区域经济一体化。

---

① Nabarro Report, "Infrastructure Index: Bridging the gap," http://www.nabarro.com/media/496904/Nabarro-Infrastructure-Index-Bridging-the-gap.pdf, 最后访问日期：2016 年 7 月 6 日。

② Asa Fitch, "Islamic Development Bank Launches ＄2 Billion Infrastructure Fund," *The Wall Street Journal*, July 1, 2014, http://blogs.wsj.com/middleeast/2014/07/01/islamic-development-bank-launches-2-billion-infrastructure-fund/, 最后访问日期：2016 年 7 月 6 日。

③ Heather Jima, "Infrastructure Spending In The Middle East Set To Rise-Survey," *Gulf Business*, June 29, 2014, http://gulfbusiness.com/infrastructure-spending-in-the-middle-east-set-to-rise-survey/#.V7mpjbQsPME, 最后访问日期：2016 年 7 月 6 日。

④ Asia Development Bank Institute, "Connecting Central Asia with Economic Centers," http://www.adb.org/sites/default/files/publication/159307/adbi-connecting-central-asia-economic-centers-final-report.pdf, 最后访问日期：2016 年 7 月 6 日。

表 4.4  2016 年中亚五国的物流绩效指数

| 国家/地区 | 物流绩效指数 | 世界排名 |
| --- | --- | --- |
| 哈萨克斯坦 | 2.75 | 77 |
| 乌兹别克斯坦 | 2.40 | 118 |
| 土库曼斯坦 | 2.21 | 140 |
| 吉尔吉斯斯坦 | 2.16 | 146 |
| 塔吉克斯坦 | 2.06 | 153 |

近年来，中亚地区的地理区位优势得到越来越多的重视，它不仅是欧亚大陆中心，还是连接东亚地区和欧洲的枢纽，金砖四国（BRICS，中国、俄罗斯、巴西和印度）有三个在它周边。相关各国都加大对这一地区的投入，如俄罗斯、美国、印度、巴基斯坦和欧盟等，中国的"一带一路"倡议更是凸显了中亚的战略枢纽地位。目前中国在中亚的主要项目，包括770 公里的莫斯科—喀山高速铁路、霍尔果斯—阿克套铁路、3666 公里的中亚—中国天然气管道、中亚—中国天然气管道 D 线、中国—吉尔吉斯斯坦—乌兹别克斯坦铁路和霍尔果斯陆地港。此外国际组织纷纷涌入中亚地区，如日本主导的亚洲开发银行，欧洲复兴开发银行、世界银行、国际货币基金组织和联合国开发署。

根据亚洲开发银行研究部门的测算，2010~2020 年，哈萨克斯坦、乌兹别克斯坦、吉尔吉斯斯坦和塔吉克斯坦四国的基础设施投资需求超过1300 亿美元，其中大部分来自电力、港口、机场、公路和铁路等部门。[1]

（五）地中海地区

地中海是世界上最重要的海上通道之一，2016 年全球海上运输量的19% 和 25% 的航线经过地中海。[2] 亚洲尤其是中国运往欧洲的货物大部分

---

[1]  Biswa Nath, Bhattacharyay, "Estimating Demand for Infrastructure in Energy, Transport, Telecommunications, Water and Sanitation in Asia and the Pacific: 2010 – 2020," ADBI Working Paper, No 248, Sep., 2010, http://www.adb.org/sites/default/files/publication/156103/adbi-wp248.pdf, 最后访问日期：2016 年 7 月 6 日。

[2]  "Mediterranean Ports Seeing Growth but Italy at a Standstill," Ansa media, June 22nd, 2016, http://www.ansamed.info/ansamed/en/news/sections/transport/2016/06/22/med-ports-seeing-growth-but-italy-at-standstill_668f8538 – 8571 – 4eb2 – b7b2 – e11186173cb1.html, 最后访问日期：2016 年 7 月 6 日。

要经过该区域的苏伊士运河和直布罗陀海峡，每年约有 2000 万个标准集装箱经过这里，但是其中只有 30% 的集装箱会在地中海北岸港口卸货，大多数集装箱通过英吉利海峡从欧洲西北的港口登陆，其中安特卫普、鹿特丹、汉堡、不来梅等 4 个港口占总货运量的 50%①。不过地中海的主要港口都在加快升级改造，港口运营效率不断上升，未来有望成为亚洲货物进入欧洲的门户。这也需要大量的港口投资，许多国际航运巨头和港口运营商纷纷加大投资力度，如马士基航运公司和地中海航运公司，华商企业中和记黄埔在巴塞罗那投资 5 亿欧元，中远集团在希腊比雷埃夫斯港口投资近亿欧元，招商局国际公司、中国远洋运输集团和中国海运集团联合投资土耳其 Kumport 码头等。今后在港口运营和升级，连接港口与欧洲内陆的铁路公路系统方面，都将产生巨大的投资机会。

此外地中海地区的能源基础设施建设需求也越来越大，欧盟将这作为欧盟-地中海合作的关键方面，其中电力网络、石油和天然气管道建设是主要内容。目前地中海地区的能源基础设施几乎都是 50 年前建造的，已经开始老化，也缺乏国际联通性。根据世界银行的测算，到 2040 年，该地区能源基础设施投资需求每年超过 300 亿欧元，其中仅连接地中海南岸国家的电力网络就耗资近 2 亿美元。②

## 二　海外华商在"一带一路"设施联通领域的产业布局③

东南亚华商是海外华商进行跨国经营的主力，在积累了一定的资金、技术和经验之后，东南亚华商开始了国际化进程。中小型企业可能专注于本地或某一个地区的经营，比如有些华商将经营集中在中国大陆。但是海外华商中的大财团、大企业则会在几个甚至几十个国家投资，建立跨国的

① Peter Mehlbye, "Opportunities and threats for territorial cohesion: Blue Growth and Urban Poverty," ESPON report, June 4, 2014, https://www.espon.eu/export/sites/default/Documents/Publications/SeminarsReports/ESPON_Opportunities-and-threats-for-territorial-cohesion_blue-growth-and-urban-poverty.pdf，最后访问日期：2016 年 7 月 6 日。

② Rahmatallah Poudineh & Alessandro Rubino, "Business Model for Cross-border Interconnections in the Mediterranean Basin," *Energy Policy*, 2017, 107 (8): 96-108，最后访问日期：2016 年 7 月 6 日。

③ 本节及第二章第二节主要内容已发表于《亚太经济》2016 年第 5 期。

生产经营网络。他们能在"一带一路"建设中发挥更直接的作用。

## （一）基础设施建设

在基础设施建设领域，有 4 家海外华商企业最强，并实现了国际化经营。它们分别是菲律宾的首都太平洋投资公司，马来西亚的怡保工程有限公司、金务大和杨忠礼电力。2015 年，这 4 家公司总市值 111.339 亿美元，总营业额 39.22 亿美元，总资产 315.438 亿美元。上述 4 家公司的业务集中在海上丝绸之路沿线，东南亚业务所占比重较大，马来西亚公司还利用该国是伊斯兰国家的优势，大力开拓中东国家和印度市场。

表 4.5　2015 年主要海外华商基建企业的业务分布和资产情况

单位：亿美元

| 所在国家/地区 | 公司名称 | 业务分布 | 市值 | 营业额 | 总资产 |
|---|---|---|---|---|---|
| 菲律宾 | 首都太平洋投资公司 | 菲律宾、泰国、越南 | 29.81 | 7.62 | 60.285 |
| 马来西亚 | 怡保工程有限公司 | 澳大利亚、马来西亚、阿根廷、印度、毛里求斯、不列颠维京群岛、中国香港、阿联酋 | 26.828 | 16.647 | 40.715 |
| 马来西亚 | 金务大 | 马来西亚、老挝、中国大陆、越南、新加坡、中国台湾、印度、卡塔尔、巴林 | 24.891 | 7.333 | 161.628 |
| 马来西亚 | 杨忠礼电力 | 马来西亚、印度尼西亚、英国、中国、澳大利亚、新加坡 | 29.81 | 7.62 | 52.71 |
| 总计 | | | 111.339 | 39.22 | 315.438 |

菲律宾的首都太平洋投资公司的主要业务是高速公路运营、铁路、电力等。截至 2015 年，该公司运营或参与运营了 5 条菲律宾高速公路和桥梁、1 条泰国收费公路、5 条越南高速公路和桥梁，总里程 336.7 公里。该公司的电力项目和铁路项目则集中在菲律宾。

马来西亚的怡保工程有限公司的核心业务是基建、地产开发、制造和采石、基建特许经营和种植，其主要市场在马来西亚、印度、阿联酋、中国和印度尼西亚。该公司的基建业务在公路、铁路、隧道、桥梁、港口、机场、房屋、发电厂等各个领域，实力强大，并在施工中大量采用工业化建筑系统（IBS），能将建筑总成本从72%降到68%。其项目主要集中在21世纪海上丝绸之路沿线，代表性工程有马来西亚关丹港、柔佛公主港的设计和建造，迪拜机场的航空配餐中心，该公司还在印度斩获了一系列的公路、桥梁和建筑项目。

金务大也是马来西亚最大的基建企业之一，其主要业务包括高速公路、桥梁、机场、港口、水厂和房产开发。代表性工程项目有马来西亚捷运计划、卡塔尔首都的哈马德国际机场、杜罕高速公路和多哈地铁、台湾高雄捷运项目、印度的 Panagarh-Palsit 和 Durgapur 高速公路。金务大还持有马来西亚士乃机场、丹绒柏乐巴斯和巴西古当港口。

杨忠礼电力的主要业务包括发电厂、电力输送、自来水供应、污水处理和电信业务，电力业务是其核心。该公司的业务遍及马来西亚、中国、印度尼西亚、英国、澳大利亚和新加坡，2015年海外营收占公司营业额的68.7%。[1] 2016年，该公司与中国粤电集团及 Eesti Energia AS 共同投资约旦发电厂，总投资21亿美元，粤电国际和杨忠礼电力各占45%。同时该公司还拥有英国水务公司 Wessex Water，是英国最顶尖的水务公司之一。

（二）航运业

1. 航空运输业

"一带一路"沿线各国和地区间的航空运输是"一带一路"互联互通的重要内容。现代航空运输业将一个国家/城市和其他地区联系在一起，使远距离的人员往来和货物运输更加快速便捷。它还是影响世界地域空间联系的关键因素之一，使"地球村"成为可能，每年全球有约30亿人次

---

① Low Junmen《2015大马南洋富豪榜第8名：丹斯里杨忠礼与家人》，http：//lowjunmenfinance. blogspot. com/2016/02/2015-8. html? view = flipcard，最后访问日期：2016年7月6日。

的乘客搭乘飞机出差或度假，以价值计，空运贸易占全球贸易的 1/3 以上。①

中国以外，有华人背景的又能进行国际化运营的航空公司并不多，主要有 3 家，分别是菲律宾航空、宿务太平洋航空和新加坡航空。新加坡航空由政府控股，菲律宾航空由闽籍华人陈永栽控股，宿务太平洋航空由闽籍华人吴奕辉家族所有。

这 3 家航空公司的规模大小不等。如表 4.6 所示，截至 2016 年，3 家航空公司共有 200 多架飞机（只统计波音和空客机型），其中新加坡航空拥有 105 架飞机，属于大型航空公司；宿务太平洋航空飞机数量少于 100 架但是多于 40 架，属于中等规模航空公司；菲律宾航空属于小型航空公司。②

菲律宾航空和宿务太平洋航空均以菲律宾为主要市场，航线覆盖东盟各国，开拓中国大陆、台湾、香港、澳门和日韩航线，并向沙特、阿联酋和科威特等中东地区拓展。新加坡航空重视业务的国际化，航线覆盖五大洲，遍及中国大陆、台湾、香港、澳门、南亚、中东、非洲和欧洲等"海上丝路"沿线，东南亚航线主要由旗下的胜安航空执行。总体而言，上述3 家航空公司均以亚太市场为主，中国大陆、台湾、香港、澳门、东南亚和日韩是重点。

#### 表 4.6　海外华商航空公司发展情况

单位：架

| 所在国家/地区 | 公司名称 | 飞机数量 | 航线网络 |
|---|---|---|---|
| 菲律宾 | 宿务太平洋航空 | 57 | 15 个国家/地区，61 个城市 |
| 菲律宾 | 菲律宾航空 | 39 | 17 个国家/地区，62 个航点 |
| 新加坡 | 新加坡航空 | 105 | 33 个国家/地区，58 个城市 |
| 总计 | 3 家 | >200 | |

数据来源：根据 2016 年各航空公司网站资料整理，航线网络中"航点"和"城市"的叫法参考各家公司资料。

---

① 凯文·多恩：《50 Ideas：航空运输业》，FT 中文网，http：//next.ftchinese.com/story/001052092，最后访问日期：2016 年 7 月 6 日。

② 林智杰：《中型航空公司陷入"中等规模陷阱"？》，民航资源网，http：//news.carnoc.com/list/345/345255.html，最后访问日期：2016 年 7 月 6 日。

### 2. 海运业

国际贸易是当代国与国交往的一项重要内容，而全球国际货物贸易约80%是由海运来完成的，中国90%以上的国际货物贸易运输是靠海运①。中国制造的机械、纺织服装、玩具、家具、电器等各种制成品通过海运去往世界各地，而中国所需要的石油、铁矿石、粮食等各种产品也通过海运进口。在"海上丝路"沿线国家和地区，海运在经济贸易发展中具有重要地位。台湾99%以上的产品靠海运运输到世界各地，香港和新加坡更是视海运业为经济支柱之一，中东各国靠海运将石油运往世界各地，欧洲所需要的许多制成品也通过海运从东亚地区进口。如果说互联互通是"一带一路"建设的优先领域，那么海运业则是21世纪海上丝绸之路互联互通建设的重中之重。

**表 4.7　海外华商海运公司航运实力**

| 所在<br>国家/地区 | 公司名称 | 全球排名 | 总计 | | 自有 | |
| --- | --- | --- | --- | --- | --- | --- |
| | | | 标准箱<br>（个） | 船舶数<br>（艘） | 标准箱<br>（个） | 船舶数<br>（艘） |
| 新加坡 | 太平船务 | 16 | 351415 | 139 | 296643 | 120 |
| 新加坡 | X-press | 19 | 146029 | 93 | 27441 | 22 |
| 泰国 | 宏海箱运 | 25 | 50807 | 27 | 23713 | 18 |
| 总计 | 3 家 | | 548251 | 259 | 347797 | 460 |

数据来源：根据 Alphaliner 全球集装箱班轮公司 100 强榜单整理而得，数据截至 2016 年 8 月 23 日，http://www.alphaliner.com/top100/。

中国以外的华商海运公司中，有 3 家位列全球集装箱班轮公司 50 强，分别是新加坡的太平船务、X-press 和泰国的宏海箱运。3 家公司总运力548251 TEU②，其中自有动力 347797 TEU；共有船舶 259 艘，其中自有船舶160 艘。同期中国大陆共有 6 家企业进入前 50 强③，总运力 1804473 TEU，其中自有动力 657501 TEU；船舶数 502 艘，其中自有船舶 223 艘。海外华商海运公司运力规模不及中国大陆，只有新加坡的太平洋船务进入全球前 20 名。

---

① 《中国九成以上国际贸易运输靠海运》，http://v.ifeng.com/news/society/2014007/015b61fb-640c-4115-933b-8428f89cb3b9.shtml，最后访问日期：2016 年 7 月 6 日。
② TEU：20 英尺标准集装箱。
③ 分别是中远集装箱，排名第 4；海丰国际，排名 22；泉州安盛船务，排名 27；中谷海运，排名 29；中国外运，排名 37；宁波远洋，排名 46。

从上述分析可见，海外华商在集装箱海运领域具有一定实力，海内外华商的合作共建将有利于提升华商总体实力，2016 年 4 月，中国远洋运输公司与法国达飞轮船、台湾长荣海运及香港东方海外组建新的联盟——大洋联盟（OCEAN Alliance），联盟成员将投入约 350 条船，将超过目前全球最大的集运联盟——2M 联盟约 210 万 TEU 的实际运力，新联盟在亚洲、欧洲、美国区域内拥有最大规模的航线数，丰富多样的港序构建了高密度的航线网络。①

## （三）电信业

作为知识经济的一部分，国家、企业和个人之间的数据传输、交流与应用极大地促进了经济发展和生产率提高。通过大力发展信息技术产业，推动互联网发展，中国有效带动了新兴产业的崛起和传统部门的升级。但是"一带一路"沿线的许多发展中国家和地区仍然存在巨大的"数字鸿沟"，通信基础设施和服务发展严重不足，制约当地经济发展。中国倡议通信基础设施的互联互通，鼓励华为、中兴、中国电信、中国移动等优势企业"走出去"，对接"一带一路"需求，建设数字丝绸之路。海外华商中的优秀通信企业也可以在其中发挥重要作用。

如表 4.8 所示，海外华商电信企业巨头主要有 2 家，其中菲律宾 1 家、泰国 1 家。2015 年它们的总市值 225.9 亿美元，总营业额 72.14 亿美元，总资产 170.5 亿美元。这两家公司除了在当地是电信业的龙头企业之外，还积极拓展海外业务。

表 4.8　电信业海外华商的跨国分布

单位：亿美元

| 所在国家/地区 | 公司名称 | 业务分布 | 市值 | 营业额 | 总资产 |
|---|---|---|---|---|---|
| 菲律宾 | 菲律宾长途电话公司 | 美国、英国、新加坡、菲律宾、中国香港、日本、马来西亚 | 159.34 | 38.51 | 98.28 |

① 林琦：《中远海洋集运与达飞和长荣等组建联盟投入超 350 艘集装箱船》，路透社中文网，http://cn.reuters.com/article/ocean-alliance-idCNKCS0XH122，最后访问日期：2016 年 7 月 6 日。

续表

| 所在<br>国家/地区 | 公司名称 | 业务分布 | 市值 | 营业额 | 总资产 |
|---|---|---|---|---|---|
| 泰国 | True 通信公司 | 泰国、柬埔寨、老挝、越南、马来西亚、缅甸 | 66.56 | 33.63 | 72.22 |
| 总计 | | | 225.9 | 72.14 | 170.5 |

资料来源：根据各个公司网站资料整体而得。

　　菲律宾长途电话公司是菲律宾最大的电信公司，截至 2016 年 3 月，闽籍华人林逢生家族的第一太平投资有限公司持有该公司普通股的 25.57%，为第一大股东，日本电信电话株式会社持有该公司普通股的 20.35%，为第二大股东。[①] 该公司海外业务的分布和拓展历程是：2000 年，进入美国市场；2004 年，进入香港市场；2006 年，进入新加坡市场；2011 年，进入马来西亚市场；2012 年，进入英国市场；2016 年，进入日本市场。该公司主要借助日本电信电话株式会社进入日本市场。

　　True 通信公司隶属于粤籍华人谢国民的正大集团，该公司是泰国唯一的全国性综合电信运营商，在泰国的有线电视和宽带领域具有领先地位，还是泰国第三大移动电话运营商。在缅甸、马来西亚、老挝、柬埔寨和越南也有投资，但是东南亚电信市场竞争激烈，True 在泰国以外的市场占有率并不高。2014 年，该公司和中国移动签署战略合作协议，中国移动以 55 亿元人民币入股，持有 18% 的股份，成为第二大股东。

## 第二节　海外华商银行业在"一带一路"的产业布局

　　资金融通是"一带一路"建设的重要支撑，能为设施联通、贸易畅通提供必要的金融支持。银行则是资金融通的主要载体，能为"一带一路"建设提供各种金融服务。目前"一带一路"沿线国家的金融发展水平、政

---

　　① 参见菲律宾长途电话公司网站，http://www.pldt.com/investor-relations/shareholder-information/shareholding-structure，最后访问日期：2016 年 7 月 8 日。

策法规和文化习俗都大不相同，如沙特、阿联酋和巴林等中东国家的银行体系与其他国家不同，银行业要符合伊斯兰教法的要求（如不能收取利息）。这就要求银行能适应不同地区的环境，提供差异化的金融服务。截至 2015 年 6 月，共有 11 家中资银行在"一带一路"沿线 23 个国家设立了 55 家一级分支机构（其中，子行 15 家、分行 31 家、代表处 8 家、合资银行 1 家）。从机构类型看，中国工商银行、中国建设银行、中国农业银行、中国银行、中国交通银行是中资银行"走出去"的主力军，在东南亚和西亚地区设立的分支机构相对集中。① 中资银行"走出去"的规模和数量仍然有限，而海外华人银行这方面大有可为。

## 一 21 世纪海上丝绸之路沿线国家的金融环境

银行业的海外华商主要来自东南亚，他们又将业务延伸到南亚、中东、大洋洲、欧洲和北美等地。因此这些地区的金融环境影响着海外华商银行在当地的产业布局。根据"一带一路"所经区域和海外华商银行业在沿线的布局，本节重点分析中国、东南亚、南亚、中东地区等"海上丝路"沿线国家和地区的金融环境，选择其中主要的 40 个经济体②，利用世界银行的金融发展数据进行分析。③ 这些地区外汇储备和外资流入较多、整体储蓄水平较高、不良贷款率不断下降，对资金需求较大，而银行的经营环境相对较好，发展空间较大。

1. 外汇储备多而集中

2015 年上述 40 个经济体共有外汇储备 66196.69 亿美元，占全球外汇储备总额的 60.6%，其中中国内地、香港、澳门和台湾地区的外汇总额高达 42089 亿美元，占比接近全球的 40%。中国内地以 34052 亿美元的外汇

① 银监会：《银监会大力助推银行业支持"一带一路"建设》，网易网，http：//money. 163.com/15/0928/16/B4K77C7V00254IU4.html，最后访问日期：2016 年 7 月 14 日。

② 分别是中国大陆、香港、澳门、台湾、新加坡、马来西亚、泰国、印度尼西亚、越南、文莱、菲律宾、柬埔寨、缅甸、老挝、澳大利亚、印度、巴基斯坦、斯里兰卡、孟加拉国、马尔代夫、尼泊尔、不丹、阿富汗、阿联酋、以色列、卡塔尔、土耳其、希腊、巴林、阿曼、埃及、沙特阿拉伯、科威特、塞浦路斯、约旦、黎巴嫩、伊朗、也门、伊拉克、叙利亚。

③ 参见世界银行数据库，http：//data. worldbank.org，最后访问日期：2016 年 7 月 10 日。

储备居全球第一，东南亚地区外汇储备最多的是新加坡，以 2519 亿美元居全球第七位，南亚地区外汇储备最多的是印度，以 3533 亿美元居全球第六位，在中东地区，沙特阿拉伯以 6269 亿美元的外汇储备居全球第三位。

与 2010 年相比，有 31 个经济体的外汇储备是增加的，仅有 9 个经济体是减少的。中国增加了 4900 多亿美元，居第一位；沙特阿拉伯增加了 1676 亿美元，居第二位；印度增加了 528 亿美元，居第四位；土耳其增加了 245 亿美元，居第五位。埃及减少的最多，达 211 亿美元；泰国和马来西亚则分别减少了 155 亿美元和 112 亿美元，分别列第二和第三位。

2. 外国直接投资（FDI）加速流入，但是相对集中

从中国一直到中东的 21 世纪海上丝绸之路沿线逐渐成为全球投资的热点地区。2015 年上述 40 个经济体共流入外资 7191.27 亿美元，约占全球 FDI 的 34.1%。但是 FDI 流入也比较集中，中国内地和香港、新加坡、印度的 FDI 净流入共 5401.74 亿美元，占 40 个经济体的 75.1%，占全球的 25.6%。

对比各经济体 2015 年 FDI 净流入比 2010 年增加的金额，可以发现每个地区都有一个投资热点。中国香港 2015 年比 2010 年增加了 981 亿美元，翻了不止一番；东南亚地区以新加坡增加最多，增加 101 亿美元；南亚地区以印度增加最多，增加了 168 亿美元；中东地区以土耳其增加最多，增加 77 亿美元；此外，以色列、菲律宾、越南和孟加拉国也是外资增加较快的国家。

3. 整体储蓄水平较高，不同国家差异较大

21 世纪海上丝绸之路沿线经济体的储蓄率整体较高，能为"一带一路"建设和产能合作提供良好的资金支持。根据世界银行统计，2014 年全球平均储蓄率是 24.3%，而上述 40 个经济体中，有 20 个经济体的储蓄率高于全球平均水平，有 7 个经济体的储蓄率超过 40%。

部分国家储蓄率较低，如塞浦路斯仅为 9.5%，希腊为 9.8%，埃及为 12.0%，土耳其为 14.9%。这几个国家在地中海沿岸，未来这里有望成为进入欧洲的门户，但是由于本国储蓄率较低，需要更多外来资金支持。东南亚的老挝和柬埔寨的情况略好一些，但也仅有 18.4% 和 15.5%。

4. 贷款利率大幅下降，利差不断缩小

2010 年以来，21 世纪海上丝绸之路沿线经济体的贷款利率不断降低。

共有 21 个经济体贷款利率降低,[①] 其中老挝、尼泊尔、越南和缅甸等国利率下降幅度最大,仅有印度、马尔代夫、泰国、埃及 4 国的利率上升。此外,利差也显著下降,26 个经济体的简单平均利差从 2010 年的 4.60% 下降到 2015 年的 3.99%,利差高于或等于 5% 的经济体仅有 7 个,由高到低依次是不丹、马尔代夫、中国澳门、新加坡、文莱、泰国和缅甸。[②]

5. 信贷投放力度较大

21 世纪海上丝绸之路沿线经济体的信贷投放力度整体较大,但又各有区别。2015 年,私人部门信贷占 GDP 比重超过 40% 的经济体有 27 个,超过 100% 的经济体有 12 个,超过 200% 的经济体有 2 个(分别是塞浦路斯和中国香港)。2010 年以来,私人部门信贷占 GDP 比重提高的经济体有 28 个。从地区来看,东南亚各国信贷投放力度差异较大,有 4 个国家的信贷占 GDP 比重超过 100%,分别是泰国、新加坡、马来西亚和越南,但是其余 6 个国家均低于 70%,缅甸更是仅为 17.4%;南亚国家信贷投放水平较低,均在 70% 以下,只有尼泊尔达到 64.9%,巴基斯坦和斯里兰卡分别低至 15.4% 和 30.8%。

6. 银行资产质量较高

21 世纪海上丝绸之路沿线的银行不良贷款率整体较低,且还在下降。2015 年,仅有塞浦路斯、不丹、阿富汗、巴基斯坦、马尔代夫和希腊等国的不良贷款率超过 10%;其余经济体的不良贷款率均较低,其中仅有阿联酋、孟加拉国和印度超过 5%;中国大陆、台湾、香港、澳门的银行资产质量较高,不良贷款率分别仅为 1.5%、0.25%、0.7% 和 0.1%。

2010 年至 2015 年,大部分经济体的银行资产质量在改善,共有 26 个经济体的银行不良贷款率不断降低。但是塞浦路斯和希腊的不良贷款率大幅上升,分别从 5.8% 和 9.1% 上升到 45.6% 和 34.7%。

7. 商业银行发展空间较大

从每 10 万人拥有的商业银行网点数量来看,2014 年全球平均是 13.5 家。上述 40 个经济体仅有 17 个经济体高于全球平均水平。特别是中国、

---

① 世界银行数据库中柬埔寨、塞浦路斯、希腊、尼泊尔、巴基斯坦、阿联酋、沙特阿拉伯和土耳其的数据缺失。

② 世界银行数据库中阿富汗、阿联酋、塞浦路斯、希腊、印度、柬埔寨、老挝、尼泊尔、沙特阿拉伯、伊拉克、伊朗、印度、也门和土耳其等国 2015 年的利差数据缺失。

印度、印度尼西亚和巴基斯坦等人口超亿的国家，商业银行网点覆盖率较低。共有 21 个经济体的每 10 万人拥有的商业银行网点数量在不断增加，主要是中国内地和澳门、东南亚和南亚国家。也有一些地区每 10 万人商业银行网点数量在减少，既有也门和叙利亚等发生军事冲突的地方，也有中国香港、新加坡和澳大利亚等发达经济体。但总体而言，21 世纪海上丝绸之路沿线的经济体对金融服务的需求仍在增长中，商业银行的发展空间依然较大。但也要考虑到，随着城市化和网络化的发展，人口相对集中和网络银行的拓展，使得对实体银行机构的需求降低。

## 二 东南亚华商银行业在 21 世纪海上丝绸之路沿线的布局

二战结束后到现在，东南亚华商银行业经历了"快速发展—波动调整—稳定发展"三个阶段。[①] 二战后至 1997 年前，尤其是 20 世纪 80~90 年代是华商银行快速发展的时期，在东南亚各国出现了许多家华商银行。在 1997 年金融危机时，华商银行受到了严重冲击，不少银行倒闭、重组或被兼并，也有一些华南银行度过危机并不断发展壮大，除了巩固本地市场之外，还成功实现国际化。

本节共研究了 12 家东南亚的华商银行，这些华商银行的创始人、控股人和经营团队基本都是华人或有华裔背景。这些华商银行的分布如表 4.9 所示，菲律宾有 5 家，新加坡、泰国和马来西亚各 2 家，印度尼西亚 1 家。这些银行中，控股人祖籍福建的有 9 家，祖籍广东的有 3 家，而又以祖籍福建省泉州市的最多，有 7 家。这些银行大多有多年的运营历史，创业初期基本是为海外华侨华人服务的，现在已经实现经营的本地化，为当地不同族群服务，但华裔社群依然是他们最重要的客户群体。同时，这些银行很多已实现股权结构的多元化，不再是单一家族或华人单一持股，而是引入当地族群股份、政府参股、外资或其他华人入股等多元的股权结构，从而在经营上更为稳健。此外，这些银行很多实现了经营的国际化。不但在当地实现银行网点的密集覆盖，而且还将经营网络延伸到东

---

① 王彬：《东南亚华商上市公司发展分析——以银行业为主要研究对象》，《东南亚纵横》2010 年第 10 期，第 14~19 页。

南亚和大中华地区，并拓展到欧美市场。

华商银行的独特背景有利于它们开拓中国大陆市场，大部分银行在中国大陆有分支机构，服务本国与中国大陆的贸易投资往来。

表4.9　部分海外华人银行的业务分布

| 所在国家 | 银行 | 控股人 | 祖籍地 | 业务分布网络 |
|---|---|---|---|---|
| 菲律宾 | 首都银行 | 郑少坚 | 福建永春 | 中国（大陆、香港和台湾）、日本、韩国、美国、英国、菲律宾 |
| | 中华银行 | 杨应琳 | 福建南安 | 中国香港、澳大利亚、文莱、日本、新加坡、马来西亚等 |
| | 国家银行 | 陈永栽 | 福建晋江 | 菲律宾、中国内地和香港、日本、新加坡、关岛 |
| | 中国银行 | 施至成 | 福建晋江 | 菲律宾 |
| | 金融银行 | 施至成 | 福建晋江 | 中国港澳台地区、新加坡、日本、韩国、北美、欧洲和中东 |
| 新加坡 | 华侨银行 | 李氏家族 | 福建南安 | 新加坡、马来西亚、中国内地和香港、美国、法国、英国、日本、泰国、越南、韩国、缅甸、阿联酋、澳大利亚 |
| | 大华银行 | 黄祖耀/花旗 | 福建金门 | 马来西亚、印尼、泰国、菲律宾、中国（大陆、台湾和香港）、新加坡、澳大利亚、印度、加拿大、日本、韩国、越南、菲律宾、美国、缅甸、英国、法国、文莱、印度尼西亚 |
| 泰国 | 开泰银行 | NVDR | 广东梅州 | 泰国、东南亚、美国、英国、中国内地和香港、日本、缅甸、越南、印度尼西亚 |
| | 盘谷银行 | NVDR | 广东潮汕 | 中国（大陆和香港、台湾）、美国、英国、日本、泰国、新加坡、马来西亚、越南、菲律宾、印度尼西亚、老挝和缅甸 |

续表

| 所在国家 | 银行 | 控股人 | 祖籍地 | 业务分布网络 |
|---|---|---|---|---|
| 马来西亚 | 大众银行 | 郑鸿标 | 广东潮州 | 中国内地和香港、马来西亚、斯里兰卡、老挝、柬埔寨、越南 |
| | 丰隆银行 | 郭令灿 | 福建同安 | 马来西亚、越南、中国香港、新加坡、柬埔寨 |
| 印度尼西亚 | 中亚银行 | 黄惠忠、黄惠祥兄弟 | 福建晋江 | 印度尼西亚、中国香港、新加坡 |

资料来源：各银行网站。

（1）菲律宾首都银行。该行由闽籍华人郑少坚在1962年创建，目前郑少坚依然是大股东。初期主要服务菲律宾华裔社群，1970年在台北设立分支机构，1973年在香港设立分支机构，1975年在美国关岛设立分支机构，此后该行业务飞速发展。目前在菲律宾有860个分行，超过1950台ATM，在海外有31个分行、分支机构和代表处。其海外业务主要在中国（大陆、香港和台湾）、日本、韩国、英国、菲律宾。

（2）菲律宾中华银行。该行创立于1960年，初期只是开发银行，后来才获得许可从事投资银行业务。在创立初期，中华银行就重视菲律宾华裔市场，闽籍华人领袖杨应琳就任该行主席后，中华银行在华裔市场的业务突飞猛进，目前杨应琳担任该行的名誉主席。截至2015年，该行有456家分行和1342台ATM，并在中国香港、澳大利亚、文莱、日本、新加坡、马来西亚等地有分支机构。[①]

（3）菲律宾国民银行。该行于1916年成立，最初是国有银行。2000年，闽籍华人陈永栽的Lucio Tan集团通过股权收购成为最大单一股东，2005年一度占股77.43%，2013年该行与菲律宾联盟银行合并。根据该公司2014年年报，截至2014年12月，陈永栽的Lucio Tan集团持有其母公司59.83%的股份。截至2016年，该行在菲律宾有670个分支机构和办公室及960台ATM，并在海外拥有72个分支机构和办公室，主要分布在中

---

① "RCBC Annual Report 2015"，https：//www.rcbc.com/annualreports.php，最后访问日期：2016年7月14日。

国内地和香港、日本、巴林、新加坡、美国。

（4）菲律宾中国银行。该行由闽籍华人李清泉等人于 1920 年创建，是菲律宾最早的私人商业银行。目前闽籍华人施至成的 SM 集团是该行最大的股东，李清泉后人也还有部分股份。截至 2015 年，该行共有 517 个分支机构和 740 台 ATM，该公司的业务主要在菲律宾。

（5）菲律宾金融银行。该行创办于 1967 年，1976 年被施至成的 SM 集团收购，此后不断发展壮大。目前该行已经成为菲律宾最大的商业银行之一，截至 2016 年 7 月，在菲律宾有 1064 个分支机构和 3000 多台 ATM，并有 28 个海外分支机构，分别在中国港澳台地区、新加坡、日本、韩国、北美、欧洲和中东等地。该行在中东地区的沙特阿拉伯、阿联酋、阿曼、约旦、卡塔尔、巴林、科威特等地均设有办公室。

（6）新加坡华侨银行。该行由闽籍华人李光前在 1932 年创办，至今控股权仍属于李氏家族，而花旗银行、星展银行、汇丰银行和大华银行也有一定股份。东南亚是华侨银行的主要市场，网点遍布新加坡、马来西亚、文莱、菲律宾、印度尼西亚、缅甸、泰国和越南。大中华地区是华侨银行重点开拓的地区，在中国大陆、台湾、香港和澳门都有分支机构，并于 2013 年收购香港永亨银行。该行还在澳大利亚、阿联酋和英国等地开设分支机构。

（7）新加坡大华银行。该行由祖籍福建金门的黄庆昌于 1935 年创建，目前的荣誉主席兼顾问是黄庆昌之子黄祖耀，而黄祖耀之子黄一宗已担任大华银行行长，实现第三代接班。截至 2015 年，大华银行拥有 500 个分支机构，分布在亚太、北美和欧洲的 19 个国家和地区，其中涉及 21 世纪海上丝绸之路沿线的机构有：中国大陆 22 个、中国香港 3 个、中国台湾 4 个、泰国 157 个、越南 1 个、缅甸 2 个、新加坡 74 个、印度尼西亚 190 个、马来西亚 47 个、文莱 2 个、菲律宾 1 个、澳大利亚 4 个、印度 2 个、法国 1 个、英国 1 个。[①]

（8）泰国开泰银行。该行创办于 1945 年，由粤籍华人伍柏林等人创建，现任董事长兼总裁是伍氏后人伍万通。目前该行在泰国有 1121 家分支

① 参见大华银行 2015 年年报，http://www.uobgroup.com/assets/pdfs/investor/annual/UOB_Annual_Report_2015.pdf，最后访问日期：2016 年 7 月 14 日。

机构,并在中国大陆和香港、开曼群岛、日本、缅甸、越南、柬埔寨、印度尼西亚和老挝等地设有16个办公室和分支机构。

(9) 盘谷银行。该行由泰国银行家陈弼臣于1944年创建,目前该行的单一大股东是NVDR公司(该公司由泰国证券交易所控股),占股33.3%,但不能参与公司决策。目前陈弼臣次子陈有汉任该公司董事长,陈有汉之子陈智深任该行总裁。截至2015年,该行在泰国有1200个分支机构,并在15个国家/地区设有32家海外分行和子公司。分行主要在中国大陆、台湾和香港,以及日本、越南、印度尼西亚、菲律宾、新加坡、马来西亚、缅甸、老挝、柬埔寨、英国、美国等地。盘谷银行是泰国海外分支机构最多的银行,并在中国大陆有广泛的业务分布,遍及北京、上海、重庆、深圳和厦门,上海自贸区成立后,该行迅速在自贸区内开办分支机构。

(10) 马来西亚大众银行。该行由广东籍华人郑鸿标于1966年创办,目前郑鸿标仍是该行董事长。截至2015年,该行在马来西亚有259个分支机构和2000台自助终端,并在海外有众多分支机构:中国大陆3家、中国香港83家、柬埔寨28家、越南7家、老挝4家、斯里兰卡3家。

(11) 马来西亚丰隆银行。该行创办于1905年,初期名称为"广利按揭及汇款公司",迄今经历多次股权和名称变更。1994年闽籍华人郭令灿的丰隆集团对其收购并更名"丰隆银行",目前郭令灿为该行董事长和主要控股人。截至2015年,该行在马来西亚有306个分支机构和1500多个自助终端,新加坡和中国香港各有1个分支机构,越南有4个分支机构,柬埔寨有5个分支机构,该行还通过入股成都银行进入中国市场,并在南京设立代表处。

(12) 印度尼西亚中亚银行。该行由闽籍华人林绍良创办于1957年,1997年亚洲金融危机时,该行受到较大冲击,并被印度尼西亚银行重构和监管。后来业务好转,开始正常运营和发展。2002年闽籍华人黄惠祥和黄惠忠兄弟的投资公司入股中亚银行,目前占47.15%的股份,为单一大股东。该行的网点分布主要在印度尼西亚,截至2015年,中亚银行在印度尼西亚有1182个分支机构和17081台ATM,并在新加坡和中国香港设有办事处。

## 三 海外华商银行参与"一带一路"建设的建议

海外华商银行从创立开始就致力于服务华侨华人的金融需求，并很早就参与到所在国与中国的经贸往来中。在中国倡议的"一带一路"建设中，海外华商银行依然可以发挥重要的作用。它们具备熟悉当地环境、网点分布广、国际化经验丰富和华人背景等独特优势，能发挥中国大陆的银行和外资银行所不具备的独特作用。

1. 服务"一带一路"建设的金融需求

"一带一路"设施联通和贸易投资自由化等合作会带来巨大的金融需求，包括汇兑、结算、项目融资、境外投资或承包贷款、出口买方信贷、出口卖方信贷、跨境并购与重组、跨境现金管理等。据预测，未来 10 年中国与"一带一路"沿线国家的贸易额将突破 2.5 万亿美元①，会产生大量的信贷和资金结算需求。而据国际货币基金组织测算，未来 5 年"一带一路"沿线国家基础设施建设累计投资额将超过 3 万亿美元，银行信贷业务需求巨大。② 中国政府通过发起成立亚洲基础设施投资银行和丝路基金等方式为"一带一路"建设提供金融支持，而中资银行也纷纷推出支持方案。2015 年，中国银行为"一带一路"建设提供相关授信支持不低于200 亿美元，未来 3 年将达到 1000 亿美元；中国建设银行也已确立相关项目资金需求约 2000 亿元；中国工商银行已在"一带一路"沿线国家储备项目 131 个，投资金额达 1588 亿美元；中信集团宣布投融资 7000多亿元。③

但仅仅依靠中资银行是不够的，需要海外华商银行的共同参与。"一带一路"建设涉及国家和地区较多，中资银行的网点覆盖面比较有限，海

① 吴青：《"一带一路"为银行转型提供新机遇》，经济参考网，http://dz.jjckb.cn/www/pages/webpage2009/html/2015-08/27/content_9489.htm，最后访问日期：2016 年 7 月14 日。

② 包雪琳：《"一带一路"基础设施建设需要综合性融资服务支持——访中国建设银行董事长王洪章》，新华网，http://news.xinhuanet.com/world/2016-04/26/c_1118744533.htm，最后访问日期：2016 年 7 月 14 日。

③ 苏曼丽：《银行万亿授信屯兵"一带一路"》，新浪网，http://finance.sina.com.cn/money/bank/bank_hydt/20150625/072822512623.shtml，最后访问日期：2016 年 7 月 14 日。

外华商银行在各自国家都有密集的网点，甚至在第三国也有大量分支机构（比如新加坡大华银行在泰国有 157 个分支机构，马来西亚大众银行在柬埔寨有 28 家分支机构），这一点是中资银行不可比拟的。甚至在一些地方，中资银行仍没有进入，比如中国是斯里兰卡第一大投资来源国，却没有中资银行进入，而大华银行在当地有 3 家分支机构。因此可以考虑将中资企业"一带一路"项目的融资、结算和汇兑业务交给华商银行。另外，"一带一路"建设的金融需求跨地区、跨文化的差异性特征明显，中资银行融资结构和服务方式上的多元化程度还难以完全适应这一需求，比如中资银行的业务模式普遍无法满足伊斯兰教义，这就限制了其在中东国家开拓业务，而丰隆银行和大众银行则能够提供满足伊斯兰教义的银行服务。

2. 拓展"一带一路"银行网点

"一带一路"建设涉及 60 多个国家和地区，覆盖人口超过 40 亿。但是海外华商银行网点覆盖国家最多不过 20 个，且集中在东南亚和大中华地区，鲜有银行将业务延伸至南亚、中东和非洲等地，更不用说中亚和东欧了。即便在东南亚，各银行的国际业务也是集中在马来西亚、新加坡、泰国和菲律宾，只有少数银行在缅甸、老挝和柬埔寨等国有业务分布。

随着"一带一路"建设的推进，沿线国家和地区的金融需求也在发生变化。海外华商银行也应该调整和优化经营策略，一方面要优化现有网点布局，适当提高分布密度，比如马来西亚伊斯干达特区的建设就需要更多的银行网点，而近年来部分台商和大陆民营企业加速在越南投资布局，越南的出口加工企业发展迅速，这在当地必然会产生更多的金融需求。另一方面要开拓新的市场，扩大海外网点布局。在东南亚，要抓住东盟一体化和各国发展资本市场的机遇，扩大在东盟各国的网点覆盖，争取进一步提升在东盟和全球金融业的地位。在南亚地区，要拓展印度和斯里兰卡等新兴市场，斯里兰卡战后重建会有大量的信贷需求，而且中资企业在当地有独特优势，印度近年来经济发展迅速，银行经营环境也相对较好。在中东地区，马来西亚和印度尼西亚的华商银行要利用同为伊斯兰国家的优势，大力发展满足伊斯兰教义的银行业务，特别是大众银行和丰隆银行等具有满足伊斯兰教义银行业务资格的机构。另外华商银行要紧跟大陆企业、港商和台商及其他海外华商的投资步伐，服务他们在海外的投资和贸易活动，提供融资、汇兑、结算和现金管理等业务。

3. 加强与中资银行合作

"一带一路"建设过程中，中资银行开展国际合作的需求会越来越大。中资银行需要在制定相关战略规划、完善机构和服务网络布局、推动"一带一路"重大项目信贷支持、开展业务创新、制度创新和管理创新等几方面不断加大相关金融支持力度，国有五大行（中国银行、建设银行、工商银行、交通银行和农业银行）成为主力军。但是网点分布不够和国际化经验不足等问题短期内均无法完全改变，中资银行迫切需要开展国际合作。

海外华商银行的优势正是中资银行所需要的，双方可以开展业务方面的深度合作。在融资方面，海外华商银行和中资银行可以组成银团，为"一带一路"建设项目提供融资，如中国交通银行、泰国盘谷银行、中银香港银行以及中国台湾兆丰国际商业银行和国泰世华银行等组成银团，为玖龙纸业在越南的 1.68 亿美元投资提供银团贷款；① 除此之外，双方还可以在人民币清算、客户推荐、市场调研、财务顾问、代客等非息服务方面进行协作。如，中国建设银行与新加坡企业发展局签署战略合作备忘录，中国建设银行将为在新加坡注册的中国和新加坡企业投资"一带一路"基础设施建设提供 300 亿新元（约合 222 亿美元）的金融支持②，相关业务就可以与新加坡的华商银行合作。

股权合作也可以成为双方合作的重要方面。这已经成为全球银行业跨国投资的一个重要部分，也是上述 12 家海外华商银行的重要发展方式。这些银行的股东中不乏花旗银行、大通银行、三菱银行、星展银行等外资银行的身影，而海外华商银行也互相持股。通过股权合作，可以引进战略投资者、先进的管理经验和市场资源，从而帮助银行实现更快发展。近年来，中资银行已经积累了较强的资本实力、盈利能力和抗风险能力。根据英国《银行

---

① 《中国银行与玖龙纸业在越南签署 1.68 亿美元银团贷款》，http://www.boc.cn/aboutboc/ab8/201607/t20160707_7266734.html，最后访问日期：2016 年 7 月 14 日。

② 苏曼丽：《银行万亿授信屯兵一带一路》，http://finance.sina.com.cn/money/bank/bank_hydt/20150625/072822512623.shtml，最后访问日期：2016 年 7 月 14 日。

家》杂志评出的"2016 年全球银行 1000 强",有 119 家中资银行上榜,其中工商银行、建设银行、中国银行和农业银行进入前五名。[①] 海外华商可以引进中资银行股份,既有利于中资企业"走出去",也有利于华商银行自身股权结构的多元化和获取更多资金,并可借此与中资银行开展业务整合和市场合作。

---

① Stefania Palma,"Top 1000 World Banks-Chinese banks go from strength to strength," http://www.thebanker.com/Top-1000-World-Banks/Top-1000-World-Banks-Chinese-banks-go-from-strength-to-strength,最后访问日期:2016 年 7 月 14 日。

# 第五章 华侨华人与"一带一路"民心相通

民心相通是"一带一路"建设的社会根基，也是"一带一路"国际合作的重要归宿。"一带一路"不仅需要国际基础设施建设、国际经济贸易合作，更需要加强沿线国家的文化沟通、人文交流，共同推动人类命运共同体理念和实践的发展。民心相通内涵丰富，表现在文化、旅游、青年、教育、科技等方方面面的交流。其中，媒体作为文化沟通的桥梁，让中国与世界对话；人员往来作为人文和商贸交流的基础，让中国与世界互联。因此，本章选择从华文媒体和人员往来角度分析"一带一路"人文交流，旨在进一步推动中国与"一带一路"沿线各国民心相通、文明互鉴。

华文媒体作为连接"一带一路"沿线国家与中国的文化桥梁，不仅是全球华侨华人的精神家园，更是解读中国、传播中华优秀传统文化和沟通沿线各国人民的纽带。

国际签证和人员往来是实现"一带一路"互联互通的基石和重要前提。如何促进国际签证和人员往来便利化，成为"一带一路"互联互通的关键，也是沿线国家互联互通建设的基本要求。

## 第一节 海外华文媒体对"一带一路"的传播

海外华文媒体作为"一带一路"沿线国家与中国沟通合作的纽带和桥

梁，能在信息传播、增进互信、凝聚共识等方面发挥不可替代的重要作用。"一带一路"沿线各国社会文化差异较大，文化信仰和社会习俗各不相同，民间交往、民心相通是"一带一路"建设的社会根基。通过海外华文媒体，客观报道"一带一路"建设的理念、举措和进展，有利于世界更加了解中国、了解"一带一路"，能够增强"一带一路"沿线国家共同参与、共同建设、共同发展的信心。

当前，部分国家对中国存在意识形态偏见，对中国提出的"一带一路"倡议存在诸多误解，这既有来自西方媒体负面报道的原因，也有我国媒体对"一带一路"倡议过度解读的原因（如"地缘政治战略""改变世界格局的大战略"等）。因此，需要充分发挥海外华文媒体跨文化、跨国界的优势，在报道中国、传播中华传统文化和沟通"一带一路"沿线各国人民方面发挥独特作用，进一步促进"一带一路"沿线国家"民心相通"。促进民心相通既是海外华文媒体新时期的历史使命，也是提升中国在国际话语体系中的公信力和影响力的重要路径。

本节以东盟为分析对象，是因为东盟与中国陆海相连、血缘相亲、人文相通、利益相融，是世界上华侨华人最为集中分布的地区，也是世界上华文媒体最密集的地区。从地域上看，东盟地处亚洲东南部的中南半岛和马来群岛，与中国大陆山水相连，是连接三大洲（亚洲、非洲、大洋洲）和两大洋（太平洋和印度洋）的"十字路口"，是世界海、空运输的枢纽地区。从经济联系上看，东盟是中国建设"21世纪海上丝绸之路"中经贸与投资领域的重要组成部分，双方在经贸、投资、金融等多个领域取得了丰硕的成果，双方关系从"黄金十年"迈向"钻石十年"。从国家投资的战略方向看，随着东盟共同体成立，一个总面积约450万平方公里、人口约6.47亿、GDP达2.77万亿美元（2017年数据）的区域经济体正在形成，其基础设施建设缺口巨大，是亚洲基础设施投资银行与丝路基金重要的投资目的地。总体上，东盟国家作为中国的重要邻国，地缘关系、经贸联系、人文沟通使东盟成为落实"一带一路"倡议的重点和优先方向，海外华文媒体对"一带一路"的传播则是影响人文沟通效果的关键因素。

海外华文媒体作为"全球华侨华人的精神家园"，不仅是6000多万海外华侨华人与祖（籍）国联系的信息平台，也是海外华侨华人融入所在国社会不可或缺的沟通渠道，更是中西文化交流不可或缺的桥梁和纽带。首先，华文媒体根植于华人社会，服务华人社会，紧密联系华侨社团与侨乡动态，促进华侨华人社会良性发展，传递华侨华人声音，帮助华侨华人融入所在国主流社会。其次，华文媒体是世界各国了解中国的窗口，客观报道中国发展，可以帮助所在国民众与政府更加深入地了解和认识中国，帮助中国树立正面的良好的国际形象。再次，华文媒体是传播中华文化的使者，是推动中华文化走向世界、促进中国与世界各国民心相通的桥梁。努力营造和平友好的舆论氛围，可以对国际交流和全球治理起到独特的协调作用。因此，华文媒体应发挥大众传媒的传播优势和独特魅力，进一步发掘"一带一路"的深厚文明和文化底蕴，讲好"丝路故事"，提升"中国声音"的国际能见度，成为沿途各国之间友好交流的载体、民心相连的纽带。①

本节分四个部分阐述，第一部分是东盟国家华文媒体的发展现状，简要介绍东盟各国华文媒体的发展状况和东盟华文媒体的主要特点；第二部分以 7 家东盟国家重要的华文报纸为分析对象，研究 2013 年 10 月至 2016 年 7 月东盟国家华文媒体对"一带一路"的报道情况，主要包括报道数量、对中国国内媒体报道引用程度、主要题材和相关态度；第三部分总结了东盟国家华文媒体报道"一带一路"的经验与不足；第四部分从媒体报道理念、技术、人才等角度提出推进海外华文媒体报道"一带一路"的政策建议。

## 一 东盟国家华文媒体的发展现状

东盟是海外华人华侨最集中的聚居地，也是海外华文媒体最早的诞生地。迄今为止，它仍是除了中国之外，华文媒体最集中、影响最大、数量最多的地区。随着中国经济社会的快速发展，中国与东盟的经贸关系日益紧密，加上东盟各国政府逐渐开放的言论政策，为东盟华文媒体的发展创造了新机遇。近年来，东盟华文媒体发展迅速，不断在新闻内容、传播技

---

① 张研农：《促进彼此心路之间互联互通》，http：//yndaily.yunnan.cn/html/2013-12/07/content_784215.htm？div＝-1，最后访问日期：2016 年 6 月 15 日。

术、表达形式等方面取得突破，不仅成为华人所在国交流信息的重要媒介，也成为当地华人、华侨了解中国情况的重要桥梁。

## （一）东盟国家华文媒体的发展状况

目前，东盟各国的华文媒体发展状况如下。

### 1. 新加坡华文报业

新加坡人口的75%是华人，华文报业发展具有天然优势。随着中国经济快速发展，华文商业价值不断提升，加之新加坡政府为保持华族文化积极推广华语，新加坡华文报业发展兴盛。新加坡报业控股有限公司是新加坡最大的出版机构，出版《联合早报》《联合晚报》《新明日报》《星期五周报》《我报》等5份华文报纸。其中《联合早报》影响力最大，其秉持"不夸张、不渲染、不武断、不歪曲"原则受到读者赞誉，致力于提供实时、严谨、高质量的新闻和深度评析，内容包括东亚局势、财经新闻、热门话题、时尚动态等全球华人都关心的课题，被公认是一份质量高、负责任、报道客观、言论公正、可信度较高的报纸，其对中国的发展采取积极的态度，在华人世界中享有崇高的信誉。[①] 中国国务院原总理温家宝曾毫不掩饰地宣称"我是《联合早报》的忠实读者！"其影响力可见一斑。[②] 2016年3月8日，《联合早报》与新加坡工商联合总会联手推出"一带一路"专题网页（http://beltandroad.zaobao.com/beltandroad），旨在推动新加坡企业深入了解"一带一路"，并为全球关注"一带一路"的中文读者提供新加坡和东南亚视角。

### 2. 马来西亚华文报业

马来西亚现有600多万华侨华人，有华文报纸18家。在西马，华文报纸发行量已超过英文报纸发行量，略低于马来文报；在东马，华文报纸的发行量超过当地英文报纸、马来文报纸的发行量。可见，马来西亚华文报业繁荣发达，是海外华文报纸最多的国家之一。主要有吉隆坡的《星洲日报》《中国报》《南洋商报》《东方日报》，槟城的《光华日报》《光明日

---

① 参见百度百科，http://baike.baidu.com/item/《联合早报》，最后访问日期：2016年10月20日。

② 谢燕燕：《联合早报独特新中故事》，联合早报网，http://www.zaobao.com/news/singapore/story20160731-647603，最后访问日期：2016年8月20日。

报》，沙巴州的《华侨日报》《亚洲时报》《自由日报》《晨报》，沙捞越州的《国际时报》《沙捞越晚报》《诗华日报》《联合日报》等。其中，《星洲日报》日发行量稳定在40万份的水平上，每天有超过118万人阅读，不仅是东南亚发行量最高的华文日报，也是中国以外规模最大的华文日报，每天全面报道马来西亚国内外的政治、财经、社会、文化、体育、娱乐新闻，同时以专业和开明的态度来报道新闻和论析时政，刊登各种分析和评论文章。① 《星洲日报》不只是服务于华人社群，它还通过新闻内容和主办活动，长期推动马来西亚国内不同族群的交流，弘扬民族和谐，促进国民团结。近年来，马来西亚媒体积极参与"一带一路"报道，探索在"一带一路"背景下新闻领域的合作模式②。

3. 印尼华文报业

印尼华人数量达1000多万。21世纪以来，印尼华文媒体进入政治重创后的复苏过程，伴随中国和平崛起和成为世界第二经济大国，印尼的华文报纸杂志如雨后春笋般出现，最多时有十多家华文报纸。但由于读者缺少和经营困难，先后有部分日报被淘汰，只留下5家报纸和一些地方报在维持出版发行。目前，印尼全国性的华文日报有5家，即《国际日报》《印度尼西亚星洲日报》《千岛日报》《印度尼西亚商报》和《讯报》。地方性的华文报纸，棉兰有3家，即《印广日报》《好报》和《苏北快报》。还有《泗水晨报》《坤甸日报》和《万隆快报》附在《国际日报》一起发行。其中《千岛日报》是目前印尼国内销量较多、销售地区较广泛、影响面较大的华文报刊之一。③ 印尼华文报纸全方位报道中国现状，除了重要的时政要闻以外，还专门设置中国财经新闻板块，不管是宏观调控，还是微观经济的发展，以及金融、房地产、股市、旅游等都有报道。④ 印尼华文媒体不仅为华侨华人带来中国的新闻报道，而且延续了几欲断裂的中华文化传统。印尼华文媒体积极参与"一带一路"的相关报道，先后组团到

---

① 彭伟步：《当前海外华文传媒发展动态浅析》，《东南亚研究》2014年第2期，第89~95页。

② 肖欣：《马来西亚沙捞越州"一带一路"媒体团参访中新社》，中国新闻网，http://www.chinanews.com/sh/2015/09-11/7519482.shtml，最后访问日期：2016年8月20日。

③ 闻喜：《华文报纸在印尼——访印尼》，《中国出版》2009年第10期，第69~72页。

④ 罗红、高红樱：《印尼华文媒体的历史、现状及前景》，《新闻记者》2005年第8期，第18~21页。

中国采访、研讨,探讨在"一带一路"框架下中国、印尼两国媒体的合作机遇。①

4. 泰国华文报业

泰国是东南亚地区的重要国家,泰国华人社会有着兴办报纸的百年历史。泰国目前有华侨华人 700 多万人,他们是泰国华文媒体的基本目标受众。近年来,随着中国出境旅游快速发展,泰国成为中国游客的重要旅游目的地之一,仅 2015 年就有超过 800 万中国游客到泰国旅游,掌握华文成为泰国民众的现实需求。② 加之,中泰文化交流历史悠久,从不相互排斥,全泰有 3000 余家中小学开设中文课程,中泰两国已合作建立了 12 家孔子学院,有 100 多万泰国人通过各种渠道学习汉语,华文教育事业在泰国得到蓬勃发展,为华文报业发展奠定了广大受众基础。目前,泰国有 6 家华文日报,即《星暹日报》《世界日报》《京华中原联合日报》《中华日报》《新中原报》和《亚洲日报》,有 1 家周报《曼谷时报》。③ 泰国《世界日报》是一家总部位于曼谷的华文日报,也是泰国发行量最大的中文报纸,报道内容涵盖本地新闻、中国新闻、华侨社团的活动、宗教和慈善活动等内容,华文媒体特色非常明显。

5. 菲律宾华文报业

菲律宾有华人 100 多万人,80% 以上为福建籍,其余以广东籍和台湾籍为多,大部分居住在菲律宾首都马尼拉。20 世纪 90 年代末至今,菲律宾华人社会发生了两个重大变化:一是老华侨、华人认同的转变,二是新移民的大量涌入,这使菲律宾华文报业从政治风向转变为市场导向,极大地充实了读者群体,对华文报业发展产生了重要影响。④ 目前菲律宾共有 5 家华文报纸——《联合日报》《世界日报》《菲华日报》《商报》和《菲律宾华报》,被誉为菲律宾华文媒体的"五朵金花"。《世界日报》是菲律宾

① 张阳:《中国—印尼"一带一路"座谈会举办成功》,中国记协网,http://news. xinhuanet.com/zgjx/2015-06/03/c_134294501.htm,最后访问日期:2016 年 8 月 20 日。

② 闫洁:《2015 年赴泰中国游客超 800 万中国年带火旅游》,中国新闻网,http://finance.chinanews.com/life/2016/02-03/7745537.shtml,最后访问日期:2016 年 8 月 20 日。

③ 任晓萌:《泰国华文报纸的受众分析——以〈星暹日报〉为中心》,山东大学硕士学位论文,2014。

④ 朱东芹:《菲律宾华文报业的历史、现状与前景分析》,《世界民族》2011 年第 1 期,第 55~61 页。

华文传媒业的翘楚，发行量、影响力以及经营效益长期在菲律宾华文报纸中居于首位，设有"本岛""国际""经济""体育""娱乐"等新闻栏目，评论与副刊是最受读者欢迎的内容。从1998年开始，《世界日报》开辟言论版"世界广场"，为整个菲律宾华人社会培养出了大批意见领袖与知名作家。

### 6. 越南华文报业

越南是东南亚的重要国家之一，也是华侨的重要聚居地。越南华文报纸经历了华人自办、华人自办和官办同时存在以及完全官办3个时期。越南华文报业发展深受越南政治影响，从二战前后越南华侨自办的报纸大大小小20余家，到目前仅存完全官办的3家报纸①，分别是：《西贡解放日报》（中文版）、《越共电子报》中文版和《平阳日报》中文电子版。其中，《西贡解放日报》（中文版）是越南最重要的华文媒体，是胡志明市党委机关报《西贡解放日报》的子报之一，该报党报性质明显，所刊登的时事新闻主要译自母报，少量转载新华社、新华网和中新社的消息，但多为国际新闻或体育新闻，言论全部来自母报，很少有华人自己的呼声和诉求。② 越南媒体关注"一带一路"建设进展，先后组团到中国考察、报道。③

### 7. 柬埔寨华文报业

柬埔寨的华人有50多万人，由于长期战乱和政府对华人的政策摇摆不定，具备华文阅读能力的华人不到10万人，所以华文报的市场竞争非常激烈。柬埔寨目前有《华商日报》《星洲日报》《柬华日报》《高棉日报》《金边晚报》5家华文媒体，它们相互竞争。其中《柬华日报》由柬华理事会主办，《金边晚报》由柬埔寨中国商会主办，《高棉日报》由高棉国际传媒集团主办。随着全球范围内新媒体的兴起和冲击，加之华文报纸本身存在的结构性问题，柬埔寨华文报纸的生存状况堪忧，目前5大报纸的总

① 易文、赖荣生：《越南华文媒体：历史、现状与前景》，《东南亚纵横》2009年第12期，第37~40页。
② 赵平喜、周祖荣：《越南〈西贡解放日报〉办报管窥》，《青年记者》2016年第14期，第113~114页。
③ 南如卓玛：《越南媒体组团关注甘肃"一带一路"建设》，中国新闻网，http://www.chinanews.com/cj/2016/04-20/7841962.shtml，最后访问日期：2016年8月20日。

发行量尚不到 1 万份,且仍在持续下降,大都处于亏损状态。<sup>①</sup> 一些报纸探索新媒体出路,如《华商日报》和《柬华日报》2013 年推出微信公众号,《星洲日报》和《柬华日报》在 Facebook 平台发布文章来吸引年轻受众关注。<sup>②</sup>

### 8. 缅甸华文报业

缅甸拥有 600 多万华人,由于 1963 年"国有化法案"、2004 年军情局下台等原因,华文报纸相继停刊,读者群体锐减,华文媒体在缅甸发展缓慢。创刊于 2007 年的《金凤凰》是缅甸目前唯一的华文报纸,在传播中缅友谊、弘扬中华文化方面发挥了独特的作用,从创刊到现在《金凤凰》免费为全缅华文学生开辟"学生园地"栏目,每年都举办不少于 3 次的各类有奖知识竞赛活动,积极支持缅甸华文教育。《金凤凰》内容涵盖缅甸新闻、国际新闻,还推出"大陆社会""台湾新闻""两岸焦点"和"港澳新闻"等版面,以及报道缅甸华华社团、侨社和华校组织的活动。随着"一带一路"建设和亚投行的运行,该报积极报道中缅经济合作、文化交流等方面的内容。

### 9. 文莱华文报业

文莱人口 43 万(2017 年),其中华人占 11%。创建于 1959 年的文莱新闻社是文莱唯一的官方新闻机构,主要报纸有:马来文报纸《文莱灯塔报》、英文报纸《婆罗洲公报》和《文莱时报》。迄今无华文报社,中文报纸由国外进口,目前有三家马来西亚中文报纸《联合日报》《诗华日报》和《星洲日报》设有文莱新闻版,在文莱发行。

### 10. 老挝华文报业

老挝人口 686 万(2017 年),华侨华人约 3 万人。主要新闻报纸有老挝语的《人民报》《巴特寮报》《新万象》《人民军报》《经济社会》等,英文的《万象时报》《KPL》。老挝曾经有华文媒体,如《寮华新闻》《永珍日报》《寮声日报》《老华日报》,但由于 20 世纪 70 年代后期老挝紧随越南推行一系列强制政策,排斥华侨华人,华侨华人社会受到极大的冲

---

① 陈竽秀:《海外华文媒体如何突破困境——以柬埔寨〈华商日报〉为例》,《出版广角》2014 年第 16 期,第 68~70 页。
② 蒋赐玲:《柬埔寨华文报刊的新媒体探索——以柬埔寨〈华商日报〉为例》,《新闻研究导刊》2016 年第 15 期,第 285~286 页。

击，最后一份华文媒体《老华日报》也在 1978 年 2 月 23 日被当局关闭。①随着"一带一路"建设，华侨华人呼吁复办华文报纸，把"21 世纪海上丝绸之路"向老挝人民广而告之，推动中老经济合作、文化交流。

## （二）东盟国家华文媒体的主要特点

东盟华文媒体的发展特点因时代和环境的不同而不同，随着中国经济崛起和"21 世纪海上丝绸之路"建设，东盟国家华文媒体呈现多元化发展格局，主要有以下特点。

### 1. 华文媒体读者多元化

进入 21 世纪，东盟国家华裔群体逐渐出现多元化趋势，不仅有早期移民的老华人、以知识和技术移民为主的新华人，还有在东盟国家出生的新生代华人。随着中国经济崛起，对外交往日益频繁，汉语成为越来越多东盟国家青少年学习外语的重要选项。同时，随着"一带一路"建设的推进，越来越多的中国企业"走出去"，东盟华文媒体也成为中国国内各界了解东盟国家的重要信息窗口。

### 2. 华文媒体内容本土化与国际化

在本土化方面，东盟国家华文媒体的主要服务对象为所在国华裔族群及相关群体，因此，媒体内容的针对性明显，主要报道所在国新闻、华族传统文化活动、华侨社团的活动、宗教和慈善活动，成为华人社区与主流社会沟通和交流的桥梁。在国际化方面，华文媒体与中国各方面的合作互动加深，随着中国国际地位的提升，华文媒体对中国的关注度也越来越高。同时，华文媒体的国际化也体现在对地域、国界等局限的突破，实现跨区域的信息传播。

### 3. 华文媒体发展集团化

东盟国家华文媒体的集团化主要有两种情形②：一是海外本土华文媒体逐渐从纸质媒体向多媒体发展过程中形成的报业集团，如新加坡报业控股有限公司；二是港澳台地区报业集团的海外拓展，如台湾的联合报系、香港的星岛新闻集团、明报集团等。中国大陆的媒体也开始同海外华文媒

---

① 傅曦、张俞：《老挝华侨华人的过去与现状》，《八桂侨刊》2001 年第 1 期，第 14~17 页。

② 何亚非：《海外华文媒体与中国梦》，《求是》2015 年第 1 期，第 60~61 页。

体建立合作伙伴关系，共谋未来发展，如南方报业集团与泰国《星暹日报》开展战略合作。

4. 华文媒体传播立体化

随着媒体网络化、社会化的发展以及华人群体知识结构的变化，华文报纸逐渐朝着立体化方向变化，从报纸向广电、网络等方向发展，形成纸质媒体与网络媒体齐头并进的格局。如《联合早报》的"联合早报网"就是东盟华文媒体网络版中的佼佼者，内容充实，形式丰富，成为主报的一个有机组成部分，发挥了信息增值的功能。其他一些华文报纸也纷纷推出网络版，以适应新时代不同读者群的需求，如柬埔寨《华商日报》《柬华日报》先后开通微信、Facebook，以吸引年轻群体关注。

5. 传播中华文化公益化

华文媒体肩负着宣传中华传统文化，令中华文化在海外薪火相传、生生不息的任务。东盟国家华文媒体都致力于举办各种活动宣传中华文化。例如，马来西亚《星洲日报》有面向中学生的《学海》周刊、面向高小生的《星星》周刊和面向幼儿园到小学三年级学生的《小星星》周刊，成为当地中小学学生学习华文的好助手。《星洲日报》积极组织和参与慈善活动，每年举办各类公益活动达百余场。

## 二　东盟国家华文媒体对"一带一路"的报道情况

"一带一路"是习近平主席在新时期提出的具有深远而重大意义的发展倡议。由于这项倡议可望带来空前商机，参与国将从中受益，因此要尽可能提供各种翔实的项目、资料和信息，以提高参与意愿。经过中国政府部门和外交机构反复阐释、中国与各国各层次的交流讨论、海内外媒体的持续跟踪报道，以及"一带一路"与东盟各国发展战略对接的具体项目的持续推进，"一带一路"倡议已经吸引了东盟各国越来越多的目光。

然而，单靠中国政府宣传是不够的，东盟各国的华文媒体可以充分发挥其在所在国的优势，扮演重要角色。真实、客观、公正、理性而科学地讲好"中国故事"，将有关"一带一路"的合作意图、合作原则、合作建设中的具体措施，以及在"一带一路"沿线国家和地区已经实施项目的进展情况、有关国家和地区的参与方式、相关领域出现的新商机、可能出现的影响因素等，以"中国故事"的形式传递给所在国人民，调动各方的积极性，引导所在国人民支持和参与"一带一路"建设。

本节以东盟各国最具影响力的华文报纸（见表 5.1）为研究对象，采取定量与定性相结合的研究方法。以 2013 年 10 月为起点时间、2016 年 7 月 31 日为截止时间，分析"一带一路"倡议提出以来，东盟各国华文媒体关于"一带一路"报道的情况，研究其对"一带一路"的态度与反应。

表 5.1　东盟各国最具影响力的华文报纸

| 报纸名称 | 国家 | 创立年份 | 发行量（万份/天） | 网站 | Alexa 排名 |
|---|---|---|---|---|---|
| 《联合早报》 | 新加坡 | 1983 | 20 | http：//www.zaobao.com.sg | 38794 |
| 《星洲日报》 | 马来西亚 | 1929 | 40 | http：//www.sinchew.com.my | 10421 |
| 《世界日报》 | 泰国 | 1955 | | http：//www.udnbkk.com | 499426 |
| 《国际日报》 | 印尼 | 2001 | 3.5 | http：//www.guojiribao.com | 735126 |
| 《世界日报》 | 菲律宾 | 1981 | 2 | http：//worldnews.net.ph | 6382593 |
| 《金凤凰》 | 缅甸 | 2007 | | http：//www.mmgpmedia.com | 3226665 |
| 《诗华日报》 | 文莱 | 1952 | 9 | http：//news.seehua.com | 234806 |

### （一）报道数量

从上述网站查询以"一带一路""海上丝绸之路""亚投行"为关键词的相关报道。剔除重复、无关新闻等数据，得到 2013 年 10 月以来东盟各国主流华文媒体关于"一带一路"的报道数据。

#### 1. 报道总量

从报道总量来看，2013 年 10 月中国提出"一带一路"倡议之后，东盟各国华文媒体报道总量总体呈增长趋势。从图 5.1 可看出，2013 年 10 月至 2016 年 7 月，有关"一带一路"每个月的新闻报道是不断增加的。在"一带一路"倡议刚提出之时，并未引起东盟各国华文媒体的关注，报道量极少，这显示出东盟国家刚开始普遍认为"一带一路"仅是中国新一届政府提出来的口号，关注度低。然而，中国高强度地阐释其合作愿景和理念，不断推出具体的合作项目和计划，例如：2013 年筹建亚投行；2014 年设立丝路基金，开始中巴经济走廊、瓜达尔港建设，召开 APEC 互联互通会议；2015 年发布《推动共建丝绸之路经济带和 21 世纪海上丝绸之路的愿景与行动》等,"一带一路"得到各国各界的重点关注,报道量大幅度增加。有关"一带一路"报道从2014年的481篇增加到2015年的1803篇,增加了275%。

从月份比较来看,报道主要集中在每年的3~6月和9~12月两个时段。这主要是由于这两个时段中国在国际外交舞台的主场活动较多,助推"一带一路"倡议引发关注。上半年的3~4月有博鳌亚洲论坛召开,作为中国着力打造的"主场外交",始终围绕"亚洲新未来"主题,2014年的"寻找和释放增长新动力"、2015年的"迈向命运共同体"、2016年的"新活力与新愿景"等,为"一带一路"倡议、亚投行宣传提供了重要平台。下半年有东盟峰会、亚太经济合作组织(APEC)峰会、亚非领导人会议等,成为中国与东盟国家对话的重要平台。其中,2015年"一带一路"国际合作高峰论坛在北京召开,盛大的"主场外交"让"一带一路"倡议得到更多关注。

中国与东盟各国的双边、多边外交是"一带一路"报道量增加的另外一个因素。东盟是中国周边外交的优先方向,中国将周边置于外交全局的首要位置。2013年10月,习近平对印度尼西亚和马来西亚进行国事访问;2013年10月,李克强对文莱、泰国、越南进行国事访问;2014年11月,李克强对缅甸进行正式访问;2015年11月,习近平对越南、新加坡进行正式访问,李克强对马来西亚进行正式访问。中国领导人对东盟各国持续、高效的访问,对推动"一带一路"倡议与《东盟互联互通总体规划》对接产生了重要作用。

"一带一路"媒体合作是推动东盟各国加强"一带一路"报道的又一因素。2014年以来,先后举办了"一带一路"媒体合作论坛、"一带一路"世界华文传媒经济论坛、东盟与中日韩("10+3")媒体合作研讨会;建设多语种"一带一路"全球媒体协作网,搭建了信息交流、资源共享的有效平台;成立"一带一路"国际新媒体联盟;推出"一带一路"新闻报道多语种服务云平台,提供交互化翻译,实现全媒体传播;成立媒体合作论坛秘书处,协助各国媒体参与"一带一路"主题的采访报道活动;组织多国跨境联合采访,实现深度联动。上述措施对于增进"一带一路"沿线各国人民间的了解、促进媒体间的交流合作发挥了重要作用,极大地增加了"一带一路"在东盟各国的报道量。

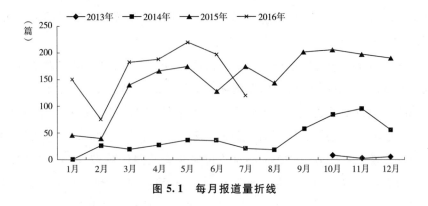

图 5.1　每月报道量折线

2. 各大报纸情况

从各大媒体报道量来看，2013 年 10 月至 2016 年 7 月，新加坡《联合早报》报道量最大，有 1257 篇，占总报道量的 36.63%，第二是菲律宾的《世界日报》，有 797 篇，占总报道量的 23.22%，第三是印度尼西亚的《国际日报》，有 771 篇，占总报道量的 22.47%，这三大报纸的报道量占总报道量的 82.31%。《联合早报》是"一带一路"倡议报道的主要平台，为推动新加坡企业深入了解"一带一路"，为全球关注"一带一路"的中文读者提供新加坡和东南亚视角。2016 年 2 月，《联合早报》与新加坡工商联合总会联手推出"一带一路"专题网站，内容包括围绕"一带一路"倡议的宏观与微观介绍、最新进展、沿线区域信息、相关商机、分析评论、活动看板以及相关采访等。《世界日报》是菲律宾最大的华文媒体，派发了《大公报》菲律宾版和《福建侨报》，多次参与菲律宾国内"一带一路"华文媒体报道活动。《国际日报》是印尼最大的华文报纸，还代印代发《人民日报·海外版》和香港《文汇报·东南亚版》，其对"一带一路"的宣传报道起到了重要作用。

从各报纸的报道量来看，各大华文媒体对"一带一路"关注度呈现逐渐提高的趋势。首先，新加坡《联合早报》是最早关注"一带一路"议题的，自 2013 年 9 月习近平主席提出"一带一路"倡议后，其关注从未减弱，始终保持高度关注，这与其作为亚洲重要报刊，坚持客观公正、开阔的国际视野、倡导主流价值观的办报理念不无关系。其次，菲律宾的《世界日报》和印度尼西亚的《国际日报》在 2013 年 10 月之后有零星报道，正式开展"一

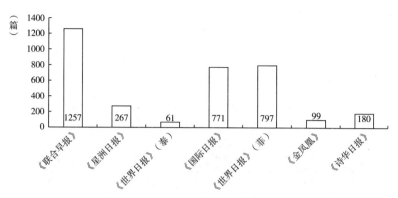

图 5.2　各大报纸报道量

带一路"系列报道基本是从 2014 年开始。2014 年印度尼西亚的《国际日报》有关"一带一路"的平均报道量每月不到 3 篇，2015 年之后，平均每月报道量达到 39 篇。菲律宾《世界日报》在 2014 年之后对"一带一路"议题的关注度也大为提升，报道量从 2014 年的每月 20 篇增加到 2015 年的每月 33 篇。再次，马来西亚的《星洲日报》和文莱的《诗华日报》对"一带一路"的报道在 2014 年较为零散，2015 年后有持续报道，《星洲日报》2015 年平均每月报道 15 篇，2016 年（截至 7 月）为平均每月报道 10 篇；《诗华日报》的同期数据分别为 10 篇和 9 篇。最后，对于泰国《世界日报》来说，其对"一带一路"关注较早，2013 年 9 月即以"习近平倡建丝绸之路经济带"为题报道了习近平在纳扎尔巴耶夫大学的演讲，此后，该报对"一带一路"倡议报道较少，2016 年（截至 7 月）平均每月报道 3 篇左右。与泰国《世界日报》相似，缅甸《金凤凰》对"一带一路"的报道也是关注较早，但报道量较少，2016 年（截至 7 月）以来有所改观，平均每月报道 8 篇左右，可能的原因是缅甸国内政治改革与 2015 年缅甸大选成为国内关注热点，因而对"一带一路"的关注减弱。

## （二）对国内媒体报道的引用程度

"一带一路"倡议源自中国政府，所以国内对"一带一路"有较为全面的报道。东盟各国华文媒体在报道时，经常引用国内媒体报道，具体如下。

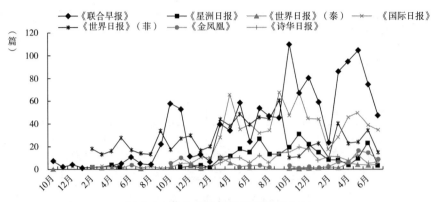

**图 5.3　各大报纸报道量及时间分布**

新加坡《联合早报》作为亚洲重要的华文媒体，其报道主要以自身采编为主，有部分稿件来自大公网、凤凰网、明报网、BBC 中文网、FT 中文网、千龙新闻网，对中国国内媒体报道引用较少。评论员文章是《联合早报》的最大特色，有谭中、顾功垒、郑永年等发表大量有关"一带一路"的评论员文章。

菲律宾《世界日报》对"一带一路"的报道主要来自中国国内的相关新闻机构。在全部 797 篇中，来自新华社的报道有 260 篇，占 32.62%；来自中新社的报道有 199 篇，占 24.97%；来自香港中通社的报道有 46 篇，占 5.77%。可见，菲律宾《世界日报》对中国国内媒体报道的引用率较高，大部分消息来自中国国内的主要通讯社。

印尼《国际日报》代印代发《人民日报·海外版》和香港《文汇报·东南亚版》，在报纸方面，有开辟"中国要闻""南博会""'一带一路'重点城市"专版等。因此，该报对中国国内的相关报道引用较多，大约有 40% 的报道来自中国国内相关媒体。

马来西亚《星洲日报》是马来西亚重要的华文报纸。2008 年星洲媒体集团、香港明报集团、南洋报业宣布合并，组建"世华媒体"，因此其报道的信息主要由该集团独立采编，对中国国内的报道消息引用较少。

文莱《诗华日报》是马来西亚启德行集团旗下的一份华文报纸，该集团旗下传媒领域出版 3 份中文报纸、2 份英文报纸及 1 份马来文报纸。因此，该报信息来源较广，仅标明消息来自哪里，未标明来自哪个新闻社。

缅甸《金凤凰》作为缅甸唯一一份华文报纸，其有关"一带一路"的报道部分来自新华社、中新社、人民网，但占比较低，约10%；大部分报道来自该报社自己的新闻稿，或来自多方信息综合报道。

泰国《世界日报》有关"一带一路"的报道大部分来自英国金融时报的综合报道，对中国国内的相关信息引用较少。

（三）主要题材

从新闻报道的题材来看，东盟各国华文媒体报道题材宽泛，涉及"一带一路"的经济、政治、文化、华人社团、侨乡等各方面内容。对于中国政府关于"一带一路"倡议的重要措施、中国领导人出访活动等重大政治经济类题材，各大报纸均有报道。除此之外，各大报纸根据自己定位，通过不同形式报道"一带一路"的相关消息。例如，新加坡《联合早报》主要以评论分析为特色，同时报道有关"一带一路"沿线的各国资讯、中国港澳台动向、中国各省份发展政策、相关商机等，这些题材基本构成了该报的主要内容。菲律宾《世界日报》和印尼《国际日报》由于与中国国内主流通讯社合作，除了报道中国领导人的出访活动外，还报道华侨社团、商贸活动、文化交流、侨乡发展等。

马来西亚《星洲日报》和文莱《诗华日报》报道"一带一路"消息的特色是与各类华侨总会、商会活动报道相联系，凸显华侨华人在"一带一路"建设中的重要作用。除此之外介绍"一带一路"倡议（如：吴小安剖析"一带一路"政策）、商业资讯（如：掌握"一带一路"先机，商家须紧跟中国步伐）、文化交流（如：配合"一带一路"，推动马中文化艺术交流）等都是重要内容。①

缅甸《金凤凰》和泰国《世界日报》的主要特色是立足所在国，从所在国视角报道"一带一路"消息。例如，缅甸《金凤凰》报道的内容涉及经贸活动（如，中国海上丝绸之路经贸考察团到访缅甸中华总商会）、地

---

① 吴小安：《中国与亚洲：兼谈"一带一路"到底意味着什么？》，星洲网，http://www.sinchew.com.my/node/1045583，最后访问日期：2016年8月20日；古润金：《配合一带一路，推动马中文化艺术交流》星洲网，http://www.sinchew.com.my/node/1540618，最后访问日期：2016年8月20日。

缘政治（如，新一轮地缘博弈在缅展开）、文化交流（如，增进中缅文化交流云南举办第二届缅甸记者研修班）等。① 泰国《世界日报》报道的内容有经贸合作（如，泰中将联合打造动漫丝绸之路、"一带一路"泰中国际经贸投资论坛）、文化交流（如，丝绸之路城市联盟参访泰中艺联），当然也有"一带一路"的项目情况（如，布局"一带一路"，中资大买全球港口；中国拼"一带一路"，建46境外合作区）②。

总体上，东盟各国华文媒体所报道的内容广泛，涉及"一带一路"的政策沟通、设施联通、贸易畅通、资金融通、民心相通等方方面面。

### （四）新闻态度

总体来看，东盟各国华文媒体对"一带一路"的报道内容主要持正面或中立态度，负面态度较少。例如，新加坡《联合早报》的《"一带一路"战略为国际企业带来的机遇》《"一带一路"与亚细安基础设施建设》等③都从不同角度分析了"一带一路"倡议，普遍认为"一带一路"倡议符合当前东盟各国的发展趋势，但实施过程需要多方协调、互通政策。马来西亚《星洲日报》的《占尽天时地利人和，大马是海丝路良伴》《掌握

---

① 《中国海上丝绸之路经贸考察团到访缅甸中华总商会》，金凤凰，http：//www.mmgpmedia.com/sino-mm/11662，最后访问日期：2016年8月20日；胡志勇：《新一轮地缘博弈在缅展开》，金凤凰，http：//www.mmgpmedia.com/general-news/14329，最后访问日期：2016年8月20日；《增进中缅文化交流-云南举办第二届缅甸记者研修班》，金凤凰，http：//www.mmgpmedia.com/general-news/15340，最后访问日期：2016年8月20日。

② 《泰中将联合打造动漫丝绸之路》，《世界日报（泰国）》，http：//www.udnbkk.com/article-187378-1.html，最后访问日期：2016年8月21日；《"一带一路"泰中国际经贸投资论坛》，《世界日报（泰国）》，http：//www.udnbkk.com/article-173403-1.html，最后访问日期：2016年8月21日；《丝绸之路城市联盟参访泰中艺联》，《世界日报（泰国）》，http：//www.udnbkk.com/article-171875-1.html，最后访问日期：2016年8月21日；《布局"一带一路"中资大买全球港口》，《世界日报（泰国）》，http：//www.udnbkk.com/article-183859-1.html，最后访问日期：2016年8月21日；《中国拼"一带一路"建46境外合作区》，《世界日报（泰国）》，http：//www.udnbkk.com/article-102492-1.html，最后访问日期：2016年8月21日。

③ 普华古柏会计师事务所：《"一带一路"战略为国际企业带来的机遇》，联合早报网，http：//www.zaobao.com/beltandroad/analysis/story20160509-614919，最后访问日期：2016年8月21日；文森林加：《"一带一路"与亚细安基础设施建设》，联合早报网，http：//www.zaobao.com/forum/views/opinion/story20160503-612504，最后访问日期：2016年8月21日。

"一带一路"先机，商家须紧跟中国步伐》《"一带一路"百年难遇，政府应全力以赴》等①，都积极评价"一带一路"倡议有利于马来西亚经济发展。

当然，也存在少数不同声音，例如新加坡《联合早报》的《步履蹒跚的"一带一路"战略》认为，"一带一路"沿线各国欢迎中国资本又要看美国脸色，因而中国"一带一路"倡议看上去热闹，但在推行中充满不确定性，甚至有中途中断的风险。②该报还曾报道台湾"侨务委员会"的观点，认为"大陆'一带一路'不利台商""'一带一路'不利于台湾整体竞争力"，因为"一带一路初期的基础建设是由中国政府与国家企业主导，台商根本无利可图，台湾当局应明确告诉台商，应该趋吉还是避凶"③。又如，泰国《世界日报》刊文《"一带一路"何不纳入更多非洲国家》④，认为中国政府的"一带一路"倡议都没有经过北非之外的非洲大陆，将使参与"万隆会议"的诸多非洲国家感到受排除与失望，明显美中不足。

## 三　东盟国家华文媒体报道"一带一路"的经验和不足

东盟国家华文媒体传播"一带一路"过程中，在弘扬中华文化、与所在国主流社会互动、引导舆论、维护华侨华人合法权益、促进中外民间交流等方面，发挥着越来越积极的作用。同时，也必须客观地认识到，华文媒体仍存在与主流媒体合作欠缺、读者市场缺乏细分、立体化传播能力有待提升等方面的不足，具有较大的改进和完善空间。

① 黄惠康：《占尽天时地利人和大马是海丝路良伴》，星洲网，http://www.sinchew.com.my/node/1429212，最后访问日期：2016年8月21日；黄汉良：《掌握"一带一路"先机商家须紧跟中国步伐》，星洲网，http://www.sinchew.com.my/node/1455753，最后访问日期：2016年8月21日；林福山：《"一带一路"百年难遇政府应全力以赴》，星洲网，http://www.sinchew.com.my/node/1060607，最后访问日期：2016年8月21日。

② 张敬伟：《步履蹒跚的"一带一路"战略》，联合早报网，http://beltandroad.zaobao.com/beltandroad/analysis/story20150724-584718，最后访问日期：2016年8月21日。

③ 台湾"侨委会"：《"一带一路"不利于台湾整体竞争力》，联合早报网，http://www.zaobao.com/wencui/politic/story20160426-609801/，最后访问日期：2016年8月21日。

④ 《"一带一路"何不纳入更多非洲国家》，http://www.udnbkk.com/article-64336-1.html，最后访问日期：2016年8月21日。

## （一）东盟国家华文媒体传播"一带一路"的经验

### 1. 拓展华文媒体公共外交，增强"一带一路"建设软实力

华文媒体作为海外公众认识中国的文化桥梁，是中国公共外交的重要平台，有助于向世界人民介绍一个客观而全面的中国，也有助于增强"一带一路"建设软实力。例如，华文媒体积极营造和平友善的对华舆论环境，在我国领导人访问"一带一路"尤其是东盟国家期间，纷纷刊登或转载中国国家领导人署名文章，助力中国国家领导人与东盟国家民众直接对话。2013 年 10 月《联合早报》刊文《中国的东盟外交展示新思维》《最高层着手"顶层设计"，中国周边外交提速升级》《谁将成为新丝绸之路的桥头堡？》[①]，对我国领导人外访期间提出的"新丝绸之路"倡议进行大讨论。2015 年 11 月，习近平对新加坡进行国事访问期间，《联合早报》推出48 版特辑，集中阐述中新关系和"一带一路"倡议。此外，华文媒体还积极开展公共外交和民间交流，通过文化交流、学术研究、媒体合作等方式，促进中国与"一带一路"沿线国家人民的友好往来，对推动"一带一路"倡议产生直接影响。

### 2. 深化华文媒体合作，推动"一带一路"文化传播

国内主流媒体与华文媒体合作是推动"一带一路"倡议落实的重要传播手段。"一带一路"倡议提出后，中国国内主流媒体主动与华文媒体合作，建立了"一带一路"媒体合作论坛、"一带一路"世界华文传媒经济论坛、新世纪丝绸之路经济论坛等平台，开展了"新世纪丝绸之路华媒万里行""华文媒体丝路行""重走丝绸之路"等采风活动，极大地推动了国内外华文媒体的合作，推动了以文化交流为主要内容的民间交往，加深了各国人民之间的相互理解和信任。

例如，人民日报社主办的"一带一路"媒体合作论坛，集聚来自 101个国家的 212 家媒体代表，该论坛已成为由中国主流媒体主办的规模最大、

---

① 朱锋：《中国的东盟外交展示新思维》，联合早报网，http：//www.zaobao.com/forum/expert/zhu-feng/story20131015-264773/page/0/2，最后访问日期：2016 年 8 月 21 日；阚枫：《最高层着手"顶层设计"中国周边外交提速升级》，联合早报网，http：//www.zaobao.com/wencui/politic/story20131027-269479，最后访问日期：2016 年 8 月 21日；易鹏：《谁将成为新丝绸之路的桥头堡？》，联合早报网，http：//www.zaobao.com/forum/expert/yi-peng/story20131028-269736，最后访问日期：2016 年 8 月 21 日。

参与国家和国际组织最多、参会外媒最多、最具代表性和影响力的全球媒体盛会。人民日报社与来自 23 个国家的 33 家主流媒体签署《双边合作谅解备忘录》，加强"一带一路"沿途各国媒体的合作和交流。①

又如，中新社作为以对外报道为主要新闻业务的国家级通讯社，积极响应"一带一路"倡议，先后组织了"新世纪丝绸之路经济论坛""丝绸之路华媒万里行"等活动。在海外华人华侨的主要聚集地——东盟国家报道时，创新与海外华文媒体合作模式，邀请东盟十国的部分华文媒体记者与中新社记者混合编队，并肩采访，从所在国人民视角讲述"中国故事"，令稿件广受当地华文媒体欢迎。②

3. 重视华侨华人力量，搭起"一带一路"沟通桥梁

随着"一带一路"倡议的持续推进，越来越多的华侨华人积极响应。海外华文媒体主动出击、精准报道，对华侨华人、侨商、侨社参与"一带一路"建设状况进行跟踪报道，成为沟通华侨华人与"一带一路"的信息纽带。例如，马来西亚《星洲日报》刊文《分享经验开阔眼界，侨商增强投资信心》《配合推动"一带一路"，中总愿与侨联合作》③，菲律宾《世界日报》刊文《"一带一路"为华商提供无限商机》《加快"一带一路"建设需要和离不开华商参与》④，缅甸《金凤凰》报道《缅甸华商代表参加第 14 届东盟华商会，与全球华商携手"一带一路"谋发展》⑤，文莱《诗华日报》报道《海外华人搭建马中人脉》⑥ 等，反映了华文媒体对华侨华人参与"一带一路"的积极关注。

---

① 裴广江、张梦旭：《人民日报社携手 33 家国际媒体签署合作谅解备忘录》，人民网，http://finance.people.com.cn/n/2015/0922/c1004-27619756.html，最后访问日期：2016年 8 月 21 日。

② 夏春平：《中新社"一带一路"报道解析》，《对外传播》2015 年第 4 期，第 29~31 页。

③ 庄荣文：《分享经验开阔眼界侨商增强投资信心》，星洲网，http://www.sinchew.com.my/node/1457916，最后访问日期：2016 年 8 月 21 日；林锦胜：《配合推动"一带一路"中总愿与侨联合作》，星洲网，http://www.sinchew.com.my/node/1456766，最后访问日期：2016 年 8 月 21 日。

④ 《"一带一路"为华商提供无限商业》，http://worldnews.net.ph/post/52500，最后访问日期：2016 年 8 月 21 日；《加快"一带一路"建设需要和离不开华商参与》，http://worldnews.net.ph/post/35220，最后访问日期：2016 年 8 月 21 日。

⑤ 《缅甸华商代表参加第 14 届东盟华商会，与全球华商携手"一带一路"谋发展》，http://www.mmgpmedia.com/local-news/14753，最后访问日期：2016 年 8 月 21 日。

⑥ 谢诗坚：《海外华人搭建马中人脉》，http://news.seehua.com/? p = 116125，最后访问日期：2016 年 8 月 21 日。

## （二）东盟国家华文媒体传播"一带一路"的不足

### 1. 与所在国主流媒体合作较为欠缺

东盟华文媒体除了《联合早报》《星洲日报》的影响力较大外，其余大部分并非所在国主流媒体，其有关"一带一路"的新闻报道并未引起当地主流社会的足够重视。首先，华文媒体的历史背景影响其生存地位。华侨华人是在近代中华民族饱受欺凌的时代下被迫背井离乡的，大部分华侨华人并不受尊重，"一带一路"沿线的个别国家在历史上甚至出现极端排华事件，颁布了禁止出版华文刊物的法令，这直接影响了华文媒体的地位。其次，华文报纸新闻采编能力不足，针对"一带一路"倡议内容无法深入剖析和全方位解读。华文报纸内容多为转载、综合报道，独立采编新闻缺乏；在自媒体时代，华文报纸仍停留在单纯的传播功能上，对"一带一路"倡议缺乏独立意见和特色解读，无法改变"传声筒"或"新闻搬运工"的形象，自然无法得到更多读者支持，更谈不上与主流媒体合作。最后，华文报纸受众单一，话语权有待提升。由于华文媒体的服务对象主要是华裔族群，受其阅读语言、表达方式、文化背景等影响，对于"一带一路"的观察点与主流媒体迥然不同，往往造成所在国主流社会无法理解、认同华文媒体的观点，这使其在当地舆论中缺乏话语权。

### 2. 读者以华人社群为主，缺乏市场细分

华文媒体的主要受众为华侨华人。随着中国经济快速发展，"一带一路"倡议持续推进，华文商业价值迅速提升，华文信息更是受到多方读者关注，可分为以下几类：第一类是旅居海外数十年的老华侨及其后代；第二类是在改革开放以后，通过留学、投资、探亲等方式移居海外的中国公民；第三类是中国企业的海外务工人员及工商业者；第四类是所在国关注华侨声音、中国发展、中国文化的本土受众。多元化的读者群体需要不同类型的"一带一路"华文信息，既要有中国要闻、"一带一路"商业资讯，也要有华社新闻、侨领关注、所在国动态，还要有中国传统文化、侨乡"一带一路"动态等。当前，华文媒体往往对读者群体缺乏细分，不能提供差异化的"一带一路"分类信息。

3. 借助社交媒体进行立体化传播的能力有待提升

华文媒体发展线上传播渠道，提高"一带一路"的信息传播效率。随着网络技术的快速发展和手机、平板电脑的普及，越来越多的海外华文媒体设立"一带一路"专题网页，或微信、微博专题新闻。例如，《联合早报》开设"一带一路"专题网页（http：//beltandroad. zaobao.com/beltandroad），为读者提供有关"一带一路"的新加坡及东南亚视角。又如，柬埔寨《华商日报》通过开设微信公众号，开设"一带一路"专题版块，读者群体迅速扩大且来源多元化，微信读者不仅有来自各行各业的青年群体，还有来自全球各地的海外读者（60%是中国读者），新媒体使《华商日报》获得了新生。①

华文媒体立体化的传播能力需要加强，以拓宽"一带一路"受众群体。例如，越南《西贡解放日报》新闻仅有 PDF 版本，对于阅读极为不便，极大地限制了读者了解越南的"一带一路"政策和措施；文莱《诗华日报》、马来西亚《星洲日报》存在较多网页无法打开，或者链接失败的问题，影响读者对文莱"一带一路"相关信息的关注。另外，已经开通微信、微博平台的华文媒体也大多仅限于对报纸内容的直接移植，没有根据新媒体环境下的读者阅读习惯做有针对性的调整，更没有针对"一带一路"信息进行深入剖析。因此，东盟华文媒体一方面需要与时俱进，开拓立体化传播渠道，扩大信息覆盖面，另一方面还需要利用国际社交媒体，如 Facebook、Twitter、Line 等平台发布"一带一路"信息，扩大国际影响力。

## 四 海外华文媒体传播"一带一路"的建议

发挥海外华文媒体优势，讲好中国故事，传播中国声音，阐释中国特色，是新时期中国对外宣传、引导"一带一路"国际舆论的关键路径。沟通海外华文媒体资源，加强交流合作，有利于引导舆论、凝聚共识，推动"一带一路"的共商与共建。

### （一）转变对外传播思路，强化共享理念

调整传播思路，将对外传播从宣传导向转为服务导向。"一带一路"

---

① 陈毅：《柬埔寨〈华商日报〉微信运营策略研究》，硕士学位论文，暨南大学，2015。

倡议的传播需要从受众角度出发，充分考虑东盟国家民众对"一带一路"的信息需求、文化需求，转变"以我为主"的宣传式的传播思路，转向以东盟民众需求为导向的服务式传播，才能更好地结合华文媒体优势，使传播内容更具体、更精准、更容易被东盟国家民众接受。

强化共享理念，突出"一带一路"倡议的和平发展主题。"一带一路"倡议提出以来，始终坚持和平与发展两大主题。因此，在发挥海外华文媒体优势的同时，必须从媒体内容、渠道、受众等方面，强化共享理念，突出合作共赢，寻找利益契合点和最大公约数。多使用"倡议""合作""文化交流"等软性词语，强调"一带一路"是"和平合作、开放包容、互学互鉴、互利共赢"之路，体现倡议的合作性、互利性、包容性和共赢性，淡化对抗和零和博弈，让东盟各国人民认识"一带一路"是合作共赢之路。

对外传播的服务型传播思路和共享型理念，将有助于东盟国家华文媒体找准位置，精准对接"一带一路"倡议，在所在国树立独特的报道特色和风格，有利于华文媒体在所在国的差异化竞争，也更容易与所在国主流媒体合作，形成互补格局。

## （二）加强媒体合作，提高办报水平

加强中国国内主流媒体与海外华文媒体合作。由于资源、信息、人才等条件的限制，海外华文媒体获取中国国内信息的速度慢，而国内主流媒体对于国外信息的获取也往往存在滞后性。"一带一路"倡议涵盖东南亚、南亚、中亚、西亚、独联体、中东欧等地区，包括 60 多个国家，总人口超过 44 亿，占全世界总人口的 63%。如此之大的时空范围，中国国内主流媒体需要海外华文媒体提供信息支持。因此，先后成立的"一带一路"媒体合作论坛、世界华文媒体合作联盟、"一带一路"世界华文传媒经济论坛、中新社-海外华文媒体合作创新平台等平台和机构，都在不同层面促进了媒体合作。但目前海内外媒体交流合作还停留在论坛层面，需要在信息采编、报道方面深度合作，提高其影响力，将海外华媒纳入中国对外传播的整体战略，力争在海内外形成内外呼应局面。

支持海外华文媒体与国内智库合作。随着"一带一路"倡议和中国特色新型智库工作持续推进，国内形成一批理论功底较好、熟悉"一带一路"倡议、具有理论创新的新型智库。海外华文媒体作为华裔族群的发声平台，可以通过与国内知名媒体、智库、企业合作，积极主动地向主流社会发声，发表对"一带一路"倡议的独立看法，共同构建融通中外和公正、合理、平衡的国际话语体系。

### （三）提高技术水平，构建立体化传播网络

帮助华文媒体改进传播技术。以传统业务为主的"一带一路"沿线国家海外华文媒体在传播技术上仍落后于中国媒体，其受到网络媒体的冲击也比国内严重得多。如今不少有实力的华文报纸纷纷建立了网站，但仍未找到理想的盈利模式。随着中国移民、游客比例的日益增多和"一带一路"倡议持续推进，简体中文网站的阅读需求持续扩大。国内传媒企业可在经济和技术上与华文媒体推进合作，利用网络传媒克服空间距离障碍，在帮助海外华文媒体生存发展的同时加强"一带一路"对外传播的力量，提高华文媒体的国际传播能力。

提升华文媒体立体化传播能力。互联网的发展推动了传统华文媒体的变革。由于传统华文媒体办报队伍在观念、能力、技术等方面无法满足互联网传播需求，加之资金、信息、资源等缺乏，华文媒体立体化传播举步维艰。因此，通过举办"一带一路"华文媒体技术培训班、网络技术队伍输出、"一带一路"华文媒体平台委托管理等形式，帮助华文媒体做大做强新媒体平台（如微信、微博、客户端），使"一带一路"新闻报道成为被引用、被转发、被评论的国际热点。

帮助华文媒体向全媒体转型。华文媒体主要以纸媒为主，随着电视媒体、广播媒体、网络媒体、社交媒体的出现，华文媒体需要不断转型。海外华文媒体往往站在与反华分子斗争的最前沿，维护着"一带一路"和平、友好、稳定的发展环境，肩负着向世界讲述一个真实的中国、让外国主流社会认同中华文化和价值观、与中国国内民众同圆共享"中国梦"的责任和使命。中国国内企业可以通过帮助华文媒体向全媒体转型，结合华文媒体自身条件和在其"一带一路"信息及商业资源方面的优势，将其打造成信息多元、表达多元以及互动畅通的全媒体平台，从新闻报道、信息资讯提供等层面积极推动中国和华文媒体所在国企业的"一带一路"经贸投资合作。这不仅可以为中国企业"走出去"创造良好的舆论环境，也有利于"一带一路"沿线国家华文媒体的快速转型。

## （四）培养新闻传播人才，服务海外华文媒体

进一步完善新闻传播人才培养机制。当前海外华文媒体面临人才储备不足、培养周期较长等问题，依靠当地华人支撑，困难重重。因此，国内高校可进一步完善新闻传播人才培养机制，为海外华文媒体发展提供支持。开展"一带一路"华文媒体人才培训项目，委托高校、智库平台，帮助海外华文媒体培养一批"懂中国、知世界"的海外新闻传播队伍。开展"一带一路"华文媒体人才培养计划，通过高校、智库平台，培养一批高技术、高水平的青年新闻传播骨干，为华文媒体发展提供后续力量。此外，还可以与他们共建海外华文媒体培训基地，通过海外实习，加快提升人才培养质量，精准服务海外华文媒体的人才需求。

开展"一带一路"华文媒体培训工程。联合国内主流媒体、大型企业、高校、智库等优质力量，结合"一带一路"沿线各国和地区华文媒体的实际需求，创新传播内容和传播策略，帮助其制定"分众化"和"精准化"的受众定位策略，积极主动"走出去"服务华文媒体。帮助华文媒体结合"一带一路"倡议，讲述中国故事、讲好中国故事，有效提升其文化和信息的传播能力。

总之，从东盟华文媒体传播"一带一路"倡议的过程可以看出，华文媒体作为连接中国与世界的信息桥梁，不仅是"一带一路"倡议实施的重要见证者、参与者，也是倡议实施的重要保障力量。海外华文媒体有责任和使命向世界讲好中国故事，让世界读懂中国人民与世界人民共同追求美好生活的愿景，为实现"一带一路"倡议和中华民族伟大复兴的"中国梦"创造良好条件。

# 第二节　签证政策与"一带一路"人员往来

随着"一带一路"倡议的深入实施，中国与沿线国家的联系更加紧密，越来越多的中国公民和企业走出国门。2017年中国内地居民出境人次突破1.3亿人次，"一带一路"沿线国家已成为中外人员往来的重要区域。人员往来是"一带一路"经贸和人文交流的重要组成部分，是实现"一带一路"互联互通的基石和重要前提。

　　由于"一带一路"沿线各国国情和发展阶段不同，社会制度和经济模式各异，国家间合作不同程度地存在"不联不通、联而不通、通而不畅"的问题，而人员往来便利化的问题显得尤为突出。当前，"一带一路"沿线各国与中国签证政策差异较大，既有免签的国家，也有落地签证的国家，还有部分国家的签证手续较为烦琐，然而任何商贸活动的完成都离不开人，因此，如何改进签证政策，促进人员往来便利化，成为"一带一路"互联互通的关键，也是落实"一带一路"建设规划的必然要求。

　　本节分为四个部分，第一部分主要分析签证政策对"一带一路"沿线国家在人员往来、国土安全、移民管理等方面的影响，第二部分主要分析中国现行的签证政策及其对华侨华人的影响，第三部分介绍"一带一路"沿线国家给中国居民免签、落地签待遇及签证便利化情况，第四部分从签证服务、电子签证、政策协定等方面提出促进"一带一路"国家人员往来的签证政策建议。

## 一　签证政策对"一带一路"沿线国家的影响

　　包括"一带一路"沿线各国在内，主权国家有权通过自由的、单方面的或合作的签证政策来管控与其他国家的人员往来[①]。加强"一带一路"沿线各国签证政策合作，能够在人员往来、保护国土安全、防止非法移民和犯罪活动等方面发挥重要作用。

### （一）签证政策有助于"一带一路"沿线地区安全管控

　　当前，"一带一路"沿线国家安全形势复杂，北非、中亚一些国家安全环境复杂多变，部分国家面临新旧政权交接问题，还有部分国家在防范和打击恐怖主义、极端民族主义、分裂主义上效果依然欠佳。因此，不和平、不安全、不稳定因素已经成为"一带一路"在沿线国

---

　　① 签证（Visa）是一国政府机关为维护本国主权、尊严、安全和利益，依照本国法律规定为申请入出或通过本国的外国人颁发的一种许可证明，主要有纸质签证、电子签证、生物签证等类型。

家实施过程中需要优先考虑的议题。① 充分利用签证在人员往来方面的安全管理功能，对"一带一路"人员往来和地区安全局势都有极大的促进作用。例如，通过签证审批管理功能，沿线国家安全管理部门可以提前管控任何企图入境的潜在威胁，拒绝潜在危害国家安全（例如企图伤害群众的恐怖分子）、威胁公共健康安全（例如预防"寨卡"病毒传播）、破坏国家政治稳定的人员进入；出入境安全部门需对已签注的签证进行再一次审核，可拒绝任何具有潜在安全威胁的"一带一路"往来人员入境。

## （二）签证政策有助于"一带一路"沿线地区移民管理

签证政策对"一带一路"沿线国家移民有着重要影响。近年来，由于"一带一路"沿线的中东、南亚和东南亚、非洲等地区难民问题尤为突出。② "一带一路"沿线国家一方面需要通过不同的签证政策阻止非法移民，保护国内劳动力市场，另一方面通过改善签证政策积极引入国外高端人才，促进国内经济发展，提升国际竞争优势。如果"一带一路"沿线国家签证政策不当，可能导致大量非法移民（难民）涌入，进而引发诸多社会问题。例如，由于"一带一路"沿线的中东、非洲大量难民涌入欧洲，不断发生社会安全事件，申根签证的"欧洲无国界"机制备受冲击，一些欧盟国家不得不加强边境管控，甚至有人建议暂停申根签证。③ 又如，部分游客利用旅游签证在"一带一路"沿线国家逾期滞留，留学生利用学生签证在"一带一路"沿线国家工作，也常引发"一带一路"沿线国家的社会问题。

## （三）签证政策有助于"一带一路"往来人员入境管理

"一带一路"人员往来频繁，往来人员结构复杂，沿线各国需要通过

---

① 何茂春、田斌：《"一带一路"战略的实施难点及应对思路——基于对中亚、西亚、南亚、东南亚、中东欧诸国实地考察的研究》，《人民论坛·学术前沿》2016 年第 5 期，第 55~62 页。

② 裴予峰：《难民问题对"一带一路"安全保障的影响》，《阿拉伯世界研究》2015 年第 5 期，第 53~66 页。

③ Alahna Kindred. "Schengen 'won't survive': EU's visa-free movement dream BUCKLING under migrant crisis", https://www.express.co.uk/news/world/1009070/eu-news-schengen-zone-visa, 最后访问日期：2019 年 1 月 15 日。

对签证持有人的入境期限、入境次数、活动范围等进行严格管理。从入境期限来看，"一带一路"沿线各国对华签证政策不同，如乌克兰可办理停留时间不超过 15 天的一次入境落地签证，菲律宾免签停留 7 天。从入境次数来看，越来越多的"一带一路"沿线国家放松对华签证限制，如新加坡给中国人员签发 10 年有效多次签证。从活动范围来看，签证类型不同，活动范围也不同，例如，我国为支持上海科创中心建设，上海出入境口岸将实施"一带一路"部分国家人员 144 小时过境免签政策，可在上海市、江苏省、浙江省行政区域内免签停留 144 小时。

### （四）签证政策有助于"一带一路"沿线国家创造收入

一方面，"一带一路"沿线国家大多是新兴经济体和发展中国家，经济发展水平落后，通过合理的签证政策（如旅游签证等）收取签证费，不仅可以弥补管理签证事务所需的大量费用，而且还可以为沿线国家带来的丰厚收入。例如，2016 年 8 月，沙特内阁为增加非石油收入，弥补油价下跌导致的财政缺口，批准了一系列增收措施，其中就包括大幅提高签证费①。另一方面，便利的签证政策可以促进"一带一路"沿线国家人员往来，带来大量入境消费，进而增加国民就业机会，拉动国内经济增长。例如，泰国对华签证便利，吸引了大量中国游客前往，仅 2015 年中国游客给泰国创造的旅游收入就达 3700 亿泰铢（1泰铢约合 0.19 元人民币），同比增幅 88.1%。②又如，英国对华推出 10 年多次入境签证政策，英国签证指纹录入服务从此前的 9 个城市增加至 50 个城市，吸引大量中国游客前往英国旅游，相关统计显示，每人每次访问平均消费 2688 英镑，平均每 22 名中国游客就为英国旅游业创造 1 个就业岗位。③

---

① 王晓兵、创收：《沙特大幅提高签证费和交通违规罚款》，http://www.ccpit.org/Contents/Channel_ 3920/2016/0810/681807/content _681807. htm，最后访问日期：2016 年 8 月 25 日。

② 俞懿春：《泰国爱上中国游客为泰创造旅游收入约 3700 亿泰铢》，人民网，http://world.people.com.cn/GB/n1/2016/0818/c1002 - 28644484.html，最后访问日期：2016 年 8 月 25 日。

③ 黄培昭：《中英人员往来迎来利好消息》，人民网，http://paper.people.com.cn/rmrb/html/2016-01/09/nw. D110000renmrb_20160109 _5 - 03.html，最后访问日期：2016 年 8 月 25 日。

（五）签证政策有助于"一带一路"沿线国家/地区承载力控制

"一带一路"沿线人员往来密集（如穆斯林朝拜），往往需要通过签证政策来限制往来人员数量，以防超额人员往来对沿线国家/地区社会、文化、生态环境等造成系统性破坏。例如，2015 年，米兰世博会为意大利带来大量游客，多地接待游客数量创下纪录，其中仅佛罗伦萨接待游客数量就超过 1300 万人次。为了应对过快上涨的游客数量，意大利采用了签证、城市税、限制流量等措施。①

当前，"一带一路"沿线国家签证政策差异较大，随着"一带一路"国际合作倡议持续推进，沿线国家人员往来的"人为"障碍亟须突破。对于"一带一路"沿线国家的投资者来说，如果多次往来"一带一路"沿线国家需要支付高昂的签证费用，还需要为烦琐的签证程序付出大量时间和货币成本，必将影响"一带一路"沿线国家的投资环境，使"一带一路"沿线国家内部联系缺乏吸引力，也失去国际竞争优势。可见，签证便利化将成为"一带一路"倡议落实的重要条件，也是中国与沿线国家"民心相通"的重要前提。

## 二 中国对"一带一路"沿线国家的签证政策及其对华侨华人的影响

### （一）中国对"一带一路"沿线国家的签证政策

中国现行签证管理条例是 2013 年 9 月 1 日起施行的《中华人民共和国外国人入境出境管理条例》（以下简称《条例》）。根据"一带一路"往来人员的身份、来华目的，并参照护照种类，中国签证机关②分别颁发外

① 韩秉宸：《人满为患意大利要"限流"国外游客》，人民网，http://world.people.com.cn/n1/2016/0725/c1002-28580429.html，最后访问日期：2016 年 8 月 25 日。
② 主管中国签证事务的部门有：（1）中华人民共和国驻外使馆、领馆或者外交部委托的其他驻外机构负责在境外签发外国人入境签证；（2）公安部、外交部可以在各自职责范围内委托县级以上公安机关出入境管理机构、县级以上外事部门受理外国人入境、停留居留申请；（3）香港特区入境事务处、澳门特区治安警察局分别负责外国人入出香港、澳门特别行政区的有关事宜。

交签证、礼遇签证、公务签证或普通签证。其中，普通签证可分为以下 12
类 16 种。

表 5.2　中国普通签证类型与说明

| 赴华主要目的 | 签证种类 | 签证种类说明 |
| --- | --- | --- |
| 交流、访问、考察等活动 | F | 赴中国从事交流、访问、考察等活动的人员 |
| 商业贸易活动 | M | 赴中国进行商业贸易活动的人员 |
| 旅游 | L | 赴中国旅游人员 |
| 家庭团聚、寄养子女；探望在中国永久居住的亲属 | Q1 | 因家庭团聚申请赴中国居留的人员，申请人应为中国公民的家庭成员或具有中国永久居留资格的外国人的家庭成员；因寄养等原因申请入境居留的人员。在中国境内停留超过 180 日 |
| | Q2 | 赴中国短期探亲的人员，申请人应为居住在中国境内的中国公民的亲属或具有中国永久居留资格的外国人的亲属。在中国境内停留不超过 180 日 |
| 探望在中国工作或学习的亲属；办理其他私人事务 | S1 | 赴中国长期探望因工作、学习等事由在中国境内居留的外国人，申请人应为该外国人的配偶、父母、未满 18 周岁的子女或配偶的父母；因其他私人事务需要在中国境内居留的人员。在中国境内停留超过 180 日 |
| | S2 | 赴中国短期探望因工作、学习等事由在中国境内停留居留的外国人，申请人应为该外国人的家庭成员；因其他私人事务需要在中国境内停留的人员。在中国境内停留不超过 180 日 |
| 工作 | Z | 在中国境内工作的人员 |
| 商业演出 | | |
| 过境 | G | 经中国过境的人员 |
| 执行国际乘务、航空、航运及道路运输任务 | C | 执行乘务、航空、航运任务的国际列车乘务员、国际航空器机组人员、国际航行船舶的船员及船员随行家属和从事国际道路运输的汽车驾驶员 |

续表

| 赴华主要目的 | 签证种类 | 签证种类说明 |
| --- | --- | --- |
| 学习、进修 | X1 | 在中国境内长期学习的人员。在中国境内停留超过 180 日 |
| | X2 | 在中国境内短期学习的人员。在中国境内停留不超过 180 日 |
| 人才引进 | R | 中国需要的外国高层次人才和急需紧缺专门人才 |
| 从事新闻活动 | J1 | 常驻中国新闻机构的外国常驻记者,在中国境内停留超过 180 日 |
| | J2 | 赴中国进行短期采访报道的外国记者,在中国境内停留不超过 180 日 |
| 定居 | D | 赴中国永久居留的人员 |

注:“家庭成员”是指配偶、父母、子女、子女的配偶、兄弟姐妹、祖父母、外祖父母、孙子女、外孙子女以及配偶的父母。

资料来源:http://www.visaforchina.org/SYD_ZH/generalinformation/visaknowledge/269375.shtml。

目前,尽管中国政府努力为“一带一路”往来人员来华签证提供便利,如增加海外签证服务中心、延长多次往返时间等,但是往来人员仍遇到诸多困难,面临着行政审批程序繁杂、政策碎片化严重和办理证件多、办证时间长等“办证难”问题。例如,办理 C 字、F 字、M 字、Q 字、S 字签证需要邀请函,以“谁邀请、谁负责”为原则,旨在从源头防止“三非”(非法入境、非法居留和非法就业)外国人。然而,该项措施在具体实施过程中,审核程序复杂,极大地影响了签证办理效率与人员往来便利。又如,人才签证是外国人才在中国工作需要办理多种证件之一,费时费力,对于中国技术人才引进极为不利,外国专家来中国工作,需要到至少 7 个部门,花费近 2 个月时间,提交 20 多份材料。[1] 因此,持续改善中国签证政策仍是主管中国签证事务部门的重要工作。

## (二)“一带一路”沿线国家人员来华无须办理签证的情况

为了进一步便利“一带一路”人员往来,中国政府针对以下几种情况,简化或免除签证手续。

---

[1] 朱奕龙:《简化外国人才引进行政审批事项》,环球网,http://world.huanqiu.com/hot/2015-03/5804596.html,最后访问日期:2016 年 8 月 25 日。

1. "一带一路" 沿线国家人员来华旅游免签政策

为了鼓励"一带一路"沿线国家往来人员到广东珠江三角洲地区和海南省旅游，中国推出一系列免签政策。对于持与中国建交国家的普通护照到香港或澳门旅游的外国人，经在香港、澳门合法注册的旅游公司组团进入广东珠江三角洲地区（包括汕头）旅游，且停留不超过 6 日，可免办签证。对于马来西亚、泰国、菲律宾等 6 个"一带一路"沿线国家①持普通护照公民，经国家旅游局批准在海南注册的国际旅行社组团（5 人或 5 人以上）到海南省旅游，且停留不超过 15 日，可免办签证。对于俄罗斯持普通护照公民，经国家旅游局批准在海南注册的国际旅行社组团（2 人或 2 人以上）到海南省旅游，且停留不超过 21 日，可免办签证。

2. "一带一路" 沿线国家人员来华过境免签政策

过境免签政策是世界各国实施的免签制度中的一项内容。对于"一带一路"沿线国家往来人员持已订妥座位的联程机票搭乘国际航班从中国直接过境，在过境城市停留不超过 24 小时且不出机场的，可免办签证。

对于俄罗斯、新加坡、捷克等 23 个"一带一路"沿线国家②的公民，持有效国际旅行证件和已确定日期及座位的前往第三国（地区）联程机票，72 小时内自北京（首都国际机场）、上海（虹桥国际机场、浦东国际机场）、广州（白云国际机场）等 15 个城市③的 16 个口岸过境前往第三国或地区的，可免办签证。

3. "一带一路" 沿线国家人员来华签证的优惠政策

中国对于持普通护照的新加坡、文莱 2 个"一带一路"沿线国家公民赴中国旅游、经商、探亲访友（非赴华学习、工作、定居、采访者）或过境不超过 15 天者，从中国对外国人开放口岸入境，可免办签证。对于"一带一路"沿线国家公民持有效的外国人永久居留证或外国人居留许可

---

①　马来西亚、泰国、菲律宾、印度尼西亚、乌克兰、哈萨克斯坦。

②　欧洲国家共 19 个：捷克、爱沙尼亚、匈牙利、拉脱维亚、立陶宛、波兰、斯洛伐克、斯洛文尼亚、俄罗斯、塞浦路斯、保加利亚、罗马尼亚、乌克兰、塞尔维亚、克罗地亚、波黑、黑山、马其顿、阿尔巴尼亚；亚洲国家共 4 个：新加坡、文莱、阿联酋、卡塔尔。

③　北京（首都国际机场）、上海（虹桥国际机场、浦东国际机场）、广州（白云国际机场）、成都（双流国际机场）、重庆（江北国际机场）、沈阳（桃仙国际机场）、大连（周水子国际机场）、杭州（萧山国际机场）、桂林（两江国际机场）、昆明（长水国际机场）、西安（咸阳国际机场）、厦门（高崎国际机场）、哈尔滨（太平国际机场）、武汉（天河国际机场）和天津（滨海国际机场）。

可免签入境中国。对于"一带一路"沿线国家公民持有效的 APEC 商务旅行卡可免签入境中国。

### （三）中国签证政策对华侨华人的影响

中国海外华侨华人有 6000 多万人，分布在世界 198 个国家和地区，是"一带一路"倡议实施的重要支撑力量。海外侨胞和中国国内的联系日益密切，中国通过多次签证制度改革，为华侨华人往来提供便利。

1. 中国签证制度为华侨华人带来便利

中国签证制度为侨胞往来提供便利。最新实施的《条例》针对海外华人设立了 Q 字（家庭团聚类）签证，主要发给申请入境探亲的海外华人，以便中国驻外使领馆为其签发有效期和停留期较长的签证，便利回祖（籍）国探亲。其中，Q1 签证主要发给因家庭团聚申请入境居留的中国公民的家庭成员和具有中国永久居留资格的外国人的家庭成员，以及因寄养等原因申请入境停留的人员，主要体现为"居留"；Q2 签证主要发给申请入境短期探亲的居住在中国境内的中国公民的亲属和具有中国永久居留资格的外国人的亲属，主要体现为短期"停留"。Q 字签证回应了广大侨胞回国往来的急切期盼，更加便利华侨华人回祖（籍）国旅游、投资、就学、就业。①

多种签证为外籍华人以不同事由来华提供便利。《条例》增加了 R 字（人才）签证、S 字（私人事务）、M 字（商务）签证，为外籍华人以不同事由来华提供便利。R 字（人才）签证主要签发对象是国家需要的外国高层次人才和急需紧缺的专门人才，比如国家"千人计划"的外籍高层次人才等；S 字（私人事务）主要签发给入境探亲及处理私人事务的外国人（含外籍华人）；M 字签证主要签发对象是来华从事商业、贸易活动的外国人（含外籍华人）。②

提供多种便利措施，服务华侨华人。对于人道原因、紧急商务、

---

① 《关于外籍华人签证、居留及永久居留的政策口径》，http：//www.gqb.gov.cn/news/2015/0817/36451.shtml，最后访问日期：2016 年 8 月 25 日。

② 《中国侨务政策十问》，http：//www.nanfei8.com/huarenzixun/huarenshijie/2015 - 11 - 09/23716.html，最后访问日期：2016 年 8 月 25 日。

工程抢修等紧急入境需要，我国出入境部门为华侨华人提供口岸签证申请，以应对紧急情况提供便利；对于海外华人持短期签证入境后，符合条件可申请签证停留延期或者换发签证，我国出入境部门给予签证停留延期和换发签证的便利；对于外籍华人申请签证和居留证件的延期、换发、补发，符合相关规定者，我国出入境部门提供代办签证证件的便利。①

总之，中国签证制度努力为华侨华人提供各项便利，把服务华侨华人工作放在突出位置，进一步发挥"一带一路"沿线国家华侨华人连接中国与所在国的"天然桥梁和纽带"作用。

2. 中国签证政策对华侨华人的影响

我国签证政策对海外华侨华人产生深刻影响。《中华人民共和国国籍法》不承认中国公民具有双重国籍，一旦中国人加入了外国籍，就自动失去中国国籍。随着中国经济社会的发展，该项法律规定逐渐显现出诸多不利因素，难以调动"一带一路"沿线国家华侨华人的积极性，因此越来越多的华侨华人、专家学者呼吁出台相关政策给予调整、更新。

在华侨华人出入境管理方面，虽然新近实施的《条例》为华侨华人出入境提供诸多便利，但仍存在简化签证手续的空间。例如，可以取消华侨华人回祖（籍）国需邀请函的限制，放宽华侨华人在旅馆以外住宿24小时内需向居住地公安机关办理登记的限制。

在华侨华人专业人才方面，王辉耀等认为可为海外华侨华人高层次人才发放"海外公民证"或"海外华裔卡"，享受港澳台同胞的免签待遇；同时，需要制定保护华侨华人在中国权益的法律，进一步完善华侨华人回祖（籍）国后的社会保障机制。②

华侨华人国籍制度是近年来海外华侨华人十分关注的热点问题。海外华侨华人积极呼吁推行"侨民证"，便利华侨华人回祖（籍）国旅行、探亲、

---

① 《中华人民共和国出境入境管理法》，http：//www.gov.cn/flfg/2012-06/30/content_2174944.htm，最后访问日期：2016年8月25日。
② 王辉耀、苗绿：《降低华侨华人专业人士回流壁垒的政策建议》，载《海外华侨华人专业人士报告（2014）》，社会科学文献出版社，2014，第170~207页。

经商等,并在全球人才争夺战中获取先机;① 美国华人全国委员会自 2010 年起,呼吁两会代表将颁发海外华人身份证一事纳入议题;② 全国政协委员麻建国在 2012 年"两会"期间建议,为华侨华人颁发特别身份证件,便利他们回祖(籍)国创业和居住;③ 侨联界全国政协委员潘庆林在 2016 年"两会"期间建议在不涉及"双重国籍"问题下,研究对海外华人签发"外籍华人身份证"。④ 中国国内智库对华侨华人国籍制度也给予极大关注,中国与全球化智库认为"实行双重国籍、对华人落地免签证、签证便利化",具有国境管理、国家形象、政治影响等 8 个方面的好处,建议建立现代国籍签证制度。⑤

如何维系与海外侨民的联系,是一个世界性的问题,也是"一带一路"沿线国家共同面临的问题。一部分国家采用承认双重国籍的措施。例如,韩国政府通过修改韩国国籍法,针对海外韩侨、全球人才等人群,政府有条件允许持有双重国籍。⑥ 另一部分国家采用发放"侨民证"的方式维系海外侨胞。例如,印度政府给海外原印籍人士发放海外印度公民身份证(OCI 卡),持证回印度可终身免签,享受基本公民待遇,一方面避免了双重国籍带来的政治风险,另一方面又能吸引全球优秀人才;实践证明

---

① 《别把我们当成外国人》,http://www.ushuaren.com/2013/0228/25940.html,最后访问日期:2016 年 8 月 25 日。
② 《海外华人联署要求中国发侨胞证免签证回国》,海外网,http://huaren.haiwainet.cn/n/2014/0226/c345778-20330221.html,最后访问日期:2016 年 8 月 25 日。
③ 《致公党建议颁发海外侨胞特别身份证件》,中国新闻网,http://www.chinanews.com/hr/2012/03-11/3734058.shtml,最后访问日期:2016 年 8 月 25 日。
④ 《"华裔卡"提案正式提交政协或有望 2019 年实现》,观察者网,http://www.guancha.cn/politics/2016_03_09_353435.shtml,最后访问日期:2016 年 8 月 25 日。
⑤ 《建议建立现代国籍签证制度》,http://www.ccg.org.cn/Research/View.aspx? Id = 176,最后访问日期:2016 年 8 月 26 日。现代国籍签证制度有三个显著的特点:实行双重国籍、落地免签证、签证便利化。建立现代国籍签证制度,其理由与好处可概括如下:(1)现代国际制度形式多种多样,可完全对世界华人承认双重国籍,也可与对方国家对等承认双重国籍,或对侨民实行签证便利,在不同时期选择不同的方式;(2)拓展了解放 5000 多万华人潜在生产力的新渠道、新方式和新手段;(3)有助于国境管理、国家形象改善和争取优质人才资源;(4)有助于减少签证工作的时间与成本,提高国家驻外使领馆工作效率;(5)具备国际政治环境,几乎不再涉及第三方;(6)不会给中国带来经济负担,且有助于拉动国内消费;(7)不会影响国内社会安全与稳定,反而有助于司法制度完善;(8)有助于发挥海外华人华侨人才红利。
⑥ 《韩国新国籍法明年 1 月生效有条件允许双重国籍》,中国新闻网,http://www.chinanews.com/gj/2010/12-23/2740775.shtml,最后访问日期:2016 年 10 月 26 日。

印度在实施"侨民证"后，海外印度人以各种形式回印度效力，成效显著。①

中国政府部门也积极回应华侨华人对签证制度的关切。对于广大海外华侨华人的回祖（籍）国便利诉求，国务院侨办主任裘援平表示目前尚未考虑出台"华裔卡"，但国侨办一直就这些海外华人的诉求同国务院相关部门和方面保持密切沟通与合作，共同推动相关工作的进展。②中国政府高度重视海外华人来华便利化措施，先后出台了多项举措，其中比较典型的有：（1）2013年实施的《中华人民共和国入境出境管理法》和《中华人民共和国外国人入境出境管理条例》专门为外籍华人设立了便利条款和Q字（探亲）签证，而新增的R字（人才）签证、S字（私人事务）签证、M字（商务）签证也为外籍华人以不同事由赴华提供便利；（2）为进一步扩大开放，助力国家实现创新驱动发展，中共中央办公厅、国务院办公厅出台了《关于加强外国人永久居留服务管理的意见》③，也有助于吸引"一带一路"沿线国家更多外籍华人来华工作；（3）公安部2015年推出支持上海科技创新中心建设的12项出入境政策措施④和2016年推出支持北京创新发展、涉及外国人签证、入境出境、停留居留等方面的20项出入境政策措施⑤，都为"一带一路"沿线国家外籍华人高层次人才入出境，申请永久居留、长期居留提供了便利。

---

① 潘庆林：《政协委员：研究给海外华人签发"外籍华人身份证"》，网易新闻网，http://news.163.com/16/0303/16/BH8CBUJM00014AED.html，最后访问日期：2016年8月26日。

② 《国务院侨办主任裘援平：目前还未考虑出台华裔卡》，人民网，http://lianghui.people.com.cn/2016npc/n1/2016/0313/c402194-28194674.html，最后访问日期：2016年8月26日。

③ 《中共中央办公厅 国务院办公厅印发〈关于加强外国人永久居留服务管理的意见〉》，新华网，http://news.xinhuanet.com/politics/2016-02/18/c_1118089053.htm，最后访问日期：2016年8月26日。

④ 《公安部推出系列出入境措施支持上海科技创新中心建设》，新华网，http://news.xinhuanet.com/legal/2015-06/09/c_1115563847.htm，最后访问日期：2016年8月26日。

⑤ 孙宏阳：《中关村开外籍人才永久居留"直通车"》，新华网，http://news.xinhuanet.com/local/2016-01/13/c_128621753.htm，最后访问日期：2016年8月26日。

## 三 "一带一路"沿线国家对中国的签证政策

随着"一带一路"建设的推进，中国与沿线国家的务实合作不断深化，越来越多的中国公民和企业走出国门。为保障中国公民和企业"出得去、出得顺"，我国外交部领事司大力推进中外人员往来便利化，为办证人与"一带一路"各国驻华使馆搭建沟通平台，疏通出国签证渠道，改善"签证难"问题。

### （一）部分"一带一路"沿线国家给中国居民免签、落地签待遇

"一带一路"沿线国家积极为中国公民提供签证便利。持普通护照的中国公民享受免签或落地签待遇的国家和地区增至59个。其中，单方面给予中国公民免签或落地签证便利的"一带一路"沿线国家有20个。

表 5.3  单方面给予中国公民免签或落地签证便利的"一带一路"沿线国家

| 入境签证类型 | 国家 |
| --- | --- |
| 单方面允许中国公民免签 | 印度尼西亚 |
| 单方面允许中国公民办理落地签证 | 阿联酋、阿塞拜疆、巴林、印度尼西亚、老挝、黎巴嫩、马尔代夫、缅甸、尼泊尔、斯里兰卡、泰国、土库曼斯坦、文莱、伊朗、约旦、越南、柬埔寨、孟加拉国、埃及 |

注：印度尼西亚同时是单方面允许中国公民免签入境国家及单方面允许中国公民办理落地签证国家。

资料来源：由《持普通护照中国公民前往有关国家和地区入境便利待遇一览表》（2016年8月25日更新）整理。

### （二）"一带一路"沿线国家给予中国公民签证便利

"一带一路"倡议提出后，中国与沿线国家贸易规模不断扩大，人员往来持续增多。中国国家发展和改革委最新统计显示，目前已经有100多个国家和国际组织表达了对"一带一路"的支持和参与意愿，中国已经与30多个沿线国家签署了共建"一带一路"合作备忘录或协议，与20多个

国家展开国际产能务实合作。① 持续增长的投资与人员往来，对签证便利化提出了新的要求。在中国相关部门推动下，"一带一路"沿线国家纷纷给予中国公民签证便利化措施：开放免签落地签、延长多次往返签证、简化签证材料、实施电子签证、免签证费、缩短办签时间等。

在多次往返签证方面，有多个国家陆续放宽对华签证措施，包括 10 年、5 年、2 年等多次往返签证。例如，新加坡对中国公民延长签证有效期，多次有效签证（MJV）最长可达 10 年有效期，该条件也符合申请人配偶、年龄未满 21 岁的子女，该项措施将为中国赴新加坡旅客带来更多的便利，减少每次入境新加坡重新申请签证的烦琐手续。②

在免签、落地签方面，部分国家推行限时免签、减少最低免签人数、延长免签最长逗留期等措施。例如，俄罗斯为吸引中国游客，继续放宽免签条件，减少旅游团体最低免签人数至 3 人，延长免签最长逗留期至 3 周。③

在简化签证材料方面，部分国家采用电子签证、简化手续、口岸签证等措施，尤其是对商务、学生、游客等人员。

在实施电子签证方面，部分国家大幅度放宽中国持因私护照的电子签证政策，中国公民通过在线填写与支付申请费用，便可获取电子签证，为中国公民出行提供便利。例如，印度对华放宽签证限制，对中国公民实施"电子旅游签证"，取消预先审批。④

在缩短办理时间方面，各国积极努力对华提供便利，简化签证手续，缩短办理签证时间。为吸引中国游客，罗马尼亚放宽对中国的旅游签证发放政策，游客可在 7 天内获签，以抢夺日益高涨的中国游客潮。⑤

在免签证费方面，部分国家采用免签证费吸引中国游客。例如，尼泊

---

① 《"一带一路"扎实推进成果超出预期》，http://tv.cctv.com/2016/09/08/VIDEv4OzEeEuvuYCbLldya2C160908.shtml，最后访问日期：2016 年 10 月 3 日。

② 吴婷婷：《中国公民多次往返新加坡签证有效期将延长至 10 年》，新华网，http://www.xinhuanet.com.sg/2015-05/16/c_127807686.htm，最后访问日期：2016 年 10 月 3 日。

③ 陈杰，郭白玉：《俄罗斯考虑放宽对中国团体游免签》，http://www.traveldaily.cn/article/100273，最后访问日期：2016 年 8 月 26 日。

④ 朱捷：《印度放宽签证限制对华示好取消预先审批》，参考消息网，http://www.cankaoxiaoxi.com/world/20160610/1187385.shtml，最后访问日期：2016 年 8 月 26 日。

⑤ 《罗马尼亚将放宽对中国旅游签证政策游客可在 7 天内获签》，http://www.oushinet.com/news/europe/other/20160203/220097.html，最后访问日期：2016 年 8 月 28 日。

尔感谢中国援助，给予赴尼泊尔旅游的中国公民免签证费待遇，吸引了越来越多中国公民前往体验。①

在增设签证中心方面，由于中国地域辽阔，增设签证中心是便利中国公民签证的有效措施。目前，越来越多国家在中国增设签证中心。例如，拉脱维亚为便利中国公民办理签证，在中国增设 11 个签证中心。②

"一带一路"沿线各国纷纷放宽对华签证限制，促进了中国与"一带一路"沿线国家的人民往来和商贸流通。同时，便利的签证措施将推动中国企业"走出去"，加大力度对沿线国家投资兴业，增加了中国对沿线国家的直接投资。可见，便利的签证政策将造福"一带一路"沿线各国人民。

表 5.4 "一带一路"沿线国家给予我国公民签证便利化措施

| 措施类型 | 国家 | 签证政策 |
| --- | --- | --- |
| 多次往返签证 | 以色列 | 10 年多次往返签证 |
| | 新加坡 | 10 年多次有效签证（MJV），其配偶、子女（年龄未满 21 岁）也可获得 |
| 免签、落地签 | 乌克兰 | 对中国游客推出赴乌限时落地签证政策 |
| | 俄罗斯 | 减少旅游团体最低免签人数至 3 人，延长免签最长逗留期至 3 周 |
| | 阿塞拜疆 | 对中国公民实施落地签政策 |
| 实施电子签证 | 印度 | 向中国公民发放电子旅游签证，推动对华签证便利措施 |
| | 土耳其 | 实施电子签证，中国游客只需在线填写个人资料并付费，便可轻松申请土耳其个人旅游签证 |
| | 塔吉克斯坦 | 出台的电子签证将为中国公民赴塔提供更多便利 |
| | 格鲁吉亚 | 大幅放宽中国持因私护照的电子签证政策 |

---

① 《尼泊尔免中国游客签证费》，http://epaper.jinghua.cn/html/2015 - 12/29/content_267601.htm，最后访问日期：2016 年 8 月 28 日。

② 《拉脱维亚将在中国增设 11 个签证中心》，中华人民共和国商务部网，http://www.mofcom.gov.cn/article/i/jyjl/m/201605/20160501320375.shtml，最后访问日期：2016 年 8 月 28 日。

续表

| 措施类型 | 国家 | 签证政策 |
|---|---|---|
| 缩短办签时间 | 罗马尼亚 | 将放宽对中国旅游签证发放政策，7天内获得罗马尼亚签证 |
| 免签证费 | 尼泊尔 | 免签证费政策助中国游客重拾信心 |
| 增设签证中心 | 波兰 | 在中国成都设立的第四家总领事馆 |
| | 捷克 | 在华增设5个签证中心 |
| | 拉脱维亚 | 将在中国增设11个签证中心 |

## 四 改进签证政策，促进"一带一路"人员往来

签证政策一直是人员往来便利化最突出的问题，也是"一带一路"落实的关键环节。"一带一路"建设贯穿欧亚大陆，东边连接亚太经济圈，西边进入欧洲经济圈，涵盖东南亚、南亚、西亚、中亚、北非、独联体、中东欧等地区，是新时期中国对外开放的重要战略之一。据相关资料统计，"一带一路"沿线总人口约44亿，经济总量约21万亿美元，分别占全球的63%和29%。[①] 如此庞大的辐射区域，要实现"政策沟通、设施联通、贸易畅通、资金融通、民心相通"，首先就是人员往来的便利化。

近年来，在外交部门的积极努力下，我国先后与127个国家签订互免签证协定，57个国家和地区给予中国公民入境便利待遇。与此同时，我们也必须清醒地看到，中国与外国互免签证协定主要集中在外交、公务护照和公务普通护照，诸多便利措施对于普通护照并不适用；给予我国公民入境便利待遇的国家和地区与我国人员往来较密集的"一带一路"国家和地区并不一致。因此，推动"一带一路"沿线各国对华签证政策持续改善和进一步宽松化，让中国与沿线国家之间的人员往来更加便利，是逐步实现"五通"的重要条件之一。

---

① 《"一带一路"经济总量约21万亿美元约占全球29%》，http://www.chinanews.com/cj/2014/10-21/6699000.shtml，最后访问日期：2016年8月28日。

## （一）改进"一带一路"国家签证服务，提高信息传送效率

**1. 改善"一带一路"沿线国家签证服务和沟通方式**

"一带一路"沿线国家和地区之间文化、语言差异较大，由于签证手续过于繁杂、信息不透明，往往造成"一带一路"商贸往来的个人或旅游团体完全无法得知如何办理签证手续，造成人为的"信息鸿沟"。所以，有效沟通成为改善"一带一路"沿线国家签证服务的重要措施。

"一带一路"沿线国家政府部门应积极改善签证服务，首先，增加多种语言服务，根据"一带一路"沿线国家的语言特征和服务方式，建立签证办理的信息公开制度和公开办事制度，优化签证和服务程序，消除往来人员对前往相关国家的畏惧感。其次，在"一带一路"沿线国家增设签证服务中心，采用多种渠道及时更新签证信息，为"一带一路"沿线国家居民提供签证便利。

**2. 增强"一带一路"沿线国家政府间（内）信息共享**

"一带一路"倡议涉及 60 多个国家，必将面临复杂的签证手续与政府间（内）信息沟通。因此，必须加强"一带一路"沿线国家签证部门、边检、公安部门等的政府间（内）政策沟通、工作联动和信息共享。首先，加强"一带一路"往来人员签证数据挖掘，预测旅客出入境规律，进而与真实的出入境情况（登机、到达、离开）进行比对，简化入境手续，化解机场拥堵，完善出入境管理和减少签证逾期数量。其次，积极布局"一带一路"沿线国家签证大数据网络，联合外交、公安、航空等部门，建立签证数据安全保障机制，打造集中与分布式相结合的签证信息资源服务系统，对内共享交换，对外协同服务，形成符合新时期人员往来需要的签证管理机制。最后，联合"一带一路"沿线国家建立区域内签证信息共享平台，加强不同国家之间的签证信息共享，实施政府间签证政策的联动机制，促进签证便利化。

**3. 借助互联网手段，快速传递"一带一路"沿线国家签证信息**

互联网是"一带一路"互联互通的重要基础。构建基于"互联网+签证"的服务模式，推行电子签证，将有助于满足"一带一路"往来人员签证服务需求。因此，对于中国签证申请服务中心（http：//www.visaforchina.org）来说，在提供签证手续办理程序、边境管制、在线办理签证等信息的同时，需要面向

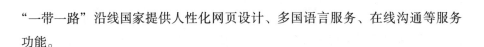

"一带一路"沿线国家提供人性化网页设计、多国语言服务、在线沟通等服务功能。

（二）简化签证手续，推动"一带一路"沿线国家对华签证过程便利化

1. 减少赴"一带一路"沿线国家签证的非必要文件和面试要求

过多非必要证明材料成为阻碍中国公民与"一带一路"沿线国家人员往来的因素。目前，中国公民办理赴"一带一路"沿线国家签证需要各种证明材料，耗费大量时间和精力。当一些证明材料需要从政府部门或者工作单位获取的时候，就会给签证申请人带来额外的手续，特别是一些自由职业者，可能无法提供所要求的材料。比如，向申根国家申请商务签证，需要提供工作单位近半年的银行流水，这对新创立企业和自由职业者显然是有难度的。因此，进一步加强"一带一路"沿线国家签证政策协调，强化"一带一路"沿线国家和中国国内相关信息共享，取消"一带一路"沿线国家签证办理的非必要证明，成为中国与"一带一路"沿线国家需要解决的重要问题。

签证面试又是另一个阻碍中国居民办理赴"一带一路"沿线国家签证的重要因素。由于中国地域宽广，如果办理"一带一路"沿线国家签证需要到相关国家领事馆或大使馆进行签证面试，必将消耗中国公民大量时间和资金成本。因此，建议"一带一路"沿线国家在中国增设签证服务中心，尽可能减轻中国居民出行签证负担，减少非必要面试要求，促进签证便利化。

2. 借助科技手段，提高"一带一路"沿线国家签注速度和安全保障效率

"一带一路"沿线大多数国家属于发展中国家，科学技术水平较为落后，应用科技手段辅助签证办理的水平远低于发达国家。其实，科技手段辅助签证服务已在发达国家得到广泛应用。在加拿大，越来越多的签证服务采用在线处理，通过网络化处理方式，发挥网络便捷的优势来改善签证服务。在德国，越来越多的签证申请是通过在线填写和预约，应用生物指纹技术使得旅客只要 5 年更新一次个人信息即可，不仅提高了签证处理速度，还提高了安全保障能力。

因此，对于"一带一路"沿线国家和地区而言，需要进一步加强签证政策沟通，推动相关国家的签证标准认定，加强移动互联、生物识别、电

175

子签证等技术在签证服务过程中的应用，通过技术手段提高签证办理效率和签证安全保障，方便各国民众互联互通。

3. 推行落地签和免签政策，助力"一带一路"沿线国家民心互通

落地签证①具有便捷、快速通关的特点，对于期待"说走就走"的中国游客而言具有极大的吸引力。例如，泰国 2014 年对华实行免签证费和落地签证政策，吸引大量中国游客前往旅游，2014 年有超 460 万中国游客赴泰国旅游，2015 年这一数字更是高达 793.47 万，中国迅速成为泰国最大的旅游客源市场。② 对于"一带一路"沿线期待中国游客的国家来说，可通过实施此类签证政策，促进中国游客出行便利化。

免签政策作为一种促进人员往来的低风险措施，常用于推动"一带一路"沿线国家的旅游、投资与贸易。例如，我国海南省 2010 年对包括俄罗斯、乌克兰、哈萨克斯坦在内的 26 国实行免签入境政策，带动大量游客入境赴海南旅游，促进海南旅游收入大幅增长。③ "一带一路"建设推动沿线国家旅游业快速发展，未来 5 年，"一带一路"沿线国家将迎来 1.5 亿人次中国游客，旅游消费超过 2000 亿美元，同时也将吸引沿线国家 8500 万人次的游客来华，带动旅游消费 1100 亿美元。"一带一路"沿线各国对推动丝绸之路旅游市场一体化达成共识，将逐步推进免签，最终实现丝绸之路沿线整体免签。④ 可见，对于"一带一路"沿线国家而言，推动建立"一带一路"免签证计划具有重大意义。

（三）实施精准措施，为"一带一路"沿线国家提供便捷签证服务

1. 推动"一带一路"沿线国家往来人员持第三国签证过境免签

尽管"一带一路"沿线部分国家会因为安全需要而再次进行签证检

---

① 落地签证，是指申请人不能直接从所在国家取得前往其他国家的签证，而是持护照和该国有关机关发给的入境许可证明等抵达该国口岸后，再签发签证。

② 王艳龙：《2015 年中国逾 793 万人次赴泰旅游同比增长超九成》，中国新闻网，http://www.chinanews.com/cj/2016/02-03/7746693.shtml，最后访问日期：2016 年 8 月 28 日。

③ 杨春虹：《入境游市场恢复中创新高》，http://www.chinadaily.com.cn/hqcj/xfly/2012-04-13/content_5674309.html，最后访问日期：2016 年 8 月 28 日。

④ 郑彬：《多国旅游部长热议丝绸之路沿线国家整体免签》，中国经济网，http://www.ce.cn/xwzx/gnsz/gdxw/201506/21/t20150621_5698965.shtml，最后访问日期：2016 年 8 月 28 日。

查,但对于持第三国签证过境免签①提供的停留期可多达 90 天,这对于经常往返于"一带一路"沿线国家之间的旅客提供了极大的便利。我国自 2016 年 1 月 30 日起,在上海各开放口岸以及南京、杭州航空口岸,对 24 个"一带一路"沿线国家②持有效国际旅行证件和 144 小时内确定日期、座位前往第三国(地区)联程客票的人员,实行过境免签政策,此次实施的上海、江苏、浙江 144 小时过境免签政策是我国第一个跨省级行政区域的过境免签政策。③ 可以预见,随着我国"一带一路"倡议逐步推进,通过沿线国家协商,进一步拓展免签政策范围,对推动"一带一路"沿线国家之间的经济联系作用重大。

2. 延长"一带一路"沿线国家签证有效时间

部分"一带一路"沿线国家通过延长签证有效期(例如,从 180 天到一年或从一年到三年)并简化签证手续,促进签证便利化。该项举措对于一般旅客而言十分重要,有助于缩减出行成本,目前已被多个国家采用。例如,波兰为已经拥有两个申根签证的俄罗斯人办理 5 年多次往返签证。因此,在"一带一路"沿线国家,条件成熟时分批、分类型逐步推行延长签证有效期,不仅有利于旅游人员往来,还能吸引中国企业持续投资。

3. 对"一带一路"沿线国家特定人员签证便利化

部分"一带一路"沿线国家会针对特定旅客群体实施便利化措施。邮轮游客在停泊港口一般都会得到免签政策,因为这类游客,可以带动停泊港口大量的消费,推动港口经济发展。例如,日本已开始实施"船舶观光登陆许可制度",允许以观光为目的的邮轮旅客免签入境。受此政策影响,邮轮成为中国出境游手续最简便的旅游方式,最快出发前三天就可以报名。④ 2015 年,全国共接待邮轮 629 艘次,同比增长 35%,邮轮旅客出入

---

① 第三国签证过境免签政策是指从一国经转该过境国前往第三国时,不必申请过境国签证即可过境,并可在过境国进行短暂停留的政策。

② 捷克、爱沙尼亚、希腊、匈牙利、拉脱维亚、立陶宛、波兰、斯洛伐克、斯洛文尼亚、俄罗斯、塞浦路斯、保加利亚、罗马尼亚、乌克兰、新加坡、文莱、阿联酋、卡塔尔、塞尔维亚、克罗地亚、波黑、黑山、马其顿和阿尔巴尼亚。

③ 《苏浙沪 1 月 30 日起实施部分国家人员 144 小时过境免签》,中国新闻网,http://www.chinanews.com/gn/2016/01-26/7733186.shtml,最后访问日期:2016 年 8 月 28 日。

④ 木木:《中国邮轮旅游进入"免签时代"》,http://szsb.sznews.com/html/2015-03/23/content_3174637.htm,最后访问日期:2016 年 8 月 28 日。

境 248 万人次,同比增长 44%。① 随着"一带一路"倡议深入实施,邮轮旅游迎来新的发展机遇,可以推动"一带一路"沿线国家以邮轮产业为试点,实行邮轮游客全程免签政策。

4. 在"一带一路"沿线国家指定旅游区实行签证便利化

对于大多数国家而言,全域免签的可能性较小。随着交通技术的发展,安全管理措施的改进,在指定区域实行免签政策已成为大多数国家吸引入境游客的重要措施。例如,韩国向中国游客推行的济州岛免签政策,吸引了大量中国人到访,仅 2013 年,到访济州岛的中国游客就达 181.22 万人次,在外籍游客中排名第一。"一带一路"沿线国家拥有丰富的旅游资源,应推动其实行国际旅游岛区免签政策,不仅方便中国游客,还可以为当地增加收入、创造就业机会,实现互利共赢。

### (四)推行电子签证,努力提高"一带一路"沿线国家审批效率

电子签证② (e-visa) 是今后签证管理的主流,因为电子签证不但有利于签证签发国对入境游客的追踪管理,还大大提高了发证机关的审批效率。

从护照持有人的层面来说,"一带一路"沿线国家的"电子签证"大致可以分为两类。一类是不需要递交相关材料给对应国家的领事馆,只需在官方规定的官网上填写简单的信息,上传相应的材料并支付签证费用即可获得的电子签证,如土耳其、柬埔寨、斯里兰卡等。另一类是需要到使馆办理的电子签证,如新加坡、卡塔尔等,依然需要递交相关材料给对应国家的领事馆,并由其颁发电子签证。

推行电子签证,可以为"一带一路"沿线国家人员往来带来极大的好处。第一,可以大大缩短签证获得的时间,并且大幅提高签证的成功率。第二,由于是在网上递交申请材料,可以免去护照往返快递

---

① 郑彬:《邮轮旅游起航正当时》,http://paper.ce.cn/jjrb/html/2016-06/29/content_304766.htm,最后访问日期:2016 年 8 月 29 日。

② 电子签证 (e-visa),是将传统的纸质签证"电子化",即将护照持有人签证上所有的信息以数据的形式储存在签证签发机关的计算机系统中。

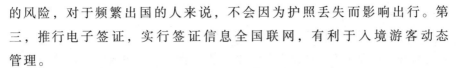

的风险，对于频繁出国的人来说，不会因为护照丢失而影响出行。第三，推行电子签证，实行签证信息全国联网，有利于入境游客动态管理。

当前，对中国公民实行电子签证的国家有：柬埔寨、新加坡、阿联酋、斯里兰卡、印度、马来西亚、土耳其、缅甸、格鲁吉亚、阿塞拜疆等"一带一路"沿线国家。下一阶段，中国可在此基础上继续推动更多"一带一路"沿线国家实行电子签证，便利签证手续。

### （五）完善签证措施，服务"一带一路"沿线国家华侨华人

"一带一路"沿线国家是华侨华人重要聚居地，充分发挥华侨华人的人才优势、资本优势和商业优势，辅以便利的签证政策，有利于华侨华人成为"一带一路"的参与者、建设者和促进者。

进一步完善中国签证制度，为华侨华人提供签证便利化。在现行的中国国籍法律框架下，制定更加完善的华侨华人在国内"居留""停留"的配套措施，保障 Q 字签证便利措施能得到有效执行，为海外华人来华探亲提供便利。同时，在"一带一路"沿线海外华侨华人密集分布、对华交流活跃的热点地区，进一步加大中国签证申请服务中心机构的分布密度，将签证便利服务"送上门"。

继续加强对华签证协商，让海外华侨华人享受签证便利。近年来，中国分别与美国、加拿大、英国等协商实行签证互惠便利化措施，不仅使中国公民出行便利，同时也让旅居海外、拥有双重文化背景的华侨华人得到实惠。显然，积极与"一带一路"沿线国家开展对华签证协商，推动对华人员往来便利化，有利于"一带一路"沿线国家华侨华人在投融资、拓展市场、与中资企业合作等方面享受便利、获得先机。

### （六）加强政策沟通，推动签署"一带一路"统一签证协定

"一带一路"倡议为国际经贸合作以及中国开放发展打开了全新的视角和通路，也对"一带一路"沿线国家人与人之间的交流联通提出了迫切要求。然而，当前中国人出境、外国人入境的签证手续都较复杂，推动签署"一带一路"统一签证协定有助于人员往来、互联互通。目前，在区域签证

协定方面，有申根签证①、CA-4 签证②、ECOWAS 签证③、GCC 签证④、ASEAN 签证⑤等多个样本，值得借鉴。

为进一步促进人员往来，"一带一路"沿线国家和地区需要共同创新签证模式，最大限度地实现相互简化签证手续及互免签证，增强人员交流联通的便利性。具体操作上，可由中国倡议，推动实施"一带一路"区域或次区域统一签证（类似申根签证）；以及借鉴 APEC 商务旅行卡的模式，提高商务人员签证和出行的便利性。

总之，签证政策作为推动人员往来便利化的重要措施，极大地促进了中国与"一带一路"沿线国家之间的相互了解与合作，是落实"一带一路"倡议的重要基石。中国亟须推动本国及"一带一路"沿线国家的签证便利化，争取最大限度地简化签证手续，或互免签证，以推动"一带一路"倡议落地和实施。

---

① 申根签证是根据申根协议而签发的签证。这项协议于 1985 年在卢森堡的申根签署而得名，它规定了成员国的单一签证政策。据此协议，任何一个申根成员国签发的签证，在所有其他成员国也被视作有效，而无须另外申请签证。而实施这项协议的国家便是通常所说的"申根国家"。2015 年 10 月 12 日起所有申根国家将在中国启用签证信息系统（VIS）。

② CA-4 签证是危地马拉、萨尔瓦多、洪都拉斯和尼加拉瓜四个国家（Guatemala, Honduras, Salvador, and Nicaragua）在 2007 年签署的，类似申根签证，只要签了这四个国家之一，就可以去其他三个国家。

③ ECOWAS 签证，西共体（Economic Community of West African States, ECOWAS）从 2004 年1 月起开始实行统一护照。各成员国公民持统一护照将不须事先获得签证便可前往西共体任何国家旅行、工作和定居，完全实现了成员国间人员的自由流动。该举措旨在加快西非地区经济一体化进程，使西非地区成为非洲大陆目前唯一的公民可自由流动的地区。

④ GCC 签证。阿拉伯海湾国家合作委员会（海合会，Gulf Cooperation Council, GCC）目前正在考虑效仿欧洲申根国家，研究向外国游客签发类似申根签证的"海湾国家联合"签证的可行性。实施"海湾国家联合"签证后，外国游客可从海湾六国（沙特、阿曼、卡塔尔、科威特、阿联酋、巴林）中任一国驻当地使馆获得签证后，即可前往其他海湾国家参观游览。

⑤ ASEAN 签证。柬埔寨、老挝、缅甸、越南、泰国五国于 2016 年 6 月 16~17 日在泰国曼谷举行了主题为"迈向共同繁荣"的五国论坛，此次论坛提出了五国"单一签证"和旨在实现跨境便利化的"自由边界"倡议，将逐步取消了五国的边界，极大地方便了人员、货物、资金和服务在五国内部的自由流动。无论是五国的公民，还是来自哪个国家的外国人，只要在这些国家中的一个国家获得了合法居留和入境签证，就同时获得了五国自由通行的权利。

# 第六章 发挥侨乡优势，助力"一带一路"建设

　　《推动共建丝绸之路经济带和 21 世纪海上丝绸之路的愿景与行动》（以下简称《愿景与行动》）提出，推进"一带一路"建设，中国要充分发挥国内各地区比较优势，实行更加积极主动的开放战略，加强东中西互动合作，全面提升开放型经济水平，并提到重点涉及的省份（含直辖市）和多个节点城市①以及港澳台地区。其中，许多属于侨乡的地区在制定"一带一路"行动方案时，都强调要充分发挥华侨华人优势，并推出与"侨"相关的战略定位和任务举措，如泉州、厦门、汕头、江门、温州、宁波等地。这些地区都将参与"一带一路"建设视为机遇和责任，在各自出台的行动方案中都体现了对国家战略的贯彻和落实，体现了对华侨华人的重视，也包含各地对外开放和经济社会发展的定位和诉求。

## 第一节 "一带一路"建设中的国家、地方和华侨华人

　　习近平总书记在中共中央政治局第三十一次集体学习时指出："推进

---

　　① 重点涉及的省份（含直辖市）是：新疆、陕西、甘肃、宁夏、青海、内蒙古、黑龙江、吉林、辽宁、广西、云南、西藏、上海、福建、广东、浙江、海南和重庆；多个节点城市是：兰州、西宁、上海、天津、宁波-舟山、广州、深圳、湛江、汕头、青岛、烟台、大连、福州、厦门、泉州、海口、三亚、珠海、成都、郑州、西安、武汉、长沙、南昌、合肥。

'一带一路'建设，要处理好我国利益和沿线国家利益的关系，政府、市场、社会的关系，经贸合作和人文交流的关系，对外开放和维护国家安全的关系，务实推进和舆论引导的关系，国家总体目标和地方具体目标的关系。"① 就"发挥侨力"而言，主要涉及国家、地方政府和华侨华人三个层面，各方在总体目标和国家利益上是高度一致的，但在具体安排和实行中又有所差异。必须充分协调国家、地方和华侨华人的关系，寻求各方诉求的最大公约数。

## 一 "一带一路"建设中的国家意志、地方诉求和华侨华人

### （一）国家意志

中国提出"一带一路"倡议的意图、目标和建设内容是各方关注和议论的焦点。《愿景与行动》明确指出："共建'一带一路'旨在促进经济要素有序自由流动、资源高效配置和市场深度融合，推动沿线各国实现经济政策协调，开展更大范围、更高水平、更深层次的区域合作，共同打造开放、包容、均衡、普惠的区域经济合作架构。……中国将一以贯之地坚持对外开放的基本国策，构建全方位开放新格局，深度融入世界经济体系。推进'一带一路'建设既是中国扩大和深化对外开放的需要，也是加强和亚欧非及世界各国互利合作的需要。"基于以上阐述，并结合当前世界经济形势和中国的发展现状，可以认为"一带一路"倡议反映了如下几点国家意志。

1. 积极参与全球经济治理

进入 21 世纪，中国加速崛起，GDP 超越日本、贸易超越美国，在全球和亚太地区影响力大幅提升。但是发达国家长期主导全球经贸制度和规则，主导亚太地区事务，而中国处于被动地位。美国提出亚太"再平衡"战略，极力推进跨太平洋战略合作伙伴关系（TPP），推动一个没有中国参与的美国主导的"美式"亚太经济一体化，以此分化、阻扰当前的东亚一体化（中国-东盟自贸区，"10+1"，RCEP 的"10+3"、"10+6"）进程。而亚太国家，特别是中国的周边国家和地区奉行经济上与中国加深联系，

---

① 《习近平谈治国理政》第二卷，外文出版社，2017，第 501 页。

政治上向美国靠拢的"双边平衡"战略。因此，中国扩大开放的国际空间受到了限制和压缩，深度融入世界经济的步伐受到了阻碍。"一带一路"建设，旨在建立一个开放、多元、包容、可延展的经贸合作和经济治理平台，可以团结更多国家、汇聚更多变革能量，推动全球治理和改革朝着更加公正、合理的方向发展，在全球经贸制度建设和全球经济治理中注入更多"中国元素"、发出更多"中国声音"、提供更多"中国方案"，争取在全球和亚太区域合作中赢得主动。

2. 扩大和深化对外开放

当前，中国的进出口贸易过度依赖欧美发达国家，不仅贸易摩擦频发，而且增长空间有限。"一带一路"沿线广大发展中国家和新兴工业化国家的市场潜力巨大、能源和原材料丰富。建设"一带一路"，既拓展市场，又保障能源。在国际投资方面，之前中国主要是吸引外资尤其是吸引发达国家和地区的投资，对外投资明显不足。建设"一带一路"，可以推动中国企业到"一带一路"沿线国家投资。在开放区域方面，中国以面东、面海的东部地区为主，而广大的内陆地区尤其是西部和西南沿边地区开发相对缓慢，导致东西部区域发展不平衡。"一带一路"既是对外开放基本国策的坚持，又是进一步的深化和调整，对外开放方向逐步向发展中国家扩大，向中国内陆和西部地区延伸，客观上有利于实现"走出去"和"引进来"相结合，构建多元平衡的开放体系，形成全方位开放新格局。

3. 推动国际产能合作

李克强总理在政府工作报告中指出，"十三五"时期的主要目标和重大举措包括："一带一路"建设取得重大进展、国际产能合作实现新的突破。改革开放 40 多年来，中国在钢铁、能源、基建、装备制造、化工、纺织服装、船舶、航空航天等多个领域形成了优质的产能。以基建为例，中国已经在基建领域建立了全产业链优势，从基础设施项目的规划、设计、施工到相关机械设备和自动控制系统的安装、运营与管理，甚至包括设备维护和人员培训。① 在经济新常态下，中国国内市场增长放缓，部分产能

---

① 王湘江：《中非合作让谁心里泛酸》，新华网，http://news.xinhuanet.com/mrdx/2015-02/02/c_133963774.htm，最后访问日期：2016 年 9 月 15 日。

相对过剩，而"一带一路"沿线国家市场空间巨大，中国优质产能"走出去"正当其时。《愿景与行动》对中国与"一带一路"沿线国家传统优势产业领域合作、新兴产业领域合作、产业链国际分工布局、跨境产业园区建设等做了原则性阐述，此后，国务院、国家发改委等相继出台了多项政策助力"一带一路"倡议的实施。2015 年 5 月，国务院出台了《关于推进国际产能和装备制造合作的指导意见》，文件出台以来，开展国际产能合作成为"一带一路"建设新的焦点。国际产能合作成为中国对外经济合作的重中之重。以《关于推进国际产能和装备制造合作的指导意见》为基础，2015 年中国政府至少出台了 11 份与产能合作相关的政策文件，从金融服务、中国制造"走出去"、"一带一路"等多个角度提供产能合作的政策支持。① 截至 2018 年 9 月，中国已经与 30 多个国家签署国际产能合作协议，在"一带一路"沿线国家共建了 82 个境外经贸合作区。

4. 提升国家软实力

经过改革开放 40 多年的发展，中国在经济、政治、军事和文化等各个领域取得了巨大进步，硬实力得到了很大的提升，国际影响力也不断扩大。同时，中国倡导和践行"和平崛起"，主动承担越来越多的国际义务，不断提高软实力。但这并未得到所有国家的普遍接受，当前的国际秩序由西方政治和文化价值观主导，不少国家仍然存在偏见和疑虑。中国企业在发达国家投资并购时常遭遇政治怀疑和抵制。中国投资开发非洲矿产，也被西方媒体指责无情掠夺有限的自然资源。中国对某些发展中国家"不附带条件的"慷慨援助和贷款，被斥为"收买友谊"②。建设"一带一路"，中国希望发扬"和平合作、开放包容、互学互鉴、互利共赢"的丝绸之路精神，推动沿线各国在设施联通、贸易投资、人文往来等领域的通力合作，促进共同繁荣和发展，打造政治互信、经济融合、文化包容的利益共同体、命运共同体和责任共同体。通过经济硬实力推动与"一带一路"沿线各国的合作，让中国高速发展的成果惠及沿线国家和人民，进而实现国家软实力的提升，是"一带一路"的重要方面。

---

① 郭朝先：《"一带一路"倡议与国际产能合作》，《国际展望》2016 年第 3 期。
② John Wong，"China's Rising Economic Soft Power"，https：//cpianalysis.org/2016/03/25/chinas-rising-economic-soft-power/，最后访问日期：2016 年 9 月 15 日。

### （二）地方诉求

在《愿景与行动》公布之前，全国各地许多与"一带一路"相关的省市、地方政府均从自身优势和资源出发，积极谋划对接国家战略。在《愿景与行动》公布后，依据中央对全国各地在开放态势中的总体定位，各个地方出台了具体的行动方案和重要举措。本章对文件中提及的重要涉侨省/区梳理如下。

#### 1. 地方的对接举措

福建被列为中央支持建设的 21 世纪海上丝绸之路核心区。除了地处对外开放前沿的东南沿海，福建的独特优势在于：几乎是唯一一个将台湾同胞、港澳同胞和华侨华人结合在一起的地方。在《福建省 21 世纪海上丝绸之路核心区建设方案》中，福建的功能定位是：21 世纪海上丝绸之路互联互通建设的重要枢纽、经贸合作的前沿平台、机制创新的先行区域和人文交流的重要纽带。在省内布局方面，提出要支持泉州市建设 21 世纪海上丝绸之路先行区，发挥海外华侨华人、民营经济和伊斯兰文化积淀等优势，在推动华侨华人参与核心区建设的同时发挥平潭综合实验区、厦门市深化两岸交流合作综合配套改革试验区等对台先行先试政策优势和漳州两岸产业对接集中区优势，通过深化两岸合作拓展与 21 世纪海上丝绸之路沿线国家和地区的合作渠道、合作领域，构建两岸携手建设 21 世纪海上丝绸之路的开放新格局。《福建省 21 世纪海上丝绸之路核心区建设方案》包括发挥华侨华人优势和携手闽台拓展国际合作两大任务，提出要激发侨商参与热情，加强华侨华人情感联系，深化闽台经贸合作和人文交流交往。

广东省出台了与国家"一带一路"建设规划相衔接的实施方案，其定位是："一带一路"的战略枢纽、经贸合作中心和重要引擎。该方案提出了广东参与"一带一路"的九大任务，包括互联互通、对外贸易、产业投资、海洋合作、能源合作、金融合作、旅游合作、人文交流和外事交流合作。广东的优势是我国对外开放的前沿阵地、经济第一大省、港澳合作前沿以及海外华侨华人重要的祖籍地。在方案中，广东参与"一带一路"的特点之一是打造世界一流的粤港澳大湾区，建设国际金融贸易中心、科技创新中心、交通航运中心、文化交流中心，建设粤港澳大湾区物流枢纽。

广东与 21 世纪海上丝绸之路沿线国家人文相通，历史交往密切，祖籍广东的华侨华人在沿线国家达到 2072 万，占中国在沿线国家华侨华人总数的 1/2，在人文上相亲相近。广东还提出要加强与沿线国家在文化、科技、教育、医疗、体育等领域的交流合作，增进了解和友谊，形成互信融合、包容开放的社会基础。①

广西地处中国与东盟合作的前沿，又是中国第三大侨乡，《愿景与行动》给出的定位是：发挥广西与东盟国家陆海相邻的独特优势，加快北部湾经济区和珠江-西江经济带开放发展，构建面向东盟区域的国际通道，打造西南、中南地区开放发展新的战略支点，形成 21 世纪海上丝绸之路与丝绸之路经济带有机衔接的重要门户。2016 年，广西壮族自治区出台了《广西参与建设丝绸之路经济带和 21 世纪海上丝绸之路实施方案》，围绕建设"一带一路"有机衔接的重要门户这一定位要求，提出了八个方面的合作重点，分别包括：互联互通、商贸物流合作、跨境产业链、跨境金融、人文交流、海上合作、生态环保合作和共建合作平台等方面。

浙江省参与"一带一路"建设具备三大优势：一是区位优势，宁波-舟山港是世界十大集装箱港口之一，境内的钱塘江、浙东运河和京杭大运河等内河交通与陆上交通，沟通了浙江腹地和江南、华北广大地区；二是市场优势，浙江有遍布全球的传统专业商品市场和发达的电子商务；三是遍布"一带一路"沿线的浙籍华侨华人，他们无疑是数量可观、实力雄厚的华商群体。浙江省提出要把浙江打造成为"一带一路"建设的排头兵，主要通过三大合作任务推进，包括经贸合作、产业合作和人文科技合作。浙江还提出要发挥浙籍华侨华人的作用，让他们成为"一带一路"的宣传者、建设者和示范者。②

海南省在地理区位、国家政策、对外交往和侨务资源等方面都具有参与"一带一路"建设的优势条件，它位于 21 世纪海上丝绸之路的重要节点，又是经济特区、自由贸易试验区和博鳌亚洲论坛的举办地，拥有 200

---

① 《广东省参与建设"一带一路"加大对粤企投资支持力度》，http://www.gd.gov.cn/tzgd/gdtzdt/201506/t20150604_214154.htm，最后访问日期：2016 年 9 月 16 日。
② 《浙江省省长李强在"一带一路"沿线浙籍侨领座谈会上的讲话》，温州网，http://news.66wz.com/system/2015/05/18/104451188.shtml，最后访问日期：2016 年 9 月 16 日。

多万琼籍华侨华人。海南曾提出要成为21世纪海上丝绸之路的重要门户、战略支点和桥头堡等定位，要抢抓"一带一路"建设重大机遇，把旅游特区和海南自由贸易试验区作为两个轮子，把聚焦点、着力点放在打造中国的旅游特区，打造世界一流的精品旅游目的地，以及构建开放型经济新体制，推动形成全面开放新格局，把海南打造成为我国面向太平洋和印度洋的重要对外开放门户上。在具体行动上，海南推出了建设三亚门户机场、三亚临空经济区、国际旅游岛，以及与《中国（海南）自由贸易试验区总体方案》配套的各项重要举措。

上述5个省区是"一带一路"建设中重点提及的省份，并且都具有华侨华人的优势。从他们的行动方案中可以发现，各省市都主动对接国家的"一带一路"倡议，特别是《愿景与行动》中的定位，同时都注重发挥华侨华人的作用。

2. 地方的诉求

进一步分析各个地方对接"一带一路"的方案可以发现，方案都体现了各地在融入国家战略时的差异化诉求。主要体现在以下方面。

（1）争取"一带一路"建设的国家配套政策和资金支持

在参与"一带一路"建设中，许多地方都希望得到国家在政策和资金上的支持，希望通过某些领域的先行先试，尤其是通过某些特惠政策，获得发展的先机。比如海南省提出要争取国家更加开放、区域化的旅游综合配套政策。①《福建省21世纪海上丝绸之路核心区建设方案》的政策保障部分则提出："争取国家加大中央预算内投资、中央财政专项资金和国外优惠贷款等资金投入，支持核心区重大合作项目建设。争取开发性金融机构、国家政策性银行、商业银行等金融机构以更大力度加强对福建的资金支持。积极争取丝路基金、中国-东盟海上合作基金支持。推动福建省现代蓝色产业创投基金扩大基金规模和投向范围。"②广东省汕头市则被列为"一带一路"重点建设的15个港口之一。十二届全国

---

① 周元、罗保铭：《把打造旅游特区作海南参与一带一路突破口》，南海网，http://www.hinews.cn/news/system/2015/03/19/017409698.shtml，最后访问日期：2016年9月17日。

② 《福建省21世纪海上丝绸之路核心区建设方案》，新华网，http://fj.people.com.cn/n/2015/1117/c181466-27114849-5.html，最后访问日期：2016年9月17日。

人大四次会议召开期间，汕头市政府向大会提交了《关于支持汕头港建设的建议》，请求国家层面在广澳港区三期工程建设、汕头港公共基础设施和集疏运通道建设方面对汕头港的建设发展予以支持，建议国家在该项目一次性申报核准、用海审批等方面给予大力支持，减少审批环节，并在建设资金、政策方面给予扶持。① 江苏省连云港市作为丝绸之路经济带陆海交汇枢纽，连云港市财政部门在 2014 年对“一带一路”交汇点的财税政策进行了研究，提出了 13 项重大项目财政资金需求和争取国家级东中西经济合作示范区先行先试的 24 项税收政策、启运港退税政策等建议。②

除了上述沿海省市之外，在一些中部省市的对接方案中，也体现了抓住“一带一路”机遇、争取国家政策支持的态势。如江西省在其对接方案的“保障措施”的第一条写道：“积极争取国家支持。争取我省‘一带一路’建设重点项目纳入国家相关专项规划和政策支持范围。推进我省重点扶持和鼓励的对外投资企业纳入国家税收激励范围。帮助企业争取亚投行、丝路基金和国家政策性银行、政策担保基金支持。”③ 而河北省商务厅则制定《河北省商务厅争取国家政策支持工作办法》，明确要抢抓国家“京津冀协同发展”“一带一路”及供给侧结构性改革等政策机遇，深入研究国家商务领域的政策调整、资金投向、项目建设和试点安排情况，把握标准，创造条件，主动汇报，加强与商务部的工作衔接，确保河北省争取商务领域政策、资金规模和项目试点数量不低于全国平均水平，力争取得更多支持，为推动河北省经济发展作出积极贡献。④

（2）凸显本地区在“一带一路”建设中的重要地位

不少省市在对接国家“一带一路”建设的方案中都对本地区进行了定

① 陈冬琪：《争取国家在政策资金上支持汕头港建设》，http：//strb. dahuawang. com/html/2016-03/11/content_706516. htm，最后访问日期：2016 年 9 月 17 日。
② 胡祖铨：《“一带一路”的基本政策》，http：//www. sic. gov. cn/News/455/6104. htm，最后访问日期：2016 年 9 月 17 日。
③ 《江西省参与“一带一路”建设新闻发布会》，http：//www. scio. gov. cn/xwfbh/gssxwfbh/xwfbh/jiangxi/Document/1440721/1440721. htm，最后访问日期：2016 年 9 月 18 日。
④ 《河北省商务厅争取国家政策支持工作办法》，http：//www. hecom. gov. cn/ZFZD _ content. aspx？id=69319，最后访问日期：2016 年 9 月 18 日。

位。总体上，各地试图突出本地区在"一带一路"、国家对外开放格局和区域格局的中心地位，提升本地区的城市定位，试图通过参与"一带一路"建设塑造和打响城市品牌。《愿景与行动》也确实采纳了一些地区的定位方案，并在文件中提及了一些重点城市。这些城市往往以此作为本地区在"一带一路"中重要地位的依据。

福建省将自己定位于"重要枢纽、前沿平台、先行区域和重要纽带"，而下辖的福州、厦门和泉州在各自的对接方案中也提出了较高定位，福州的定位是"21世纪海上丝绸之路战略枢纽"，厦门的定位是"21世纪海上丝绸之路中心枢纽城市"，泉州的定位是"21世纪海上丝绸之路先行区"。

广东省广州市提出，到2017年，基本建成21世纪海上丝绸之路核心枢纽、对外交往中心、国际区域合作新模式的试验区。深圳市则在2015年的政府工作报告中提出加快打造"一带一路"战略枢纽和海上丝绸之路桥头堡，汕头市则提出打造21世纪海上丝绸之路门户城市。

浙江省要打造推动"一带一路"经贸合作先行区、"网上丝绸之路"试验区、贸易物流枢纽区。宁波市的定位是"一带一路"枢纽城市、21世纪海上丝绸之路支点城市、经贸合作和人文交流先行城市、跨境贸易电子商务试点城市。

江苏省则明确连云港、徐州是"一带一路"规划的重要节点城市，是沿东陇海线经济带的核心区域，淮安、盐城、宿迁是紧密联系区域。

广西的定位是构建面向东盟区域的国际通道，打造西南、中南地区开放发展新的战略支点，形成21世纪海上丝绸之路与丝绸之路经济带有机衔接的重要门户。

陕西省的定位是丝绸之路经济带新起点，要发挥"一带一路"中心区域作用，打造五个中心——交通物流中心、科技创新中心、产业合作中心、文化旅游中心和金融合作中心。在《西安建设丝绸之路经济带（新起点）战略规划》中，西安市的定位是丝绸之路经济带新起点、内陆型改革开放新高地，但在《愿景与行动》中则称西安是内陆型改革开放新高地。

甘肃省的定位是全国重要的新能源基地、有色冶金新材料基地、特色农产品生产和加工基地、向西开放重要门户和次区域合作战略基地，曾提出要打造丝绸之路经济带的黄金段。兰州市提出要建设国家向西开放战略平台、丝绸之路经济带重要节点城市。

新疆则被定位为丝绸之路经济带的核心区，要发挥新疆独特的区位优势和向西开放重要窗口作用，深化与中亚、南亚、西亚等国家交流合作，形成丝绸之路经济带上重要的交通枢纽、商贸物流和文化科教中心。而在新疆的对接方案中，又提出"五大中心"（交通枢纽中心、商贸物流中心、金融中心、文化科教中心、医疗服务中心）的定位。

江西省的定位是连接"一带一路"的内陆战略通道、内陆开放合作高地、生态文明国际合作重要平台。南昌市的定位是内陆开放型经济高地。

## （三）华侨华人

### 1. 给予华侨华人财富安全的保障

改革开放以来，海外华侨华人通过在华投资积累了可观的财富。关于华侨华人资本在我国吸引外资中的比重和规模，尚缺乏完整的统计，不同学者有不同的估计。如谭天星等认为，截至 2005 年底，中国外商投资企业有 55 万家，实际利用外资 6700 多亿美元，其中华侨华人、港澳同胞投资企业约占 70%，投资额占利用外资总额的 60% 以上。[①] 这些华商企业在中国投资，既为自己积累了可观的财富，也促进了中国经济社会的发展。他们的合法财产应该得到有效保障，同时他们也有权利根据经济、社会环境的变化进行资产配置，从而保证他们财富的安全。广大华侨华人在海外的生存和发展经历过许多坎坷和困难，特别是在住在国排华、战争等非常时期，华侨华人的财产遭遇了重大损失。中国应该成为全球华侨华人财富发展时期的创业乐土、困难时期的避风港，来去自由，如此才有利于温暖侨心、凝聚侨力。

### 2. 给予海外华侨华人归属感和认同感

海外华侨华人普遍具有强烈的乡土意识和故土情怀，他们虽然身

---

① 谭天星、刘继坤、邹传标：《从"全国百家明星侨资企业"看当代中国侨资企业的发展》，《侨务工作研究》2007 年第 2 期。

在异国他乡，但是语言、饮食、服饰和礼仪等方面与中国依然一致。特别是第一代华侨华人往往具有更强的"根"情节，对于中华文化和华夏子孙的身份有高度的认同。但是在民间交往中他们经常面临着身份认同问题，特别是第二代、第三代华侨华人。事实上不论是第一代华侨华人还是第二代、第三代，他们都既要努力融入住在国又始终保持华人身份，他们普遍都需要一定的归属感和认同感。这种认同和归属需要体现在出入境、投资、定居、置业、文化交往等方面的便利措施，也需要体现在对海外华侨华人遭遇困难的帮助。国内已经有了一系列相应的法律法规，近年来广东等地又进行有关华侨华人权益保护的立法，取得了很大的进步，而在"一带一路"建设过程中，对沿线的华侨华人，特别是处于广大社会普通阶层的华侨华人，要给予更多关怀和关注，树立和加强他们对中华民族的归属感和中华儿女的认同感。

## 二 "一带一路"建设中国家、地方和华侨华人的互动关系

国家、地方和华侨华人在"一带一路"建设中都有具体的诉求，既相互统一但又存在差异。因此必须厘清三者之间的关系，既要了解其相互一致相互促进的一面，也要认识其尚需协调和配合的地方，如此才能处理好三者之间的关系，保证"一带一路"建设的顺利进行。

### （一）战略目标和长远利益高度统一

在"一带一路"建设中，国家、地方和华侨华人的战略目标和长远利益高度一致，彼此互相促进。党和国家着眼长远、总揽全局，提出"一带一路"的重大倡议，必然会推出一系列的政策、措施和具体项目。这些都需要由各个部门和地方去落实和推进，而地方政府也需要得到国家的政策支持和项目投入，以促进本地经济社会发展。华侨华人特别是华商企业则能够从中寻找到投资合作的机会。随着"一带一路"境外合作的推进，广大海外华侨华人更有机会享受其带来的红利。比如，国家为了支持新疆丝绸之路经济带核心区建设，在新疆启

动了一系列基础设施建设工程，这些对新疆经济社会的发展起到了很大的作用。2015 年新疆 GDP 增速居西北 5 省第一位，增速居全国第 8 位。① 从地方的角度来看，许多地方为了对接"一带一路"，突出本地区的地位，往往也出台了一些重大政策和项目，这客观上有助于"一带一路"的建设。比如在"一带一路"和中非产能合作政策指引下，福建 2016 年上半年对非洲的投资增长迅猛，呈现投资金额大、投资主体集中、投资区域分布广、投资领域不断拓宽等特点。② 还有国内许多城市都加开加密到"一带一路"沿线的航班，如 2015 年南方航空新开通"一带一路"客运航线 15 条，主要包括广州飞往意大利罗马、新西兰基督城、肯尼亚内罗毕、越南芽庄、马来西亚沙巴等航线，侨乡泉州开通到菲律宾马尼拉的航班（由泉州籍侨领陈永栽的菲律宾航空承运），成都开通至捷克布拉格和巴基斯坦拉舍尔的航班。这些都有助于所在城市建设"一带一路"的重要节点和枢纽，有利于沿线华侨华人的出行，也有利于"一带一路"倡议的整体推进。

## （二）具体诉求的差异性

就发挥华侨华人作用而言，地方政府都希望将自己打造成侨资聚集的高地，以此来促进当地经济社会的发展，所以出现各地对接方案都存在"要政策、争项目、拿投资"的现象。因此，地方政府都希望原籍本地的华侨华人能回乡投资。但华侨华人的投资决策往往是"在商言商"，对家乡的情感是考虑因素，但更多的是基于商业决策。以福建为例，东南亚华商不少祖籍是泉州的，但是他们很多优先选择在厦门投资，因为厦门有相对较优越的营商环境，而也有不少泉州籍华侨华人选择在厦门置业定居。依照"一带一路"倡议，虽然也希望华侨华人来祖（籍）国投资，但更希望他们成为"一带一路"沿线国家的建设者和参与者，希望他们为中国企业"走出去"穿针引线，在国外

---

① 《2015 年新疆国民经济运行情况发布 GDP 增速西北五省第 1 位》，央广网，http://news.cnr.cn/native/city/20160201/t20160201_521302511.shtml，最后访问日期：2016 年 9 月 19 日。

② 福建商务厅：《"一带一路"促福建对非洲的投资迅猛增长》，http://www.fiet.gov.cn/xxgk/swdt/swyw/snyw/201608/t20160802_176520.htm，最后访问日期：2016 年 9 月 19 日。

参与"一带一路"建设项目。但是现实中中国大陆企业的规模越来越大、实力越来越强，全球华商1000强中有600多家中国大陆企业。随着他们走出国门，特别是到东南亚地区投资，某些情况下可能出现与华侨华人企业相互竞争的情况。此外，目前许多"一带一路"建设项目都有国企背景，华侨华人参与这些项目的方式、利益分配的机制也急需建立。

## 三　处理好国家、地方和华侨华人三者之间的关系

### （一）地方政府要主动对接、有所作为

习近平总书记强调，地方的规划和目标要符合国家总体目标，服从大局和全局。要把主要精力放在提高对外开放水平、提升国际竞争能力、转变经济发展方式和调整经济结构上来。要立足本地实际，找准位置，发挥优势，取得扎扎实实的成果，努力拓展改革发展新空间。地方政府要切实转变观念，摆脱向中央要政策、要资金、要优惠的发展思路，立足政府职能转变和制度创新，把对接"一带一路"建设的重点放在营造环境、提供服务、培育需求上，加快突破阻碍"五通"的体制机制束缚，不断推进要素流动便利化。

具体到发挥侨力上，地方政府要摆脱过去只有把侨商引到本地才是成功的想法，树立"大侨务"理念，做好华侨华人的联系沟通和牵线搭桥工作，鼓励和引导原籍本地的华侨华人为"一带一路"服务。地方政府还要树立"功成不必在我"的理念，以全局利益和长远利益为重，只要华侨华人是为国家利益作贡献了，则不管他们的投资在本地或是其他地方，都应该给予支持和帮助。

### （二）国家政策要统筹规划、调动其积极性

在国家层面，要加强顶层设计，强化组织领导，完善组织架构。强化"一带一路"建设工作领导小组的统筹协调。要跟踪和研判国内外形势，做好与"一带一路"建设相关的重大规划、重大项目、重大问题等的设计和论证工作，要通盘考虑、合理分工、有效配置和整合

现有国内外资源，及时出台相关政策和指导意见，指导部门和地方开展工作，有效沟通和协调相关部委和地方政府的关系。合理引导地方政府参与"一带一路"建设。对于重点省市，要充分发挥各地的比较优势，做到"一地一策"，防止"一刀切"。要加强国家层面对各地规划和项目的指导协调，防止各地一哄而上，出现项目重复、互相竞争和定位重叠的问题。对于地方开展与"一带一路"沿线国家合作，因为沿线各国发展水平差异较大，国家层面要进行统筹、引导和协调，避免出现多个地方集中与少数一些国家合作，而有些国家无人关注的情况。

在发挥侨力方面，国家要赋予地方政府（尤其是侨乡）侨务工作的主体地位，赋予地方政府在对外交往和侨务工作中更多的权力和责任。多在地方举办重大的外交活动和涉侨活动，支持地方在境外举办重大涉侨活动，提高地方城市影响力和知名度。适当协调各地面向华侨华人的招商活动，防止过度竞争，探索不同地区联合招商、共享招商成果的机制。支持地方根据本地实际，出台华侨华人权益保护法。

### （三）创新华侨华人参与"一带一路"建设的机制安排

"一带一路"建设要充分发挥华侨华人的作用，就要有适当的机制和制度安排，要让华侨华人能参与、有贡献和有收益。首要的领域是经贸合作，要引导华商参与进来，首先必须遵循国际通行规则和市场的决定性作用，以商业化原则、市场化机制和手段引导华侨华人企业参与重点项目建设和利益分配。还要发挥国家宏观布局、政策支持、平台建设和资金保障等方面的统筹作用，为华侨华人参与"一带一路"项目创造宽松有利的条件。比如，我国对外援助项目被认为过多使用中国企业和劳务人员施工，在今后的项目中，可以考虑部分由华侨华人企业承担，或者和中国企业组成联合体。再比如，我国企业在国外的资金结算、业务咨询和物流运输，除了本国企业能完成之外，也应当尽可能通过华侨华人的金融机构、咨询公司和物流企业进行。另外，要建立海外风险防范体系，帮助国内"走出去"的企业和华侨华人企业，协同进行风险预警和处置，特别要发挥我国驻外使领馆和各类机构数量多、分布广的优势，为中国企业在海外的发展保驾护航。

# 第二节　各侨乡发挥侨力助力"一带一路"建设的情况

我国华侨华人资源集中在一些沿海省市，他们对这些省市的经济社会发展作出了巨大贡献。长期以来，吸引侨资一直是这些侨乡招商引资的主要工作之一。"一带一路"倡议提出来以后，发挥华侨华人优势更是成为各地侨乡参与"一带一路"建设的重头戏，各地纷纷提出了打"侨"牌、架"侨"梁、用"侨"力的口号，各地结合本地区华侨华人的特点，制定了相应的方案。

## 一　厦门市发挥侨力助力"一带一路"建设

### （一）厦门市的基本侨情

厦门是全国著名的侨乡，祖籍厦门的海外华侨华人达 46.8 万人，广泛分布于全球 78 个国家和地区。从 17 世纪到 19 世纪，厦门一直是中国海外移民的重要口岸，"厦门记忆"是世界 1/3 华侨华人挥之不去的情怀。[①] 如今，厦门已经成为闽籍华侨华人返乡的必经口岸之一，还是闽籍华侨华人回国或来中国定居的主要选择。同时，厦门凭借政策、港口等优势，吸引了众多侨商前来投资，成为华侨华人创业投资的聚集地，吸引了许多原籍泉州、福州和龙岩等福建省其他地区的海外华商，其中来自东南亚地区的闽籍海外华商占较大比重。闽籍海外华商在厦门投资主要呈现以下特点。

一是投资主要来自东南亚地区。如表 6.1 所示，截至 2014 年，厦门累计利用来自新加坡、菲律宾、马来西亚、泰国、印度尼西亚和文莱的投资项目 954 个，合同利用外资 27.2 亿美元，实际利用外资 20.3 亿美元。据统计，厦门利用的外资 40% 来自东南亚国家。也因为厦门在吸引华侨华人回祖（籍）国投资取得的成绩，2008 年，时值改革开放 30 周年，为集中展示侨资企业在中国改革开放和经济社会发展中重要而独特的贡献，彰显

---

① 谢婷婷、骆克任：《华侨华人在中国建设软实力中的作用》，经济科学出版社，2015。

侨资企业的良好社会形象，厦门第十二届中国国际投资贸易洽谈会举办了"改革开放 30 年侨资企业成就展"。

表 6.1 厦门市利用东南亚国家资金情况

单位：个，亿美元

| 外资来源国 | 项目数 | 合同金额 | 实际金额 |
| --- | --- | --- | --- |
| 新加坡 | 499 | 15.4 | 10.8 |
| 马来西亚 | 132 | 5.5 | 4.8 |
| 菲律宾 | 198 | 3.9 | 2.8 |
| 泰国 | 33 | 1.0 | 0.7 |
| 印度尼西亚 | 41 | 0.8 | 0.7 |
| 文莱 | 51 | 0.6 | 0.5 |
| 总投资 | 954 | 27.2 | 20.3 |

二是以中小企业为主。七成以上是总投资额在 500 万美元以下的中小企业。据统计，厦门市目前共有侨资企业 1900 多家，来自 50 多个国家和地区，占全市外资企业的 40% 以上，总投资额近 200 亿美元。[①] 而到厦门投资的华侨华人中，新侨的数量不断增加。2000 年以来，已有超过 3000 名新侨[②]到厦门创业投资。根据目前在厦门工作新侨的行业特点和工作性质，大致可分为侨商新侨、科技新侨和创业新侨三个主要类型。新侨投资创业及研究领域涵盖电子信息、生物医药、环保科技、新能源、新材料等战略性新兴产业。[③] 与传统东南亚华侨华人的财团相比，他们的投资金额和企业规模往往相对较小，许多尚处于创业和起步阶段。

三是涉及行业较广，但主要集中在制造业和房地产业。制造业主要集中于 IT、新材料、化工、智能制造等，侨资企业是厦门制造业产业集群形成、产业结构升级和出口创汇的重要力量。在房地产方面，侨资被认为是厦门房地产发展的重要力量，汇集了裕景兴业、SM 集团、IOI 置业、明发

---

① 《市政协视察我市侨资企业发展情况促进侨企发展壮大》，http://news.xmsme.gov.cn/2015/12/5/615_24116.shtml，最后访问日期：2016 年 9 月 20 日。

② 新侨一般指改革开放以后以留学、经商、探亲、投资等多种方式移居海外的华侨华人。

③ 厦门市侨联：《进一步改善投资环境支持新侨回归创业》，《厦门日报》2015 年 7 月 3 日。

集团、顶峰集团、汇成建设、光华房地产、大兴房地产等富有实力的侨资企业。它们有效推动了厦门的城市开发和国际化发展。其中，闽籍菲律宾侨商施至成的 SM 集团深耕厦门多年，其投资的 SM 广场是厦门最繁华的商业中心之一，马来西亚侨商企业 IOI 置业则参与了岛外开发，其 IOI 棕榈城则是集美新城的重要项目，菲律宾侨商陈永栽的裕景兴业开发了"银行中心"、厦禾裕景等一系列优质房地产项目。

### （二）厦门市发挥侨力助力"一带一路"建设的主要举措

#### 1. 发挥平台优势，凝聚侨力

每年一度的中国国际投资贸易洽谈会（简称"投洽会"）是厦门参与"一带一路"建设的重要平台。这是中国目前唯一以促进双向投资为目的的国际投资促进活动，也是通过国际展览业协会（UFI）认证的全球规模最大的投资性展览会，同期举办的海外华商中国投资峰会（简称"海华会"）是"投洽会"的重要组成部分。以此为平台，厦门市吸引力了大量侨商前来参会。以 2014 年为例，"投洽会"邀请到 30 个国家 88 个华商团组共 640 名华商，其中包括许多重要侨领，如马来西亚 IOI 集团主席李深静、顶级手套集团主席林伟才、印尼材源帝集团主席黄双安、泰国正大集团资深副董事长姚民仆、阿根廷工商企业联合总会会长陈瑞平、泰国中华总商会常务董事丁文志、全非洲和统会会长李新铸、英国福建同乡会永远名誉会长兼监事长何家金、匈牙利郭氏集团郭加迪、菲律宾菲华联谊总会理事长杨思育等。截至 2016 年，"投洽会"举办了 20 届，"海华会"举办了 9 届，它们已经成为华侨华人了解中国、寻求投资机遇和参与国家建设的重要交流平台。

#### 2. 做好闽籍侨商招商工作

厦门市制定了专门的工作方案，统筹推进闽籍重点侨商招商工作。主要通过多部门联动，投资促进局与国家发展和改革委、国资委、外事侨务办、总商会等部门密切配合，利用多种渠道，注重"以侨为桥、以侨引侨、以侨引商"，做好对侨资企业的投资促进与投资服务工作。做好重点侨资项目的生成和落地，形成示范和带动效应。如马来西亚的棕榈油项目、中国燕都项目，泰国正大集团区域总部项目。开展各类对侨招商活动，推动符合厦门市产业发展需要的有投资潜力的侨商来厦对接

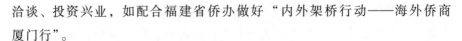
洽谈、投资兴业，如配合福建省侨办做好"内外架桥行动——海外侨商厦门行"。

### 3. 发挥资源优势，开展人文交流

厦门市将嘉庚精神作为融入"一带一路"的人文资源。通过举办活动，打造"嘉庚论坛"，试图深入挖掘和弘扬嘉庚精神，并结合厦门市的城市建设，将"嘉庚论坛"打造成"一带一路"的特色新名片，成为继"海峡论坛"后的又一国际性文化盛事。2016年4月，首届"嘉庚论坛"在陈嘉庚故里厦门市集美区举办，共有来自五大洲100多位华侨代表和100多位国内学者、官员、企业家代表与会。

厦门市还充分利用与东南亚国家的密切联系，与菲律宾、新加坡、泰国驻厦总领事馆联合主办"南洋文化节"。截至2016年，已经举办了5届，共有南洋特色商品展、产业对接会、南洋美食节、南洋风情文艺演出、南洋电影展映、南洋论坛等几个板块。厦门旨在将"南洋文化节"打造成优质平台，汇聚政府、文化界、经济界的精英与资源，进一步加强厦门与东盟国家的交流合作，促进城市国际化建设，凸显厦门市服务"一带一路"国家战略的地位和作用。

建设厦门大学马来西亚分校。"一带一路"倡议提倡沿线国家的共商、共建，厦门大学在马来西亚雪兰莪州创办分校，总预算约为26亿元人民币。这是中国名校在海外设立的第一所实体分校，该项目将有助于构建中马在教育、文化、经贸、科技等领域合作交流的新平台，被誉为中国教育"走出去"的先行者和中国用教育回馈东南亚。该项目已经获得可观的华侨华人捐款，祖籍福州的马来西亚首富郭鹤年捐款2亿元人民币，用于厦门大学马来西亚分校主楼图书馆大楼的建设，马来西亚IOI集团执行主席、丹斯里拿督李深静捐款3000万元，用于马来西亚分校主楼群一号楼建设。

### 4. 加强海外华侨华人联系

2014年，厦门市遴选了150个华侨华人社团作为对外重点联络、扶持的社团，在此基础上推动3个海外华商协会来厦设立办事机构。同时积极邀请华侨华人来国内参观考察和开展活动，如邀请陈嘉庚基金会理事来福建考察，开展"侨资企业西部行"。针对新侨逐渐增多的情况，厦门还探索搭建海外中青年侨领合作交流平台，与国务院侨办联合举办海外华裔青

年企业家中国经济研修班、国务院侨办社团联谊大会等。厦门市十分重视加强与海外中青年侨商、侨领的联络，重点是已融入住在国主流社会或在住在国有较强实力和影响力的中青年侨商侨领的联络工作，为侨务工作可持续发展奠定基础。

5. 开展引资引智

"千人计划"是我国吸引海外华侨华人精英来中国创业的重要项目，厦门市还相继出台了配套的"双百计划"和"海纳百川"计划。凭借优越的居住环境、生态环境、教育条件，厦门通过"千人计划"吸引了众多华侨华人落户。截至 2015 年，厦门共有 62 人入选"千人计划"，占福建省七成。

## 二　汕头市发挥侨力助力"一带一路"建设

汕头历来是粤东、赣东南、闽西南的重要出海口，有海岸线 289 公里，适宜建港的自然深水岸线 28 公里。丰富的华侨华人资源是汕头建设 21 世纪海上丝绸之路的优势之一。2014 年 9 月，国务院正式批复同意在汕头经济特区设立华侨经济文化合作试验区，并明确提出支持试验区搭建海外华侨华人文化交流平台，批复还指出汕头是 21 世纪海上丝绸之路的重要门户。这是全国唯一一个以"侨"为特色的国家级试验区，也是一个冠以"文化"的试验区。可以说汕头经济特区就是因侨而立。

### （一）汕头市的基本侨情

1. 汕籍华侨华人人数众多，分布广泛

在汕头当地一直有"三个汕头"的说法，即当地一个汕头，海外一个汕头，国内其他地方又有一个汕头。据国务院侨办统计，目前中国已有6000 多万海外华侨华人，其中祖籍潮汕的华侨华人独占鳌头，超过 1000万人。而位于 21 世纪海上丝绸之路沿线的东南亚地区，更集中了 80% 的潮汕籍海外侨胞。[①] 其中，泰国是潮汕籍华侨华人聚居人数最多的国家，

---

① 李嘉敏：《凤凰广州实地考察汕头华侨试验区：21 世纪海丝重要门户》，凤凰网，http://gz.ifeng.com/zaobanche/detail_2015_08/07/4204881_1.shtml，最后访问日期：2016年 9 月 20 日。

据统计，2011 年泰国华侨华人 718 万人，占泰国人口的 10% 左右。其中，潮州籍的华侨华人占总数的 65%，多数集中于曼谷。①

2. 汕籍侨商实力雄厚

古代汕头和潮州同属一个行政区，从南宋起，一些当地人迫于生计远赴海外经商和移民（俗称过番），其中不少人经过艰苦奋斗和努力经营，取得了事业的成功，成为商界巨子、社会精英，而"潮汕商帮"也被认为是中国最有实力的商人群体之一。一些潮汕侨商往往企业规模较大、经营多元化和国际化，如曾被列为泰华八大集团之首的陈慈黉以及现代的泰国盘谷银行创办人陈弼臣，最早为开辟特区提供海外经验的香港银行家庄士平，创办中国首个外资企业的泰国华商谢国民，以及获得汕头、深圳、珠海三个特区"荣誉市民"称号的李嘉诚，还有泰国象牌啤酒的苏旭明创始人，泰国盘谷银行董事长陈有汉，法国巴黎士多有限公司创办人郑辉，泰国万盛冷冻食品（大众）有限公司董事长陈汉士，泰国素提工程有限公司董事长、猜兰建筑有限公司董事长吴宏丰等。

3. 侨资企业是汕头外资主要来源

据统计，截至 2016 年汕头市批准外商直接投资项目 6008 个，其中来自华侨华人的投资项目 5673 个，合同侨资金额 121.64 亿美元，实际吸收侨资金额 78.95 亿美元，投资客商分别来自全球 44 个国家和地区，涉及 21 世纪海上丝绸之路沿线国家和地区共 9 个。目前，汕头外商投资企业近 800 家，其中正常经营的侨资企业近 700 家，年度销售（营业）额 330 亿元，纳税总额 21 亿元，利润总额 24 亿元，解决就业人数近 7 万人，侨资企业进出口总值 19 亿美元，占全市外商企业进出口总值的近八成，为汕头经济发展作出了较大贡献。并且投资规模超过 1 亿美元的大企业多数是华侨投资企业，如华润电力风能（汕头潮南）有限公司、汕头超声印制板（二厂）有限公司、汕头暹罗燃气能源有限公司、汕头市礐石大桥有限公司、汕头君华海逸酒店有限公司等 5 家大企业，总投资已逾 7 亿美元。②

---

① 丘进主编《华侨华人研究报告（2013）》，社会科学文献出版社，2013。
② 刘婉萍：《华侨华人在汕头投资项目 5673 个》，潮汕新闻网，http://www.chaoshanw.cn/News/shantou/137689.html，最后访问日期：2016 年 9 月 10 日。

## （二）汕头市发挥侨力助力"一带一路"建设的主要举措

### 1. 打造两大开放合作平台

华侨华人经济文化合作试验区和中以（汕头）科技创新合作区是汕头发挥侨力参与"一带一路"建设的主要平台。

华侨华人经济文化合作试验区是"一带一路"经贸合作和人文交流的战略平台，目标在于构建海外华侨华人聚集发展的创新平台和建设21世纪海上丝绸之路的重要门户。目前，试验区在先行先试方面取得的重要成果有：与西班牙安达卢西亚签订了"一对一"结对合作协议，被国家发展和改革委列为全国5个中欧区域政策合作试点地区之一；"华侨板"股权交易市场已经开板，挂牌企业达到381家；中国科协"海智计划"广东（汕头）工作基地落户华侨试验区。目前，招商引资已经初见成效，2015年1月在香港招商签约项目64个，计划总投资1589亿元，现有2129家企业在试验区登记注册，总注册资本达198亿元。

汕头还依托广东以色列理工学院落户汕头的重大契机，启动建设中以（汕头）科技创新合作区。作为中以国家层面科教创新合作的重大平台，中以（汕头）科技创新合作区于2015年12月正式启动。汕头市将以此为依托，加强政府、高校、科研机构、企业、行业组织等不同主体之间的经济技术交流与应用合作，重点推进水处理、生物医药、通用航空、新材料、信息、农业等方面的深度合作，目标是建成国家级创新中心、孵化基地、创业平台，积极对接转化以色列、欧美科技。目前，汕头中以国际技术转移中心正式成立，与以色列航空工业公司合作共建的中以航空产业园项目已签署战略合作框架协议，推动与以方在生物医药、水处理与环境保护工程、新材料、装备制造、工业探伤、社区与远程医疗等领域实现产业技术合作，并带动国内外高校、企业、科研机构与合作区企业的合作。

借助上述两大平台，汕头市正努力打造新时期侨务工作和引侨引智的重要载体，更好地服务华侨，更好地引资引智，推动汕头进一步深化改革、扩大开放，建设21世纪海上丝绸之路重要门户。

### 2. 加快华侨华人文化建设

汕头华侨华人经济文化合作试验区是国内唯一一个以"华侨"和"文化"命名的功能区。华侨华人文化自然是试验区的重头戏。汕头以试验区为平台，依托潮汕文化加强国际文化交流，重点挖掘潮汕华侨在东南亚的影响力，加强以东盟为重点的国际合作，同时加快与欧洲其他国家的沟通合作。试验区的功能定位为"一个平台""两个基地""三个中心""九大产业"，其中"两个基地"是打造华侨文化交流、对外传播基地。在"十三五"规划中，汕头提出要以新生代华侨华人为重点，积极推进"六大华侨文化建设工程"，即华侨文化平台建设工程、华侨文化设施建设工程、华侨文化遗产保护工程、华侨文化交流传播工程、华侨文化产业发展工程、华侨文化理论研究工程。例如，试验区将建设国际化华侨文化展示中心，打造"华侨论坛""侨博会""海交会"等具有世界影响力的经济文化交流合作平台，其中包括世界华侨华人经济文化合作论坛常设会址、华侨历史文化艺术展示区以及华侨经济文化交流合作服务区等。试验区还将建立新生代华侨华人乡情文教实验基地，体验式教授中华传统文化和特色文化，弘扬华侨华人长期形成的孝亲、勤俭、重教文化传统，增强青少年华侨华人对祖（籍）国和家乡的归属感。同时，设立华侨国际学校（外籍人员子女学校），为子女提供一流的教育服务。通过上述举措，汕头市要把试验区建成国家级对外文化交流平台和华夏文化传播教育基地，构筑华侨华人的精神家园。

3. 推动潮汕揭融合发展

粤东的汕头、潮州、揭阳三市历史上曾属于同一个行政区，山水相连、人缘相亲、文化相同、经济相融，"潮汕一家亲"有着深厚的背景。三地的海外华侨华人更是以"潮汕人"自称，文化同根是汕、潮、揭同城化的坚实基础，潮汕文化是由海内外3000万潮人共同创造、传承和发展的优秀族群文化，是潮汕人情感交流、思想沟通、精神交融的一种纽带和载体。深化汕潮揭同城化发展，不仅有利于推动区域经济融合发展，还有利于凝聚三地华侨华人资源。截至2016年，同城化已经进行了5年，召开了5次联席会议，基本解决了三地的通信、医疗、交通基础设施等民生问题的同城化，目前正向深层次合作推进。2015年，三市旅游部门在潮州举办"第六届粤东侨博会潮汕旅游美食嘉年华"，共同参加了广东国际旅游博览会、2015中国国际旅游交易会，共赴郑州开展旅游推介会。汕头华侨经济文化合作试验区开设"华侨板"，聚合金融服务资源，搭建汕、潮、揭三市企业融资新平台。汕、潮、揭三市还将围绕各自的海港、铁港、空港优势，"三港联动"，谋划建设汕、潮、揭临港空铁经济合作区，加强产业发展对接，不断拓展产业合作新空间，作为汕潮揭同城化发展的重要载体，打造粤东经济新的增长极。而潮州市目前已确定向国际潮团总会申办第 20 届国际潮团联谊年会，吸引世界潮人"回家"寻根，同时加强对外宣传推介，全方位展示潮汕地区发展新环境、新优势。目前，潮州已正式向广东省委省政府提交了请示报告，获得汕头和揭阳的支持，饶宗颐、陈伟南等知名海外侨领也大力支持，联名发出了倡议书。①

## 三　江门市发挥侨力助力"一带一路"建设

江门五邑（新会、台山、开平、恩平、鹤山等 5 个区县）素有"中国第一侨乡"之称，江门的海外华侨华人又称五邑华侨华人。在参与"一带一路"建设中，江门最有特色的就是侨务工作、侨乡经济和华侨文化，江门要想在 21 世纪海上丝绸之路建设中有所作为，很重要的一点就是要跟祖籍江门的华侨华人保持紧密联系。② 当前，江门的侨情具有如下特点。

### （一）江门市的侨情概况

#### 1. 人数众多、分布广泛

江门市最近一次侨情调查在 2014 年启动，但是到 2016 年还未完成，所以本书用 1999 年侨情调查结果进行分析和推算。总体而言，江门华侨华人遍布世界各地，但是又相对集中。根据官方数据，目前祖籍江门的华侨华人和港澳同胞逾 400 万，遍布全球五大洲 107 个国家和地区。③ 地域分布方面，根据 1999 年的侨情调查，祖籍江门的华侨华人以在美洲为最多，占海外江门华侨华人的 70% 左右，其中美国的江门华侨华人又最多，约占美洲地区总人数的 60%，而在亚洲地区的江门华侨华人约占 20%，其他地区相对较少。

---

① 王漫淇、陈榆：《汕潮揭同城化"升级版"出炉》，http://ep.ycwb.com/epaper/ywdf/html/2016-07/02/content_76889.htm，最后访问日期：2016 年 9 月 25 日。
② 叶田：《发挥自身优势探索新路径江门积极谋划对接"一带一路"》，http://dzb.jmrb.com：8080/jmrb/html/2015-06/11/content_404404.htm，最后访问日期：2016 年 9 月 25 日。
③ 《江门市侨务强市建设工作纲要（2015～2020 年）》，http://zwgk.jiangmen.gov.cn/0101/201510/t20151028_526757.html，最后访问日期：2016 年 9 月 25 日。

旅居海外的江门华侨华人组建了许多社团，其中跟江门经常保持联系的海外华侨华人及港澳台社团总数达 500 多个，主要集中在美国、加拿大和马来西亚，其中不乏有百年历史的老社团，如美国旧金山的冈州总会馆和宁阳会馆，新加坡的宁阳会馆、冈州会馆和四邑陈氏会馆，马来西亚槟城肇庆府会馆，澳大利亚墨尔本的四邑会馆和冈州会馆、雪梨（悉尼）四邑会馆等，这些社团在当地侨界有重要影响力。①

### 2. 事业有成、成绩斐然

广大江门华侨华人和港澳同胞充分融入当地主流社会，在政界、商界、科技界、文化演艺界拥有一批重要人物，他们在各自的领域取得了卓越的成就。如政界的伍冰志（加拿大首位华裔女总督）、骆家辉（美国首位华裔州长、商务部部长、前美国驻华大使）、黄锦波（美国首位华裔市长）、李孟贤（美国旧金山首位华裔市长）、陈仲民（巴布亚新几内亚首位华裔总理）等。经济界如利国伟、利汉钊、吕志和、李福兆、李国宝、伍舜德等。

### 3. 热心桑梓、贡献卓越

江门市现有侨资企业 3991 家，引进资金超过 196.6 亿美元。这些企业主要分布在食品、纺织服装、电气机械、通信等行业，它们对江门市的经济发展举足轻重。据统计，2012 年侨资企业占江门外资企业的 80% 以上，其工业总产值和税收均占江门的 1/3，安排就业人数 30 万人。② 有些企业还成为所在行业的领军和龙头企业，如食品行业的李锦记集团，印刷行业的雅图仕印刷公司和卫生用纸行业的维达纸业集团。江门华侨华人热心家乡公益，改革开放以来，境外江门华侨华人累计捐资赠物 44247 项，折合港币约 70.7 亿元。

### （二）江门市发挥侨力助力"一带一路"建设的主要举措

#### 1. 高标准高定位，建设"中国侨都"

2015 年初，江门市提出要建设"中国侨都"，并制定《江门市侨务强市建设工作纲要（2015—2020 年）》（以下简称《纲要》），同时成立了

---

① 梅伟强：《从侨情调查看江门五邑侨乡的特色》，南方网，http://news.southcn.com/gdnews/hotspot/sylhsy/sylh/lhqiaoqing/200212020868.htm，最后访问日期：2016 年 9 月 25 日。

② 邓惠珍：《江门侨资企业转型升级的思考》，《广东经济》2014 年第 9 期，第 58~61 页。

以市长为组长的侨务工作协调小组。《纲要》是广东省首个地方出台的侨务工作"十三五"规划，它的主要内容不单纯是江门市未来五年的侨务事业发展规划，而且要把"侨"资源引导、延伸、应用到经济、文化、社会各个领域，既要立足"侨"，又要跳出"侨"，构建"大侨务"工作格局，最终将江门打造成全国侨务工作的创新地、试验区、排头兵。《纲要》提出，2017 年前争创"广东省华侨文化经济合作创新示范市"。到 2020 年，争创"中国华侨华人文化经济创新试验区"。为了实现规划目标，《纲要》还从城市品牌、华侨文化、产业发展和服务"一带一路"等方面提出了具体的行动方案和工作计划表。《纲要》的定位和内容符合当前我国侨务工作"大侨务"的要求，得到国务院侨办等侨务主管部门的肯定和支持，在全国侨乡中具有一定的示范意义。

2. 打造优质侨务平台

《纲要》中提出要建设"两个经济园区"——广东（江门）"侨梦苑"创业创新聚集区、中欧（江门）中小企业国际合作区。这是江门市发挥侨力、助力经济发展，打造"中国侨都"的两大平台。2015 年 12 月 22 日，广东（江门）"侨梦苑"在江门高新区创业创新广场举行揭牌仪式，标志着由国务院侨办重点支持的"侨梦苑"正式落户江门。江门与增城一道，成为广东省首批成立的国家级侨商产业聚集区、华侨华人创业聚集区。江门"侨梦苑"建设进展顺利，已经完成"侨之家"综合服务中心、火炬大厦、华侨华人创业创新基地等载体建设。2016 年又促成"南非馆"落户光博汇，成为"侨梦苑"首个南非华侨归国创业项目。今后还准备启动筹建 20 亿元规模的"侨梦苑"创新创业基金，争取组建"中国侨梦苑联盟"和"全球华侨华人天使投资联盟"。2016 年 5 月，中欧（江门）中小企业国际合作区正式获得国家工信部批复，这也是工信部批复成立的全国第 5 个中外中小企业合作平台。合作区旨在加强与欧洲各国在装备制造、新能源、新材料、现代服务等先进制造和现代服务业领域的合作，成为以"侨"为特色的小微企业创新创业国际化先行区。

3. 提高五邑华侨文化软实力

为响应"一带一路"建设关于民心相通的倡议，助力"中国侨都"建设，江门市在《纲要》中制定了提升五邑华侨文化软实力的行动计划，主要包括：建立国家级华侨文化生态保护实验区，对该市下辖的三区四市具有重要价值和鲜明特色的侨乡文化生态进行整体性保护、综合规划和建设；依托五邑大学、五邑华侨华人博物馆，创建"中国华侨国际文化交流基地"，建设侨文化教育传承阵地，形成具有全球影响力的侨乡文化理论研究高地，创作华侨文化艺术作品，组织本土艺术家以及省内外艺术创作资源创作反映华侨历史文化的作品，高水平地拍摄大型专题电视纪录片《他乡五邑人》，记录和展示不同国家、不同年龄、不同阶层的五邑人在海外生活和奋斗的精彩故事。此外，江门拟设立"华侨日"、建设侨文化主题公园、创设全球华侨华人"邑门式"服务、成立"五邑侨智库"等工作项目，这些项目在广东乃至全国侨务工作中都具有创新意义。

## 四 温州市发挥侨力助力"一带一路"建设

### （一）温州市的基本侨情

温州是全国著名侨乡，也是古代海上丝绸之路的重要一站。目前海外温籍侨胞共有 68.84 万人，约占浙江省侨胞总数的 1/3，其中超过一半分布在"一带一路"沿线国家。凭着敢为人先的精神，温州商人在海外积极寻觅商机，成为温州对外经贸的重要桥梁。根据 2013 年浙江省侨情普查的数据，温州侨情呈现如下特点。

一是新侨多。温州的侨史最早可追溯到北宋咸平元年（998 年），温州人周伫到高丽经商并定居，成为温州人移居海外的华侨先驱。温籍华侨在新中国成立前只有 3.5 万人，改革开放前 5 万人，温籍华侨的主体是改革开放后移民的新侨，占侨胞总人数 85% 以上。从全国看，其他侨乡是海外华人人数多，温州是华侨人数多。温州的华侨地域分布较集中，以欧美为主，欧洲、美国的温州华侨占海外温州华侨总数的 80% 左右。

二是侨团多。目前以温籍侨胞为主，或冠温州名，或与温州市联系密切，或由温籍侨胞担任主要负责人的海外侨团有 400 多个，其中"一带一路"沿线的 94 个城市有温籍侨团 116 个。各类侨团活动内容由传统的联谊、互助向商贸、科技、教育、文化等多方面扩展，他们在促进温州及中国与世界各国的友好往来、文化交流、经贸合作等方面，发挥了越来越重要的作用。

三是参政多。温籍侨胞积极回国参政议政。2016 年两会期间，有温籍全国、省、市政协委员，特邀委员 120 多名。

四是从事商贸多。温籍侨胞从事的行业正逐步从单一的餐饮经营向多元化的贸易经营转变，他们了解国外的市场，熟悉温州的情况，大力推销温州的产品。贸易范围遍及世界 193 个国家和地区。可以说，侨贸是温州外贸出口的主力军，每年占全市外贸出口额的 80% 以上（温州的外企实际就是侨企，温州的外贸实际就是侨贸）。

五是回乡投资多。侨资企业是温州市合资企业的主体，截至 2010 年底，全市有侨资、港资企业 1800 多家，总投资 50 多亿美元，数量和投资额均占全市三资企业的 80% 以上。

六是贡献多。侨胞最早进入温州经济技术开发区投资，带动了开发区的建设，最早参与温州旧城改造，推动了温州房地产业的发展。此外，改革开放以来海外华侨华人、港澳同胞向温州公益和慈善事业累计捐赠逾 5 亿元人民币。

## （二）温州市发挥侨力参与"一带一路"建设的主要举措

### 1. 借力海外温商网络

遍布世界各地的海外温商网络是温州参与"一带一路"建设的主要优势。截至 2015 年底，温商在海外拥有 18 个境外商品专业市场，"温州货"通过海外温商的营销网络已经进入 193 个国家和地区，温州对外贸易额的 80% 是海外温商穿针引线促成的。温州市正着力完善以海外温商营销网络为重点的境外营销和服务网络，支持境外商品市场转型发展为商贸物流园区，积极促成海外温籍侨团、侨商参与温州和"一带一路"沿线国家的双边经贸往来。温州还发力建设"海外码头"，在海外 44 个国家和地区设立温州海外合作交流联络处，赋予其招商引资、贸易回归、人文交流、友城交往等职能，增进这些国家和地区与温州的贸易往来。

### 2. "引进来"和"走出去"并重

海外华侨华人一直是温州市招商引资的重要对象，由温籍侨商组成的温州市侨商协会，有侨资企业 500 多家。目前，温州正在实施"温商回归领头雁"工程，积极举办和协办涉侨经贸活动，邀请侨商回乡考察，有效带动了温商的回归。仅 2014 年，温州就邀请海外温商回乡投资考察 198 批次、1550 多人次，同时还组织开展"2014 温籍海外乡贤故乡行"活动，邀请 17 个国家和地区的 40 余名侨商领袖走进平阳、苍南、文成三地，对接洽谈招商引资项目。此外，温州还组织来自 22 个国家和地区的 140 多名海外华商参加"浙洽会"，组织 100 多名温籍侨商参加第十八届浙江旅外乡贤聚会。

"走出去"是温商参与"一带一路"建设的一大亮点。温州市鼓励温商积极参与"一带一路"沿线的投资项目和工程。2015 年，温州市新批境外投资项目 22 个，增资项目 2 个，中方投资总额达 9.4 亿美元。其中，17 个项目位于"一带一路"沿线，分布在荷兰、土耳其、意大利、印尼、乌兹别克斯坦等 17 个国家和地区。目前，温州有 67 个项目位于"一带一路"沿线，分布在荷兰、印度尼西亚、越南、塞尔维亚、乌兹别克斯坦、土耳其、意大利、阿联酋等国家和地区，行业主要涉及制造业、房地产开发、租赁和贸易批发等。其中，由温州企业牵头建立并正常运营的境外经贸合作区有 4 个，其中国家级合作区 2 个（俄罗斯乌苏里斯克境外经贸合作区、越南龙江工业园），省级工业园 2 个（乌兹别克斯坦鹏盛工业园、塞尔维亚贝尔麦克商贸物流园），数量居全国地级市首位。

3. 创新侨务工作机制

为了大力引导和支持温商参与"一带一路"建设，温州市推动跨区域的侨务协作。2015 年，温州市外侨办联合乌鲁木齐、大连、威海、南通、成都、湖州、海口的外侨办以及上海浦东新区侨办，共同创建了"'一带一路'地方外侨办联动合作机制"（简称"联动机制"），就创新联动模式、整合及共享资源、跨区域优势互补等三个方面初步达成共识。2016 年，温州与大连、成都、西安、南通、湖州、威海和海口等 7 个城市在海口签署《海口共识》，提出建立"三大联盟"，即依托各成员单位的自身优势，建立友城联盟、侨务联盟和引才引智联盟，实现成员间资源共享。与此同时，在"联动机制"的框架下，鼓励和支持成员单位积极开展双边交流，通过形式多样的双边互动，为"联动机制"注入活力，丰富内涵。

# 五　宁波市发挥侨力助力"一带一路"建设

宁波是东南沿海重要的港口城市，是长三角南翼的经济中心和古代海上丝绸之路的始发港之一。2015 年宁波—舟山港货物吞吐量 8.9 亿吨，居全球港口首位，集装箱吞吐量 2063 万标箱，居全球第四位。① 根据 2013 年宁波市侨情调查情况，海外宁波籍华侨华人、留学生分布在103 个国家和地区，人数最多的国家依次是美国、加拿大、日本、澳大利亚和英国。其中，居住在这 5 个国家的人数占总人数的 54.1%。② 遍布世界各地的宁波工商人士、科技和文化精英被誉为"宁波帮"，成为联结宁波与世界各地的重要桥梁和纽带，也将在宁波参与"一带一路"的建设过程中发挥应有的作用。

## （一）宁波市侨情主要特点

### 1. 海外侨务资源不断丰富

根据历次侨情调查的结果，宁波籍海外华侨华人的数量不断增长，海外侨务资源的规模不断扩大。宁波市 2014 年的基本侨情调查显示，海外华侨华人约 22.1 万人，受高等教育者所占比重占调查对象的 22.8%。③

### 2. 海外华侨华人实力不断提高

宁波籍海外华侨华人广泛分布在商业、科技、教育等领域，许多人取得了较高的经济和社会地位，曾经涌现出像"船王"包玉刚这样的重要侨领。1986 年侨情调查的结果表明，1986 年宁波籍海外华侨华人和港澳同胞以工人和职员为主，工商业、交通运输业的从业者相对较多。到 2013 年，专业技术人员的比重大幅上升，从事信息传输、计算机和金融等科技行业的人员比重有明显增加。说明宁波籍海外华侨华人的竞争力和科技素质有了明显改善，职业地位也显著上升。

### 3. 海外华侨华人对家乡贡献较大

宁波籍海外华侨华人一直通过直接投资、参政议政等方式参与宁波建设。以包玉刚、王宽诚等为代表的老一辈海外宁波籍侨胞，为祖国和家乡的改革开放、经济社会发展做出重要贡献。截至 2015 年底，宁波累计批准外商投资企业 15442 家，近一半外资来源于海外华侨华人。2002 年，在

① 数据来自宁波市政府网站，http://gtoc.ningbo.gov.cn/col/col152/index.html，最后访问日期：2016 年 9 月 30 日。

② 滕华：《宁波基本侨情公布宁波人遍布 103 个国家和地区》，http://news.cnnb.com.cn/system/2014/06/27/008097898.shtml，最后访问日期：2016 年 9 月 30 日。

③ 《宁波市基本侨情调查情况发布》，宁波新闻网，http://www.cnnb.com.cn/nbzfxwfbh/system/2014/07/15/008112674.shtml，最后访问日期：2016 年 9 月 30 日。

"宁波帮"人士顾国华先生的提议下,甬港经济合作论坛应运而生,目前已举办 14 届,引进投资项目 219 个,新增港资企业 3846 家,总投资额 119.69 亿美元,为甬港经济、教育、卫生、科技等领域的交流合作作出了重要贡献。海外宁波籍华侨华人积极捐赠中国和家乡的社会公益事业,1984 年至今,他们在全国各地捐助社会公益事业的金额累计达 70 多亿元,其中向宁波捐赠 2200 多个慈善和公益项目,捐资额 18 亿多元。

### (二) 宁波市发挥侨力助力"一带一路"建设的主要举措

宁波市在 2015 年和 2016 年的政府工作报告中均提出要积极融入和服务"一带一路"国家战略,发挥"一带一路"桥头堡作用,成为"一带一路"的战略支点城市。2015 年,宁波市编制了《宁波参与"一带一路"建设行动纲要》和《国际港口城市联盟建设实施方案》《扩大经贸合作实施方案》《扩大人文交流实施方案》《网上丝绸之路试点工作实施方案》4 个子方案。宁波还提出要弘扬"宁波帮"精神,鼓励宁波籍海外华侨华人参与"一带一路"建设,主要采取了以下举措。

#### 1. 引资引智,服务宁波经济社会发展

海外华商是宁波市招商引资的重要对象。宁波主要通过举办各类涉侨经贸活动和涉侨产业对接会,依托各类产业园区吸引海外华商前来投资。其中,甬港经济合作论坛已经成为宁波市招商引资的一大品牌,到 2015 年该论坛已连续举办 14 届,隔年在宁波和香港轮流举办。2015 年,该论坛的主题是"海上新丝路·携手同远航",宁波、香港等地的 2000 多位专业人士参加涉及航运服务、产业创新、国际贸易、科技教育等多项主题的活动。主论坛投资合作项目洽谈会实现签约项目 10 多个,总投资 22.45 亿美元。① 2016 年,宁波还举办了中东欧国家侨商宁波峰会,来自 52 个国家和地区的 281 名海外侨胞、港澳台同胞和侨团负责人参加峰会,其中包括中东欧 10 国的 100 多名侨领。峰会期间,宁波市海外交流协会和中东欧国家的 31 个侨团联合发起了中东欧国家侨团侨商投身

---

① http://zfxx.ningbo.gov.cn/gk _ public/jcms _ files/jcms1/web39/site/art/2016/5/27/art _ 1134_458441.html,最后访问日期:2016 年 9 月 30 日。

"一带一路"建设的《宁波倡议》。2016 年宁波还推动具备条件的县（市）区及有关园区管委会创建"侨梦苑"。针对宁波籍海外华侨华人中高学历、高技术人才较多的情况，宁波重点加强引资引智，仅在 2014 年的"三年行动计划"中就引进专业人士 178 人，其中包括国家和浙江省"千人计划"16 人。

2. 引导企业"走出去"，布局"一带一路"

根据宁波市商务局的统计，截至 2015 年末，宁波共在"一带一路"沿线 40 个国家设立境外企业和机构 526 家，中方投资总额 19.7 亿美元，分别占全市境外投资的 23.2% 和 19.7%。[①] 宁波企业"走出去"的过程中，在全球 80 多个国家开办了 150 多家企业，宁波籍侨胞发挥了桥梁纽带作用。比如，通过宁波籍墨西哥侨领包荣林的引荐，宁波企业成功打入了墨西哥市场。[②]

考虑当前侨资企业产业转移的需要，宁波市还协助侨资企业进行产业转移，组织侨资企业赴泰国、柬埔寨、韩国、中东欧、中国青海和四川等地进行投资考察和项目洽谈，帮助侨资企业拓展空间，寻求商机。目前，东南亚已经成为宁波劳动密集型产业投资的重点地区，一些企业利用越南、柬埔寨等国家相对低廉的人工和土地成本，在东南亚建立了自己的生产基地。

3. 开展人文交流，凝聚宁波侨力

1984 年，邓小平同志在听取时任中央书记处书记、国务委员谷牧同志汇报 14 个沿海城市的开放情况时，特别问道："宁波怎么样?"并明确指出要"把全世界的'宁波帮'都动员起来建设宁波"。邓小平同志的这一号召对宁波的海外华侨华人有巨大的感染力和号召力。2014 年，宁波为纪念邓小平同志"把全世界的'宁波帮'都动员起来建设宁波"指示发表 30 周年，举办了一系列纪念和宣传活动，包括座谈会、专题报告会、研讨会和书画展，并与香港凤凰卫视联合摄制大型纪录片《天下宁波帮》。纪念活动邀请了许多海外侨领回乡与会，再一次凝聚了宁波

---

① http://www.nbcom.gov.cn/ydyl/view/catId/3482/id/92700.html，最后访问日期：2016 年 9 月 30 日。

② 龚一鸣：《在甬外资企业一半以上由宁波侨商投资》，中国宁波网，http://news.cnnb.com.cn/system/2014/06/26/008097779.shtml，最后访问日期：2016 年 9 月 30 日。

侨力，弘扬了"宁波帮"精神，激励海外宁波籍华侨华人参与国家及"一带一路"建设。

## 第三节　泉州市发挥侨力，建设"海丝"先行区的经验研究

泉州市是《愿景与行动》明确要重点建设的港口城市之一，是著名侨乡和港澳台同胞的主要祖籍地，还是古代海上丝绸之路的起点，为海上丝绸之路的开辟和繁荣作出了重要的贡献，至今与沿线国家和地区仍然保持者密切的联系。"一带一路"倡议提出后，泉州市积极响应，在国家和福建省的支持下，提出建设21世纪海上丝绸之路先行区（以下简称海丝先行区）。为更好地融入国家"一带一路"建设和福建省"海丝"核心区建设，发挥海"海丝"先行区作用，泉州市已经完成《泉州建设21世纪海上丝绸之路先行区发展规划》《泉州市建设21世纪海上丝绸之路先行区行动方案》，并形成一批重点项目和工程，在发挥华侨华人优势、两岸共建丝路和"海丝"文化交流等方面先行先试，取得了一些经验。

### 一　"海丝"先行区建设的重要意义

21世纪海上丝绸之路本质上是连接各国和地区的全球化经贸网络，依托沿线中心城市为关键节点，通过现代运输工具和信息技术，形成商品、资本、人员和信息等要素全球自由流动的网络体系。21世纪海上丝绸之路必然会加强沿线国家和地区的联系，促使各个中心城市联结成一个有机的体系，并使城市的中枢角色和影响力更加突出。随着海上贸易的进行和港口网络的形成，会逐步催生一批国际性的中心城市，比如上海、广州、香港、新加坡、雅加达、迪拜等，同时还产生了更多的次一级中心节点城市，比如宁波、泉州、厦门、马尼拉等。

泉州市建设"海丝"先行区，努力使自己成为"海丝"重要节点城市。通过成为货物、资本、信息和人力资源的集散中心，加强和拓展与国

内外主要城市的互动合作，使泉州融入全球经贸网络，从而发挥中心节点城市的功能和作用，最终带动整个城市的持续发展和繁荣。

1. 参与国家战略的良好机遇

改革开放40多年来，中国通过经济特区、国家级经济技术开发区、保税区、出口加工区、国家级新区和自由贸易试验区等不同开放区域和形式进行放权让利，通过制度改革和政策优惠释放改革的红利。在改革和发展这一课题上，国家与地方政府基本是一种先给予再回报的关系，即国家先给予政策优惠，然后地方再通过政策的实施回报以经济发展的成果和经验。而地方政府也已经习惯了不断向上争取国家的政策优惠和项目支持，以此来推动当地经济发展。

然而，21世纪海上丝绸之路建设对泉州有着全然不同的要求。在此之前，泉州已经获得了一系列国家和福建省给予的优惠政策和措施，继续通过政策优惠和体制调整所能释放的红利已经相当有限和不确定，伴随的阻力越来越大，风险也越来越高。反而是泉州具备一些独特的优势和条件可以助力21世纪海上丝绸之路建设，尤其是在贸易畅通和民心相通两大方面，泉州大有可为。例如，东南亚的泉州籍海外华侨华人网络既可以有力地带动双边贸易和投资，又可以有效促进民间交流，泉州"海丝"文化与东南亚文化的历史联系和现实共鸣，则可以有效促进民心相通。因此，泉州需要先考虑能为"海丝"建设做什么，然后才是"海丝"建设能给泉州带来什么。

只有转变发展思路，全面提升对外开放水平，努力将泉州打造成全球经贸网络的重要节点，才能参与和助力21世纪海上丝绸之路建设，也才能实现泉州市经济和社会的长远发展。

2. 构建开放型经济新体系的必然要求

泉州市开放型经济的结构依然比较单一，开放深度也不足，目前主要还是本地开放平台的构建和资本的引入，"走出去"的步伐远远不够，较少拓展境外开放平台。"海丝"沿线国家和地区作为未来全球经济增长的亮点，对泉州开放型经济的建设意义重大。虽然泉州与"海丝"沿线国家和地区的经贸合作已经具备一定规模，但贸易更多的是以OEM方式进入当地市场，缺乏直接的销售渠道，投资更多的是引进资本，泉州企业赴"海丝"沿线投资依然较少。超过950万的泉州籍海外华侨华人所形成的庞大消费市场和投资潜力没有得到充分开发和利用。[①] 更为关键的是,除了少数海关特殊监管区以外,泉州贸易自由化和投资便利化程度还有待进一步提高。

21世纪海上丝绸之路先行区建设要求改变过去固有的开放观念和模式,加大泉州开放的广度和深度,"走出去"和"引进来"相结合,打造全方位的开放型经济。

3. 推动泉州城市发展提升的良好契机

"海丝"先行区建设,有利于泉州克服城市自身的不足,推进中心城市建设。

一是有利于改变"全面但分散"的发展现状。泉州市以分散的县域经济为主,机场、港口和铁路枢纽也散布在不同县(市),人口、产业和资源的分散制约了城市整体竞争力的提高,难以形成城市的集聚和规模优势。而"海丝"先行区建设则要求港口、机场、铁路和产业等资源要素的集约化和体系化,要求各种资源互相协调,使泉州由一个布局分散的制造业城市向一个资源集约的功能型城市转变。

二是有利于改善"古老不现代"文化面貌。泉州是国家首批公布的历史文化名城之一,有"东亚文化之都"的美誉。但是古老意味着不够现代,历史悠久也意味着不一定跟得上时代潮流,传统文化也不能完全符合当代人们的品位需求。传承与创新,保护与发展,城市发展频频面临着类似的选择,泉州的传统和现代仍然是有所割裂的。"海丝"先行区的建设恰好有利于泉州扬长避短,发挥"海丝"文化的历史传承优势,并利用"海丝"战略机遇将其推向当代国际舞台。

三是有利于转变"开放不多元"的城市格局。毋庸置疑,泉州是开放型的城市,与世界上近200个国家和地区建立了经贸联系。然而,泉州的开放是以经济为主的开放,对于中心节点城市至关重要的航运、文化和人文方面的开放则远远不足。泉州港口、机场和铁路枢纽在国际甚至国家和地区层面的中心地位没有体现。"海丝"先行区的建设要求从贸易、投资、航运、文化和城市交流等多个维度实行双向开放,建设多元开放的经济体

---

① 孙虹:《泉州市委书记郑新聪:建设"海丝"重要门户城市》,中国新闻网,http://www.chinanews.com/gn/2016/09-26/8014997.shtml,最后访问日期:2016年9月30日。

系，全面提升泉州的影响力和辐射力。

总之，21世纪海上丝绸之路先行区的建设有利于泉州加强自身航运中心的地位，提升泉州在全球贸易网络中的地位，能够充分利用国际资本和积极推动本地资本进入国际市场，同时有利于实现传统文化与现代文化、地方文化和国家文化及外来文化等不同文化的融合。

## 二 "海丝"先行区建设的基础和条件

### （一）海外华侨华人网络是"海丝"先行区建设的独特优势

一是泉州籍海外华侨华人遍布21世纪海上丝绸之路沿线。泉州籍海外华侨华人主要居住在与"海丝"密切相关的东南亚各国，其中100万人以上的有印度尼西亚、马来西亚、菲律宾、新加坡，10万人以上的有缅甸、泰国、越南。

二是泉州籍海外华侨华人实力雄厚。他们在东南亚从事贸易、矿产开发、种植和制造业等活动，不少人积累了可观的财富，其企业具备较强的实力。例如，2015年福布斯菲律宾50富豪排行榜中，有11名泉州籍侨商，前10名中，泉州人占了一半，第1~4名分别是SM集团的施至成、顶峰集团的吴奕辉、安德集团的吴聪满、菲律宾航空和联盟银行的陈永栽，首都银行的郑少坚和陈觉中则分列第6名和第10名，另外还有许炳记、叶应禄、吴天恩、施恭旗、杨应琳等入榜。[①]这些泉州籍侨商的资产总额近400亿美元，遍布零售、房地产、航空、电信、酒店、金融等各个行业。

三是泉州籍海外华侨华人热心家乡事业。据统计，截至2012年底，全市累计批准侨商投资项目10131家，投资总额356.8亿美元，合同侨资230.1亿美元。另外，从1979年至2015年底，泉州市共接受华侨华人和港澳同胞捐资总额超过100亿元，其中南安成为全国唯一连续22年

---

① 李雅琴：《福布斯2015华人富豪榜发布前100名泉籍富豪占13席》，http://www.qzwb.com/gb/content/2015-04/21/content_5091185.htm，最后访问日期：2016年10月1日。

侨捐超亿元的县级市。[①] 这些捐赠主要用于兴办公益事业，惠及教育、医疗卫生、交通、文化体育、社会救济等多个领域，极大促进了泉州经济社会发展。

## （二） 悠久的海上丝绸之路历史

第一，泉州是无可争议的古代海上丝绸之路起点。1991 年联合国教科文组织的考察队到泉州考察并召开了"中国与海上丝绸之路"国际学术研讨会，会议认定中国是世界海洋文化的发祥地之一，泉州则是古代海上丝绸之路的起点，被誉为"世界宗教博物馆"，联合国教科文组织将全球第一个"世界多元文化展示中心"定址泉州，2013 年泉州成功入选"东亚文化之都"。

第二，泉州与"海丝"沿线的航路联通和贸易畅通长盛不衰。一是在沿海地区长期进行港口建设，与"海丝"沿线国家和地区进行频繁的海上贸易，成为著名的东方大港。二是古代泉州社会生产长期围绕海外贸易来进行，泉州的陶瓷生产遍布全境，并出现了许多专门生产外销陶瓷的著名瓷窑，产品远销东南亚及世界各地，是海上丝绸之路通商贸易的大宗产品。

第三，泉州与"海丝"沿线的民心相通历史悠久。海上丝绸之路的兴盛使古代泉州与世界上许多国家和地区建立了密切的经济联系，也使泉州与世界各地的文化产生了直接的交往和交融。泉州是中西文明、多元文化相互融合的"海丝"文化中心。同时，海上丝绸之路的兴盛又使古代泉州成为一座国际性的大都市。历史上，泉州城聚居着来自东南亚、阿拉伯和世界其他地区的商人，有些人甚至在此定居繁衍。

## （三） 民心相通的有利条件

民心相通是"海丝"先行区建设的重要方面，泉州具备这方面的有利条件。

一是面向"海丝"的高等教育和学术研究。教育是文化传播和民心交

---

① 数据来自泉州外事侨务办公室，http://www.wsqw.fjqz.gov.cn/xxgk/gzdt/wsqwdt/201603/t20160318_251731.htm，最后访问日期：2016 年 10 月 1 日。

流最为有效的方式，1960 年华侨大学在泉州创办，开展面向华侨华人的高等教育。目前，华侨大学已累计培养海外学生近 6 万人，他们对于促进中国与"海丝"沿线国家和地区的交流起到了重要作用，其中仅在澳门特区就有 5000 多名校友，主要分布在政府机构和中资企业中。[①] 2014 年 3 月，华侨大学还创办了"海上丝绸之路研究院"，专门开展有关 21 世纪海上丝绸之路的经贸、文化和政治外交研究。

二是与"海丝"沿线紧密的民间交流。泉州籍华侨华人大多保留着故乡的生活习惯和习俗，语言、宗教信仰、饮食、审美等都几乎跟泉州本地一样，比如讲闽南话、信仰妈祖等。同时，他们大多还保持着跟故乡亲友的密切联系，关心家乡的建设和发展。泉州的各类学校、慈善机构和乡间公路就有不少是华侨华人捐建的。近年来，泉州民间与"海丝"沿线国家和地区的交流也日益增多，越来越多的泉州居民赴"海丝"沿线旅游观光、进行宗教交流和寻亲活动等。

### （四）发达的对外贸易是"海丝"先行区建设的有力保证

港口航运是打造"海丝"先行区的基础。泉州港所辖的肖厝、斗尾、泉州湾、围头湾和深沪湾等五大港区成为国务院批准的对外港口，现已开通航线 80 多条，其中外贸航线 20 多条。泉州港年货物吞吐量超亿吨，内贸集装箱运输综合实力已连续多年稳居福建省首位，已开通大连、营口、上海等 60 多条国内航线。

对外贸易是成为中心节点城市、打造"海丝"先行区的必要条件。泉州与"海丝"沿线国家的经贸往来密切，2013 年贸易总额超过 130 亿美元，中东和东盟已分别成为泉州市第一大和第四大贸易伙伴。截至 2013 年，外资累计来泉州投资设立企业 1389 家，实际利用外资 41.45 亿美元，同时泉州企业赴"海丝"沿线各地投资或设立办事机构共 27 个。同时，泉州与"海丝"沿线国家的进出口商品具有良好的互补性，泉州出口轻工业品等制成品，进口石油和矿石等初级产品，"海丝"沿线的中东地区出口石油，进口轻工业品，东南亚轻工业虽然也发展迅速，却与泉州轻工制

---

① 纪娟丽：《依依侨情满四海》，http：//epaper. rmzxb. com. cn/index. aspx? date = 2015 - 11 - 12&verOrder = 04&banzi = 3&paperType = rmzxb，最后访问日期：2016 年 10 月 3 日。

造业形成良好的配套。

"海丝"沿线是未来泉州企业"走出去"的重要方向。随着劳动密集型产业新一轮转移的开始，部分东南亚国家也在大力发展纺织鞋服等轻工产业，这将是泉州企业境外投资的重点方向，同时泉州还可以与东南亚进行产业对接，打造以泉州企业为主导的全球价值链。泉州是国内最大的石材生产加工基地，"海丝"沿线国家是最重要的石材进口来源地，也是泉州石材企业进行矿山投资和市场开拓的重要地区。

## 三 "海丝"先行区建设的主要举措

### （一）统筹规划"海丝"侨务工作

泉州市充分重视华侨华人在先行区建设中的作用，提出要在推动华侨华人参与"海丝"建设上先行先试。在"海丝"先行区总体方案、战略规划和十大行动计划中都将"发挥侨力"作为重要内容，从经贸合作、人文交流等各个方面精心设计相应的方案和措施，动员泉州籍华侨华人参与 21世纪海上丝绸之路建设，进一步密切与泉州籍华侨华人集中的新加坡、菲律宾、印度尼西亚、马来西亚、泰国等在文化、经贸、科技、教育、海洋、旅游及金融等领域的合作。

### （二）打造南洋华裔族群寻根谒祖综合服务平台

为了满足华侨华人寻根谒祖及其他方面的需求，促进"海丝"民心相通，泉州与中国侨联直属企业管理总机构联合打造南洋华裔族群寻根谒祖综合服务平台，依托泉州华侨历史博物馆，通过全面录入谱牒方志、宗亲社团、族群移民等信息，借助大数据分析等技术手段，打造功能强大的海内外寻根寻亲互动平台，高效、快捷地为华裔族群寻根服务，并与之充分互动、交流，在寻根过程中潜移默化地传播闽南文化、中华优秀传统文化，唤起华裔族群对故土家园的情感，达到寻根、留根的目的。

### （三）发挥侨力，促进"海丝"经贸合作

泉州通过运用东南亚泉州籍华侨华人的贸易网络优势和市场优势，跟

踪、对接海外侨商资本的投资动向，成功运作招商项目。2015 年，福建省侨务办公室、泉州市人民政府共同主办的"海外侨商泉州行"，来自马来西亚、澳大利亚、日本等国家和地区的近百位海外侨商与会。目前已经形成一批高质量的合作项目，如莲花汽车、益海嘉里二期和颐和三甲医院项目。此外，泉州还积极争取在泉州设立"海丝"侨商总部、侨商银行、华侨自贸区等，举办华侨华人商品博览会。

### （四）引进海外华侨华人优秀人才

为吸引更多优秀的海外华侨华人精英来泉创业，泉州市采取多项新举措、新方法。如，泉州收集和完善了 1128 名海外专业人才的相关信息和资料，这 1128 名海外专业人才，造诣颇深、成就突出，涵盖了建筑、设计、医疗、卫生、文化、教育、光电等高新技术领域。泉州还以泉州海外交流协会的名义，与海外泉州籍社团合作，在海外成立"泉州市海外人才工作联络点"，目前已有英国泉州联谊会暨泉州商会、美国闽南同乡联合总会、美国泉州联合总会、加拿大多伦多泉州同乡会、新加坡华源会等 5 个发达国家的重要泉州籍社团挂牌成立了"泉州市海外人才工作联络点"。此外，泉州还积极通过各类海外泉州籍华侨华人社团和涉侨会议活动，开展人才引进的宣传工作。截至 2016 年 5 月，已经通过"千人计划"引进海外高层次人才 14 名，分别从事新材料、物理信息、网络科技、新能源技术等领域的工作。

### （五）密切海外华侨华人与泉州的联系往来

泉州通过世界泉州青年联谊会、泉州市留学人员暨归国创业人员联谊会和泉州市侨界青年联合会等三个社团，为第二代和第三代华侨华人提供交流合作的平台，同时增进他们对家乡事业的了解和参与。同时，泉州加强与海外泉州籍侨领、社团的沟通联系，特别是通过重大华侨华人联谊活动，如世界南安同乡联谊恳亲大会和世界晋江同乡恳亲大会等重大社团活动。在 2015 年的世界晋江同乡恳亲大会中，同期举办 21 世纪海上丝绸之路经济论坛，与会华侨华人共商 21 世纪海上丝绸之路建设。同时，泉州还推进海外泉州籍社团和谐建设，支持和参与海外社团举办的重大活动，举办"海外泉籍精英故乡行"等活动，加强与重点侨商家族第二代、第三代接班人的联络，积极引导他们参与"海丝"先行区建设。

## 四 "海丝"先行区建设存在的问题

1. 发挥侨力参与"海丝"建设的思路需要进行调整

泉州市"海丝"工作基本都围绕泉州当地进行，项目建设侧重于在泉州构建平台、吸引资源以及提高泉州的知名度和影响力。而与"沿线"沿线国家项目共建、资源和影响力对外输出的项目较少。体现在侨务工作上是：仍然延续传统的吸引华侨华人投资，但是缺少走出泉州、调动华侨华人在境外参与"海丝"建设的项目。这种立足于促进本地经济社会发展的思路是顺理成章的，但是与国家"海丝"建设倡议的迫切需求不吻合。国家希望地方能够在与沿线国家共建合作中有所突破、有所作为。

泉州市侨务工作需要进一步体现"大侨务""大外交"的格局。国务院侨办原主任裘援平在不同场合强调，侨务工作也是中外关系的重要组成部分，要将海外侨务工作与对外关系有机地结合起来，要跳出"在侨只言侨"。国内其他地市已经有类似的提法和做法，比如，2015 年 10 月汕头市向国务院侨办提出在汕头华侨华人经济文化合作试验区举办一些较有影响的大型涉侨活动和涉侨论坛，凝聚更多侨资、侨力，共同推进试验区建设。再如，北京市、苏州市和佛山市顺德区等地侨务部门也都明确提出要拓展"大侨务""大外交"，丰富和延伸侨务工作的内涵。泉州市的侨务工作偏重招商引资，特别是围绕泉州籍大中型侨资企业和重要侨领的工作，而面向广大海外华侨华人的侨务外宣、华文教育、海外联谊、海外华侨华人权益保护等侨务外交的基础性工作力度不够。这不利于服务国家侨务工作大局，推动沿线国家参与"一带一路"共建。

2. 平台优势有弱化的趋势

海外华侨华人一直是各个地区积极争取的优质资源，"一带一路"倡议提出以来，各地区又掀起了一拨竞争热潮，在制度设计、政策优惠、人脉交往和对外宣传上各显神通，争相构建有利于吸引华侨华人的平台。2015 年，福建"侨梦苑"侨商产业聚集区在福州揭牌。成为继天津、河北之后，全国第三个由国务院侨办挂牌设立"侨梦苑"侨商产业聚集区的省份。揭牌当日，还举行了中国-东盟海产品研究院、中国东盟海产品产业基地、侨商跨境电子商务产业园、侨商国际商业城的授牌仪式，共有15家企业和各园区单位成功对接，现场签约项目投资金额约129.25亿元。另一个华侨华人重要祖籍地汕头则提出建设华侨经济文化合作试验区，打造复制广东自贸试验区政策的华商合作平台。目前，国家发展和改革委同意将该合作试验区纳入中欧区域政策合作试点地区。2015年7月，南京市颁布全国首部地方性华侨权益保护条例，而广东更推出了全国首部省级华侨权益保护条例。广东江门则提出要建设"中国侨都"，并通过《江门市侨务强市建设工作纲要（2015—2020年）》。相比之下，泉州在平台构建、制度设计、政策优惠等方面缺少有力度、有影响的新举措，这可能会弱化泉州吸引华侨华人的平台优势。

3. 缺少与"海丝"沿线国家（地区）的共建安排

近年来，中国政府与外国政府在试点地区进行区域政策、产业开发和生态建设等方面的国际合作和探索，创新对外开放模式。典型的案例有：中国和瑞士合作在江苏镇江建设中瑞生态园，打造自贸协定样板区；中国与欧盟进行区域政策合作，中国的天津市、广州市、成都市、武汉市、汕头市5个试点地区与意大利拉齐奥地区、英国伯明翰、爱尔兰都柏林、西班牙巴塞罗那、西班牙安达卢西亚省5个试点地区分别结对子；东盟方面，中国-新加坡苏州工业园已经是一个成功典型，后来又陆续合作建设中新天津生态城、中新广州知识城、中新重庆战略性互联互通示范项目；位于"海丝"前沿的广西壮族自治区则通过中马"两国双园"，开创丝路产业合作新模式，打造"中国-东盟合作示范区"。泉州市乃至福建省在这方面明显落后，特别是与"海丝"沿线国家缺乏共建安排，没有政府间的高规格合作项目。这明显不利于泉州融入国家全方位开放新格局和开展更大范围、更高水平、更深层次的区域合作，不利于体现泉州"海丝"先行区的作用。

4. 对新华侨华人的工作力度要加大

除了传统的重要华商之外，华侨华人中的科技文化精英，第二代、第三代华侨华人的影响力已日益扩大，泉州已经做了一些工作，但是对他们的吸引力仍然有待于进一步提高。以"国家海外高层次人才引进计划"（简称"千人计划"）为例，入选该计划的人才90%以上为华侨华人。在福建省，厦门市具有最强的吸引力。以2014年为例，厦门已有59人入选国家"千人计划",占福建省入选人才七成以上,但是泉州才刚刚实现"千人计划"零的突破。这种落差,主要是由于厦门在国际化程度、创业创新环境、城市生活环境等各方面的优势,但也说明泉州要加大对新一代华侨华人的关注和工作力度,创新工作方法,寻求进一步突破。

此外,有部分长期在海外经商、工作的中国公民,子女长期随他们在海外学习、生活,是否应该让他们在升学就业时也享受华侨华人的待遇?随着泉州"走出去"的企业和个人越来越多,这个群体也越来越大,处理好这个问题,有利于解决好他们的后顾之忧,助力"走出去"。

5. 对泉州籍华侨华人的发展贡献缺乏足够的肯定和宣传

泉州籍华侨华人远赴异国他乡,艰苦创业,不但促进了住在国的经济社会发展,对中国和家乡的发展也作出了巨大的贡献。每逢关键时刻,例如在中国抗日战争、经济困难时期和改革开放后急需建设资金的时候,他们都挺身而出。但是,当住在国政局变迁和对华关系波动的时候,泉州籍华侨华人也遭受了重大的损失和牺牲。时至今日,华侨华人在某些国家仍然受到一定的排斥。特别是处于社会中低阶层的普通华侨华人,他们实力薄弱,从祖国大陆的发展中获益较少,但是所作的贡献和遭受过的挫折却不小。对这些发展历史,泉州需要进行系统性的研究和挖掘,对泉州籍华侨华人的发展贡献进行足够的肯定和宣传,如此才有利于温暖侨心、凝聚侨力。

相比之下,其他省市的一些做法值得借鉴。例如,广东广播电视台与美国格律文化传媒集团联合摄制了一部纪录片《金山梦——寻找·道钉记忆》,该片讲述了华工特别是广东华工参与美国中央太平洋铁路建设的故事。时任国务院侨办主任裘援平、副主任何亚非均出席该片播映会,何亚非在播映会上说,过去150年间,铁路华工对于美国的历史贡献一直被忽视和埋没,直到2014年,中央太平洋铁路华工才集体被载入美国劳工部名人堂。但无论在美国还是中国,仍有很多人并不了解这段历史。2015年10月在澳大利亚悉尼市举行的世界广东同乡联谊大会上,主办方也精心制作了一部反映澳大利亚广东移民发展历程的纪录片,在大会开幕式上播映,取得了良好的效果。

6. 泉州籍华侨华人社团需要巩固和提高影响力

东南亚的泉州籍华侨华人社团历来具有较大的影响力,并衍生了世界晋江同乡联谊恳亲大会、世界南安同乡联谊恳亲大会等规模大、规格高、影响力强的社团活动。但是随着海外华侨华人向北美、大洋洲、非洲、欧洲等非传统泉州籍华侨华人居住地发展（主要是一些新移民、华侨华人新生代创业者），其他省籍社团、各类专业技术社团的组织和活动也日益活跃，影响也日益扩大。比如，2015 年 10 月在澳大利亚举办的世界广东同乡联谊大会在著名的悉尼歌剧院举行，会议不仅邀请到时任国务院侨办主任裘援平，还邀请到时任澳大利亚联邦总理代表菲利普·卢铎、澳大利亚联邦反对党领袖比尔·肖顿等政要到场参加。特别是，会议还同时还举办第二届世界广东华人华侨青年大会，作为联系和团结新生代华侨华人的平台。

## 五　发挥侨力，建设"海丝"先行区的建议

### 1. 选择重点国家，开展深度合作

一是印度尼西亚。印尼和泉州都曾经是古代海上丝绸之路的重要节点，当地有很多泉州籍华侨华人，部分地区闽南语通用，双方经济互补程度很高。同时印尼是习近平总书记提出"海丝"倡议的地方，且该国总统提出了"全球海洋支点"战略，要建设"海上高速公路"、复兴海洋文化，该战略与中国的"海丝"倡议形成良好的协同。因此泉州寻求与印尼的合作正当其时。可以借鉴汕头与西班牙安达卢西亚省建设中欧区域政策合作试点地区的模式，在泉州建设中国-印尼海洋文明传承创新合作示范区，该示范区还将是第一个集中国-东盟合作、华侨华人、海洋文明等三大"海丝"重要元素于一体的中外合作项目。

二是斯里兰卡。泉州与斯里兰卡可以开展多方面的共建：首先，斯里兰卡是世界第一大茶叶出口国，但是种茶、制茶和营销水平相对落后，泉州可以利用自身发达的茶叶种植、加工技术和渠道优势开展对接合作。其次，斯里兰卡纺织服装业已经具备一定的基础，该国驻 WTO 代表R. D. S. Kumararatne 明确指出，该国服装纺织业能从"斯里兰卡-中国自由贸易协定"获利最多，原因在于中国庞大的消费市场，而纺织服装业正是泉州的优势所在。大型国企中国机械工业集团下属中国工程机械设备股份有限公司在斯里兰卡的负责人甚至提出，希望能同福建省，特别是泉州市

在斯里兰卡共建轻工产业园。该公司是斯里兰卡普特拉姆燃煤电厂的承建方（该项目有斯里兰卡的"三峡工程"之称），并开发了其他多个项目，在当地政界、商界有广泛的影响力。另外，泉州与斯里兰卡具备"民心相通"的良好基础，锡兰王子后裔许世吟娥（锡兰公主）可以在该国产生一定的影响力和号召力，斯里兰卡中国社会文化合作协会主席 Indrananda Abeysekera 在访问华侨大学时也表示，泉州的锡兰公主可以也应当发挥更大的作用，他所在的协会计划邀请她去斯里兰卡参加相关活动。佛教方面，斯里兰卡是佛教国度，该国千年古寺无畏山寺的住持 W. D. R Himi 表示，他愿意效法法显和尚，密切中斯佛教交流、促进中斯友好往来，他希望能够跟福建的寺庙和佛学院建立常态化的交流和联系。

建议泉州将与斯里兰卡的合作纳入"一带一路"工作议程，在中国-斯里兰卡自由贸易协定下开展双边合作，打造自贸协定样板区，并尽快向斯里兰卡派出茶产业、纺织服装业的经贸考察团。同时，开展以锡兰公主和佛教为主题的中斯友谊活动，精心策划，打造成"海丝"共建的民间使者和标志性项目，促进民心相通。

2. 推动海上丝绸之路跨国联合申遗

"海丝"申遗将成为继陆上丝绸之路、大运河之后，又一重大的申遗项目。泉州正与宁波、福州、漳州、蓬莱、广州、北海、扬州、南京等开展九城联合申遗。从"一带一路"共商、共建的角度出发，泉州应该将其进一步升级为跨国联合申遗。《愿景与行动》特别强调要与沿线国家共商、共建、共享，因为海上丝绸之路不仅是中国的，也是沿线各个国家和地区共有的历史文化遗产。古代丝绸之路开辟了沿线国家和地区商贸与人文交流的历史，为推动中外友谊发挥了重大作用。这是沿线国家和地区共有的宝贵文化财富，应该共同申请成为世界文化遗产加以保护与弘扬。

建议泉州与其他几个城市发起跨国联合申遗，争取获得国际层面的支持，选择较为成熟的"海丝"城市，以友好城市"结对子"方式，按国别规划，由易到难、由近及远，以点带线、由线到面，加强交流，推动联合申遗，同时动员华侨华人等爱国统一战线开展丝路旅游等各种文化交流活动。

3. 建设 21 世纪海上丝绸之路大数据中心

建议泉州把握"互联网+"的趋势，建设国际化数据共享平台，运用新一代互联网技术和云计算开发、打造 21 世纪海上丝绸之路大数据中心，可分为制造业、文化遗产、航运和旅游四大板块。

"海丝"制造业大数据。抓住"中国制造 2025"的机会，以纺织服装业、智能制造为主，发展面向 21 世纪海上丝绸之路沿线的制造业大数据。例如：依托纺织服装产业创新发展云平台，建立纺织服装大数据中心，为"海丝"沿线的纺织服装企业提供从面辅料研发、成衣设计、生产制造、品牌运营、线上线下全链条、全方位的信息化服务，依托大数据打通"海丝"沿线的纺织服装业，巩固提升纺织服装集群的国际地位。

"海丝"文化遗产大数据。发挥海上交通史博物馆和南音文化传承与发展协同创新中心、中国社会科学院闽南文化研究基地的优势，创办"海丝"文化遗产大数据中心，推动"海丝"文史数据的采集应用、"海丝"文化遗产的典藏重现和"海丝"智慧博物馆设计。

"海丝"旅游大数据。针对中国庞大的出境游和入境游市场，依托华侨大学数量经济学和旅游专业优势学科，采用大数据技术，收集、分析和挖掘海量的旅游数据，从而帮助监测旅游网络舆情、服务旅游目的地、架构智慧旅游城市系统、进行旅游营销和旅游产品设计，实现 21 世纪海上丝绸之路"智慧旅游"。

"海丝"航运大数据。作为泉州古港复兴的一部分，要利用物联网、大数据、云服务等现代科技，以口岸大数据中心建设为先导，推动海运、空运、公路、铁路及通关、政务、贸易、金融等领域跨部门、跨区域信息资源整合工作，构建集物流协同作业、通关监管支持、金融贸易服务、航运交易服务、增值信息服务于一体的航运中心服务体系。

4. 开展"万里海丝路、千载中国梦"宣传工程

以东南亚泉州籍侨领、普通华侨华人和泉州本地成功企业家为三大对象，深入挖掘其敢于冒险、创造财富、实现梦想的历程，关注其对住在国和祖籍国经济社会发展的贡献，肯定其对海上丝绸之路形成与发展，乃至对全球商业和文明发展的价值，提炼华侨华人"下南洋"的精神文化内涵，以纪录片、报道宣传、书本等形式在国内外主流媒体传播，讲好以泉州籍华侨华人和泉商为主角的中国故事，传播好以泉州特色为基调的中国声音。活动应该争取国务院侨办的支持，联合国内外知名媒体、境外华文媒体和国内电视台联合制作和发行。

**5. 整合提升泉州籍华侨华人社团的活动**

一是进行跨国、跨区域整合。推动泉州不同县域的社团整合，引导晋江、南安和安溪等地的海外华侨华人社团联合开展活动，邀请国内外政商名人参与，筹办"世界泉州同乡联谊恳亲大会"。还要积极举办"世界泉州华侨华人青年大会"，为海外泉州籍青年侨领提供成长的平台。

二是加强对海外泉州籍社团的业务指导。通过统战部、侨办和侨联等相关部门和机构，对新建立和筹备建立的泉州籍社团加强指导，引导他们进行规范化运作，完善章程制度和组织架构，根据所在国法律规定做好注册备案，协助他们与国务院侨办、大使馆和住在国相关政府部门建立联系，获得官方认可及支持。泉州市领导和相关部门主要负责人要尽可能应邀出席海外泉州籍社团的活动，并提供协助和支持。

**6. 发展面向华侨华人的宗教外交**

佛教、道教和民间信仰对东南亚泉州籍华侨华人有重要的影响力，泉州发挥侨力，应该注重结合宗教资源和宗教优势。

一是鼓励泉州宗教场所与国外对接往来。支持开元寺、承天寺、天后宫、凤山寺、清净寺等寺庙与"海上丝路"沿线国家的寺庙建立合作，特别是要挖掘近代泉州僧人前往新加坡、马来西亚、菲律宾和印尼等地弘扬佛教文化、创办寺庙的历史，推动泉州寺庙与相关寺庙建立联系，互相交流，举办相关的纪念和研讨活动。还可以推动泉州寺庙与斯里兰卡、泰国等佛教国家的寺庙合作，开展互访和僧侣留学。

二是在泉州举办宗教论坛和研讨会。比如举办"海丝"佛教论坛、道教论坛；围绕妈祖和广泽尊王等民间信仰，举办相应的学术研讨会；围绕清净寺、圣墓和阿拉伯后裔，举办有关阿拉伯商业文明和伊斯兰教的国际学术研讨会。

**7. 引进海外华侨华人高端人才**

一是密切关注。由统战部牵头，各级教育和人事部门配合，重点关注海外泉州籍科技文化精英在国外知名大学、研究机构和跨国公司的任职和发展情况，特别是关注与泉州产业发展方向相吻合并取得突出成果的人才。要建立相应的人才库，以服务泉州籍侨商侨领的工作方式，做好这些高端人才的工作，并以顾问组、咨询委员会或特聘专家等形式，创造条件让他们为家乡的发展献计献策，贡献力量。

二是用好用足相关政策。用好国家和福建省关于海外人才引进的政策，并推出配套的措施，重点借助高校和企业的工程技术中心、工程研究中心、实验室等平台，大力吸引高端人才。对泉州籍海外高端人才，特别是已经落户于其他地区的，可以采用"双聘""短聘"等灵活形式，尽量争取他们为家乡服务。

8. 开展华侨华人创客行动

面向华侨华人新生代，尤其是在福建学习工作的华侨华人子弟，在跨境电子商务、文化创意和旅游开发等领域，依托各类创意园区、众创空间和高校，为创客提供研发场地、研发工具、创意作品展示、创意交流分享、小批量生产、创业辅导和资金对接等综合服务；依托泉州各类展会，举办创客成果展、创客项目路演和创客跳蚤市场等形式多样的活动，推动创客及其作品与投资人的对接，发掘优秀创客人才和创新创业项目，促进优秀创意的成果转化。

9. 打造"海丝"研究高端智库

抓住国家推进高端智库建设的机遇，依托华侨大学海上丝绸之路研究院，联合国内外智库机构，打造21世纪海上丝绸之路研究的学术高地和重要智库。争取在21世纪海上丝绸之路沿线重要国家和地区，选取几家有影响力的智库机构，开展"海丝"联合研究，举办"海丝"高端论坛和学术会议，为21世纪海上丝绸之路建设提供决策支持。

10. 打造海外华文教育重镇

响应海外华侨华人对华文教育的需求，发挥华侨大学、厦门大学等高等院校的华文教育优势，积极开展面向"海丝"沿线华侨华人的华文教育。重点扩大华侨大学等高校面向海外华侨华人的办学规模，支持华侨大学建立泰国分校、与"海丝"沿线相关国家开展多种形式的联合办学；建设东南亚政府官员教育培训基地，与阿拉伯国家联合开展阿拉伯语培训；建立东南亚华裔学生教育文化交流基地，打造面向东南亚的华文教育重镇。

**图书在版编目（CIP）数据**

华侨华人与"一带一路" / 许培源，陈乘风著. --
北京：社会科学文献出版社，2019.12
（21世纪海上丝绸之路研究丛书）
ISBN 978-7-5201-5700-1

Ⅰ.①华… Ⅱ.①许… ②陈… Ⅲ.①华侨-关系-
"一带一路"-国际合作-研究②华人-关系-"一带一
路"-国际合作-研究 Ⅳ.①D634.3②F125

中国版本图书馆 CIP 数据核字（2019）第 216508 号

21世纪海上丝绸之路研究丛书
**华侨华人与"一带一路"**

著　者／许培源　陈乘风

出 版 人／谢寿光
责任编辑／黄金平

出　　版／社会科学文献出版社·社会政法分社　（010）59367156
　　　　　地址：北京市北三环中路甲29号院华龙大厦　邮编：100029
　　　　　网址：www.ssap.com.cn
发　　行／市场营销中心（010）59367081　59367083
印　　装／三河市龙林印务有限公司

规　　格／开本：787mm×1092mm　1/16
　　　　　印张：15.5　字数：252千字
版　　次／2019年12月第1版　2019年12月第1次印刷
书　　号／ISBN 978-7-5201-5700-1
定　　价／98.00元